"小学语文十大青年名师"丛书编委会

顾　　问	杨再隋　周一贯			
总 主 编	杨永建			
主　　编	杨 伟			
编　　委	杨永建	杨 伟	郭艳红	郝 波
	宋园弟	郝 帅	杨壮琴	田 晟
	刘 妍			

小学语文十大青年名师

用思维点亮语文

陈德兵 著

总主编 杨永建　主编 杨伟

山东城市出版传媒集团·济南出版社

图书在版编目(CIP)数据

用思维点亮语文／陈德兵著.—济南:济南出版社,2022.6

ISBN 978-7-5488-5147-9

Ⅰ.①用…　Ⅱ.①陈…　Ⅲ.①语文课—教学研究—中小学　Ⅳ.①G633.302

中国版本图书馆 CIP 数据核字(2022)第 089391 号

用思维点亮语文

陈德兵　著

出 版 人	田俊林	
责任编辑	张慧泉　梁广堂	
封面设计	李　一　刘　畅	
出版发行	济南出版社	
地　　址	济南市二环南路 1 号	
印　　刷	济南新科印务有限公司	
版　　次	2022 年 7 月第 1 版	
印　　次	2022 年 7 月第 1 次印刷	
开　　本	170mm×240mm　16 开	
印　　张	18.25	
字　　数	265 千字	
定　　价	58.00 元	

济南版图书,如有印装质量问题,请与出版社出版部联系调换。

电话:0531-86131736

序·"语文"代有才人出

周一贯

  我自 15 虚岁以绍兴越光中学初一学生的身份参军入伍，就与语文教学结缘：在部队当文化教员，为干部战士扫除文盲，深感贫苦农民子弟对识字学文的强烈心愿。我才明白原来学语习文对生命成长是如此重要，也因此种下了我对语文教学深情厚爱的种子，乃至在转业地方时，我只要求当一名农村小学语文教师。由此一直干到八十七岁，从事语文教学事业整整七十二年。

  在我从事语文教育的生涯里，一直有着名师的榜样引领和精神鼓舞，才令我得以将语文教育奉为终生的事业而乐此不疲。

  绍兴是"名士之乡"，自然也是"名师之乡"，因为名士的背后少不了名师的引领。记得我上小学三年级时，我的二姐和三哥都已上初中。假期归来，他们张口闭口说的都是《爱的教育》，出于好奇，我也开始读他们带回来的《爱的教育》，才知道翻译这本书的还是我们绍兴的一位语文老师夏丏尊。于是，又进一步知道他是哥哥姐姐们当时常念叨的上虞春晖中学的老师。他应当是令我心动的第一位名师。

  在转业地方后，我也当上了语文教师，最感兴趣的是春晖中学语文名师团队。除夏丏尊之外，朱自清、范寿康、蔡冠洛……都令我十分关注，由衷钦佩。

  改革开放以后，百业俱兴，教育事业也乘风破浪，一日千里。我不仅与我特别关注并深受感召的名师王有声、霍懋征、斯霞、袁璎、丁有宽等见过面，还有过深深的交谈，他们自然对我感召有加，成为我心中的楷模。

  在面向新世纪的那些岁月里，我与诸多语文名师，如靳家彦、于永正、贾志敏、支玉恒、徐鹄、孙双金、窦桂梅、王崧舟等自然有了更为深入的交往，他们的专业成就也同时内化为我的生命力量。

我国小语界名师队伍的俊彦迭起，名流荟萃，令我方落数笔，已觉烟霞满目，神驰意飞……

　　名师队伍得以不断发展壮大，最关键的在于有强健的内在"机制"。"机制"是什么？第一，其本义应当指机器的构造和动作原理（《辞海》），但现在已有了十分广泛的引申，可以泛指所有内在的工作方式和相互关系。"名师培育"这一事关提升教育质量、事关立德树人关键举措的伟业，其内在机制，首要的当然是教育行政部门的引领和扶掖。第二，当是研修平台的搭建和展示，诸如课堂教学评优、教育论著评选、专业能力评审等，都是名师进阶不可或缺的平台。第三，它更要教育传媒的提携和播扬。在这方面，《小学语文教学》编辑部做得可谓有理有据，有声有色。《小学语文教学》曾经是我国小语会的会刊，一直为国家小语事业的改革开放尽心尽力。现在一样为全国小语界的繁荣发展而殚精竭虑。如《小学语文教学》与《小学教学设计》杂志社已联合为"全国十大青年名师"的遴选举办了六届，推选出了60位全国各地的优秀语文青年名师。2019年联合济南出版社，出版了"十大青年名师"丛书（第1辑），有徐俊、杨修宝、李斌、鱼利明、王林波、许嫣娜、史春妍、孙世梅、张学伟、彭才华等十位名师的专著问世，社会反响十分热烈。因此，2022年又将出版李文、李虹、李祖文、赵昭、张龙、陈德兵、汤瑾、顾文艳、付雪莲、徐颖等十位老师的十部论著。

　　当然，在价值多元时代，教师专业发展的高度正在被不断解构，记录被不断刷新，因此，名师也在不断发展之中。"与时俱进"应该是名师们共有的生命信念。我们都会时刻警惕：切忌对未来展望的可怕短视，对已有成就的自我高估和对现实问题的视而不见。这是语文名师的大忌，也是我们所有语文教师的大忌。

　　在人类崇高且富有审美情趣的语言化生存中，我们正在构筑的是一道美丽的生命风景。我们应当为此而欢呼。

　　语文代有才人出，共襄伟业万年春！情动笔随，书写到此，该画上句号了。恭以为序。

2022 年 6 月 11 日于越中容膝斋

目 录

教学主张

教学实录

教学设计

名师评说

成长故事

教学主张

语文存大道，万变不离宗

中华人民共和国成立以来，语文教育被折腾得最"惨"。一会儿强调"语言"，一会儿强调"文学"；一会儿强调"工具"，一会儿强调"人文"；一会儿强调"训练"，一会儿强调"感悟"；一会儿强调"综合"，一会儿强调"本体"……一线老师被绕得晕头转向、莫衷一是。"教什么比怎么教更重要！"这是时下很多专家学者对我们一线老师大声疾呼的一句话。很多老师便迷惑了：我这样教也不对，那样教也不对，那我到底该教什么呢？语文果真是一个"任人打扮的小姑娘"吗？语文教学就没有永恒不变的本质规律吗？我们一线老师在自己的课堂就不能自己做主吗？

语文存大道，万变不离宗。如果我们把握住了语文的大道，就不必为外界的言论所困扰。"千磨万击还坚劲，任尔东西南北风。"我们一线老师应该建立起这样的学术自信。当然，这种学术自信不是盲目自大，而是建立在对语文教学本质深刻理解之上的自觉行为。我们不排斥正确的理论指导，相反，我们会不断吸收各种真知灼见，不断完善自己的认知和理解，不断提升自己的教学境界。

不管外界对语文的评论怎么变，语文的本质不会变，语文学习的客观规律不会变。我想，只要我们在做语文教学该做的事儿，我们在引导学生开展相应的语文实践，我们在培养学生的语文能力，我们在提升学生的语文综合素养，那么，我们就是在上正正经经的语文课！

接下来，有老师会问了：哪些事情是我们该做的？我们应该怎样去遵循语文的大道呢？为了论述方便，我将本是融为一体的事情分开来说：

一、语料积累

顾名思义，语料积累就是语言材料的记诵、存储。课标说"语文课程致力于培养学生的语言文字运用能力"，也就是要让学生掌握好我们的母语。我们学习一门语言、掌握一门语言，首先离不开基本的语言材料，这是学习语言的基础。拿我们的母语来说，要会听说读写，你就必须懂得常用汉字的发音，必须会认、会写几千个常用汉字，必须掌握相应的词汇、短语，必须掌握一定数量的句子。也就是说，几千个常用汉字的音、形、义，你必须三位一体地输入自己的大脑，成为你大脑存储的一部分。那些基本词汇、短语的意思，你得大致理解。否则，我们的语言学习就是水中之月、镜中之花。

语料的积累，基本途径是朗读和背诵。朗读就是在语境中将无声的文字转化为有声的语言，帮助学生实现对文本的理解、对语料的积累。通过朗读，学生一次次跟语料反复"见面"，亲密"接触"，对语料自然由陌生变熟悉。久之，熟悉就变成了自己记忆的一部分。语料的积累要在具体的语言环境中进行，同对文本的理解相伴而行，而不宜孤立、机械地认读和识记——否则，岂不是抱着字典、词典、句典学习语文就得了？优美的文段、经典的篇目，学生还是应该背诵下来，这是语料积累的必然选择。背诵不宜牵强暗记，而应熟读成诵，达到久远不忘之功效。当然，背诵的功效自然不只是帮助学生积累语料，实乃一举数得，我们当在课堂上巧加运用、多加运用。

积累语料的途径还有适当的抄写。用多种感官的协调运动帮助记忆，不失为一条"笨拙"的巧办法。古人云："眼过千遍，不如手过一遍。"我们的老祖宗在这方面是有丰富的经验的，我们应当好好继承和发扬。所以，语文教学中，抄抄写写（生字抄写、语段摘抄等）是必不可少的，只是要避免机械重复。在小学阶段，我们应该把语料积累贯穿于我们语文教学的始终。

二、语意理解

所谓语意理解，也称文意理解，指的是我们对文本所承载的主要内容、思想情感、表达目的等的理解与感悟。阅读教学理应在阅读的基础上展开。引导和帮助学生理解文本的意蕴，本是阅读教学的应尽之责，也是阅读教学的应有之意。

阅读是运用语言文字来获取信息、认识世界、发展思维，并获得审美体验的活动。人们之所以会爱上阅读是因为通过阅读可以得到这么多收获。成人阅读是如此，学生也是如此。如果读完一篇文章，一无所获，学生还会喜欢阅读吗？就一般的阅读过程而言，读者被深深打动的，心里被唤起共鸣的，往往也是文章的内容。从这个意义上说，引导学生深刻领悟文本内涵，阅读教学责无旁贷。有些文章比较浅显，学生一读便知，我们便可以在这方面少花点功夫；有些文章比较艰深，学生凭一己之力一时半会儿很难领悟透彻，那么，我们就应该在这方面多花点功夫。学生能从课文中获得以前未知的东西、获得奇妙的审美体验，自然会越来越喜欢阅读。

阅读教学有一个很重要的任务，就是理解和传承文化。古今中外灿烂的文化，大多由语言文字记载了下来。这就是"文以载道"，"道"若不存，"文"有何意？我们课本里的选文基本做到了文质兼美，承载着丰富的文化元素。如果连一篇文章的主旨、内涵都无法理解和体悟，学生们传承人类的文化又从何谈起呢？

还有一个极为重要的因素决定我们必须重视语意的理解：学生的阅读理解水平与学生已有的阅读积累有很大的关系。学生已有的阅读积累，我称之为"阅读背景"。在阅读过程中，"阅读背景"像一块磁铁，能有效帮助学生"吸附"住有关联的阅读内容。张光鉴先生曾经提出过一个著名的学习理论——学习相似论。张光鉴先生认为：学生要学习的新知能够与已有的旧知构成相似关系时，则新知很快被吸收，反之则很困难。学生通过大量阅读便可以形成很多的知识单元——"相似块"，当学生的"相似块"越多，"阅读背景"就越深厚，那么，这块"磁铁"的功能就越强大，学生理解新的阅读对象就越容易。我们引导学生真正读懂每一篇课文，就是在丰富学生的"阅读背景"，增加学生的"知识块"，为学生阅读更深奥的文章做准备。

老师引导学生理解语意，要注意方式方法，要激活学生的思维，要通过精粹的问题或者巧妙的任务让学生开动脑筋，去思考、去琢磨、去体悟，必要时老师要搭建一定的阶梯，加上适时的点拨和适度的讲解，以帮助学生深刻地理解课文。

三、语识把握

语识就是语文知识，包括言语表达的基本规则、基本的写作方法、遣词造句的直觉、布局谋篇的艺术。在小学阶段，语文知识的教育不追求系统性，但是，有些语文基础知识的渗透还是必不可少的。

如果说，语意理解针对的是文章内容，那么，语识把握针对的就是文章形式。有一段时间，我们的语文教学确实走了弯路。我们把主要精力花在了语意也就是文本内容的理解上，而忽略了语识的学习与把握。这样一来，学生对文章内容的理解是透彻了，但是，提起笔来依然不会写作、不会表达。问题就在于学生没有从阅读中获得一些基本的写作方法和表达技巧。

就阅读过程而言，学生一般只关注文章的内容而不会主动去关注文章的形式。恰如著名美学家朱光潜先生所说："从前我看文学作品，摄引注意力的是一般人所说的内容。如果它所写的思想与情境本身引人入胜，我便觉得它好，根本不很注意到它的语言文字如何。反正语文是过河的桥，过了河，桥的好坏就可不用管了。"然而，后来朱光潜先生的阅读发生了变化："近年来我的习惯几已完全改过。一篇文学作品到了手，我第一步就留心它的语文。如果它在这方面有毛病，我对它的情感就冷淡了好些。我并非要求美丽的词藻，存心装饰的文章甚至使我嫌恶；我所要求的是语文的精确妥帖，心里所要说的与手里所写出来的完全一致，不含糊，也不夸张，最适当的字句安排在最适当的位置。那一句话只有那一个说法，稍加增减更动，便不是那么一回事……"朱光潜先生为什么能做到这种自觉？那是因为他的语识更丰富了，审美水平更高了。阅读能明确感知语文的精确妥帖，写作能做到语文的精确妥帖，是语识丰富的标志。

我们不希望学生在拥有朱光潜先生这般修养之后才去关注语识，我们更希望学生在每个年龄阶段都能掌握相应的语识，能形成相应的语感，阅读时主动去关注别人文章的表达形式，写作时主动关注自己习作的表达形式。现实中，学生不会主动去关注言语形式，怎么办？那就得看我们老师怎么去引导和培养。歌德说过："内容人人看得见，涵义只有有心人得之，而形式对于大多数人是一个秘密。"所以，在语文教学中，我们应该更多地去引导学生破解文本的"秘妙"。简而言之，我们除了引导学生关注写了什么，还应引导学生关注怎么写、为何这么写而不那么写。比如学习《两茎灯草》，认识严监生这个人物形象不难，但是，作者为什么要写众人的猜测？为什么要把赵氏的话放在最后？为什么要写两茎灯草？比如学习《这片土地是神圣的》，作者在演讲中为什么一而再再而三地重复题目中的这句话？

这样的语识，得靠我们自己去开掘，得靠我们去引导学生把握。这当然要功夫，为了练就一身好功夫，我们还是得多读书、多琢磨，让自己变得像朱光潜先生那样敏锐。

四、语用实践

这里所说的"语用"特指"语言文字运用"。课标明确指出："语文是实践性很强的课程，应着重培养学生的语文实践能力，而培养这种能力的主要途径也应是语文实践。"语文课程的根本目的是培养学生的语文素养，语文素养的核心便是语文能力。没有能力做支撑的素养，不可能是很高的素养。为了提高学生的语文素养，必须培养学生的语文能力。为了培养学生的语文能力，必须让学生经历语文实践。如同"在游泳中学会游泳"一样，我们应该让学生"在语文实践中学会语文"。

关于语言学习，北京师范大学何克抗教授曾在《语觉论》一书中说："儿童学习语言的过程和学习的方法是以'语言运用为中心'……千万不要脱离开语境去孤立地记字词、背句子，千万不要用'语法分析为中心'的方法去教语言和学语言，因为那样做是违背儿童语言学习规律的。总之，'以语言运用为中心'是儿童快速学习语言的根本途径和方法，而'以语法分析为中心'则是语言学家研究语言的途径与方法。"何教授的这番高论可谓深中肯綮，对矫正我们目前的语文教学很有指导意义。

语用实践分无意识语用实践和有意识语用实践。学生积累的语料、语识先储存在浅表记忆里，学生接下来一段时间内的说话、习作会不知不觉地用上一部分，这就是无意识的语用实践；学生在老师引导下，刻意地将已有的语料、语识拿来加以运用，就是有意识的语用实践。我们需要着力开展的是有意识的语用实践。

今天积累的语料，放在一定的语境里，说一说、用一用，是语用实践。

今天理解的语意，通过恰当的语言文字传递出来，肯定是语用实践。

今天掌握的语识，结合新的文本试一试，也是语用实践。

模仿新学的语识，尝试写一个句子、写一个语段、写一篇作品，更是语用实践。

......

语文课堂上的语用实践要敢于打破时空的限制，要敢于突破当下正在学习的一篇课文的限制，让学生的语用实践前后贯通起来。比如执教《乡下人家》时，怎么让学生展开语用实践呢？可以仿照这册语文教科书第一页的单元导语写一句话，那就是在用本课的语料与导语的表达方法开展语用实践；可以仿照《天净沙·秋思》填一首《天净沙·乡下人家》，那是在用本课的语料与元曲的填曲方法开展语用实践；可以仿照《乡下人家》写一写自己熟悉的某一地方，那就是在用本课的表达方法开展语用实践。

今天所积累的语料、今天所掌握的语识，如果没有合适的语境，那就先存放着，让它们在学生的记忆里发酵，过一段时间遇到合适的语境了，再拿出来运用，也是一种智慧的选择。

在教学中，我们很多老师对"语用"的理解还存在误区，认为只有动笔写了才叫语用，这就导致了很多课堂上出现大量机械仿写等所谓的"语用"训练。运用语言文字来表达自然是语用实践，而运用语言文字来理解当然也是语用实践！其实，听说读写都是语言文字的运用，阅读就是最经常的语用实践。阅读就是运用语言文字来理解文本意义，读得越多，语言文字运用得越多，语文理解能力自然越强。

　　以上四者，实乃一个整体，不可截然分开。语料积累时伴随着语意理解，语意理解同样是语用实践，语用实践有助于语识掌握，语意理解有助于语料积累，语用实践需要有语料积累……语文课上，我们好好地带着学生们通过语文实践活动去积累语料、理解语意、把握语识、锻炼能力，我们为什么不能挺直腰杆教我们的语文呢？让我们豪气地说一声：我的课堂我做主！

遵循规律　顺应规律

——我对低年级语文教学的几点基本认识

自从统编教材投入使用以来，新的一轮语文课堂改革拉开了大幕。有些老师又感到为难了，这使用新教材的课该怎么上呢？怎样才能避免"穿新鞋走老路"呢？其实，不管教材怎么更换，只要我们遵循了语文学习的客观规律，顺应了儿童学习语言的客观规律就不用担心这个问题了。那么，低年级语文教学应该遵循和顺应哪些客观规律呢？

一、语言核心律

所谓"语言核心律"，就是低年级语文教学要以语言为核心展开，带着学生在愉快的活动中学习语言、积累语言、运用语言，很好地发展儿童的语言。关于这一点有问题吗？曾经有，而且还不小呢！因为很长一段时间，我们信奉的是"识字中心论"——低年级语文教学要以识字为重点。识字在低年级重要吗？当然重要，但是，还有比它更重要的重点——发展儿童的语言。最好的办法就是在发展语言的过程中完成识字，这样，既发展了学生的语言，又完成了识字任务。

著名语文特级教师、"语感教学"流派创始人洪镇涛先生曾经撰文指出，儿童在小学阶段要学习三种语言：精粹语言、规范语言、伙伴语言。精粹语言指的是古代经典诗文中的语言，学习精粹语言的途径是诵读、吟诵、背诵，精粹语言的学习关乎儿童对优秀传统文化的传承；规范语言指的是现代优秀白话文中的语言，这是儿童今后书面表达要运用的语言，学习规范语言的途径是朗读、背诵、运用；伙伴语言指的是儿童生活中互相交流使用的语言，学习伙伴语言的途径是实践，让儿童在言语交流中掌握伙伴语言。

以语言发展为核心组织开展语文教学，能有效避免当前低年级语文教学中的诸多问题。发展语言，同时也是在认识周围的事物，因为语言所承载的信息会同时进入学生大脑；发展语言，同时也是在训练学生的思维，因为语言与思维密不可分；发展语言，同时还是在有效完成识字任务，因为学习书面语言就是在与汉字打交道。

二、语言习得律

语言的学习，靠的是习得，而不是学得。所谓"习得"，指的是一种无意识地、通过反复操练并在不断试误中掌握某项本领的学习过程。学生在习得语言的过程中，不断反复练习，慢慢就悟出了语言表达的基本规则和要求，从而掌握这门语言。语言的掌握不能企图通过语法的分析与学习达到目的。何克抗教授在《语觉论》中说："儿童学习语言的过程和学习的方法是以'语言运用为中心'……千万不要脱离开语境去孤立地记字词、背句子，千万不要用'语法分析为中心'的方法去教语言和学语言，因为那样做是违背儿童语言学习规律的。"

郭开平先生在《语文八论》一书中还指出："儿童学习语言，婴幼期是'习得'口语，而进入学龄期学习书面语，就改为'学得'了……但是，我们还要看到，它在某些方面还仍然保留、延续了口语'习得'的许多特点。……书面语的学习，还是先要模仿、记忆，然后也是要通过无数次'尝试错误'才可能正确掌握。"郭开平先生这番话与何克抗教授的观点可谓不谋而合，以语言运用为中心不就是通过无数次"尝试错误"来掌握语言吗？

明确了这一客观规律，那么，我们在安排教学活动时心里就会更加有数：有利于学生展开语言实践的活动我们多设计，非语言实践的活动我们尽量少设计，久而久之，学生的口头语言和书面语言掌握就会很快发展起来。

三、听觉优先律

语言是人们表达观点、交流思想的工具，在交际过程中，人们获得对方的语言信息，靠的是听觉。在获得语言信息的过程中，人们同时也获得了语言本身。从本质上说，语言学习是一种听觉学习。只有在认识相当数量的文字并具备一定的阅读能力之后，语言学习才由听觉学习部分转移为视觉学习。在儿童识字不多的情形下，儿童的语言学习几乎全部依赖听觉。所以，在小学低年级语文教学中，我们应遵循"听觉优先律"。

听觉优先就要求在语言学习过程中，首先考虑儿童的听觉接受问题，老师要尽量把书面文字转化为有声语言，调动学生的听觉参与语言学习。儿童自主学习语言，也应培养他们把文字转化为声音来学习的习惯。这就是我们在低年级特别强调朗读的一个重要原因。只有当学生认识一定数量文字后，我们才慢慢培养学生默读的习惯。

四、整体输入律

在语言学习过程中，语料的积累是很重要的一环。我们主张进行整体的输入，而不是支离破碎的输入。能整篇输入的就整篇输入，不能整篇输入的就整段整段地输入。碎片化地输入是不利于语言的耦合与吸收的。芬兰教育为什么这么成功？极为重要的一个原因就是他们奉行"整体教学"而不是"分散教学"。整体教学是将整片森林揽入怀中，而分散教学则是只见树木不见森林。整体教学是 $1+1>2$ 的教学，分散教学是 $1+1<2$ 的教学。

在语文教学领域，大家在认识上普遍存在一个巨大的误区，就是大家都认为语言要理解了才能背诵。其实，这是违背儿童学习语言的客观规律的。儿童学习语言，不一定要先理解，他们完全可以在不理解的情况下积累语言，然后随着年龄增长、阅历增加、能力增强慢慢消化。就像牛羊反刍一样，先将语言的草料囤积在自己的肚子里，等到合适的时间，将草料反刍到嘴里仔细嚼烂，再吞到肚子里消化吸收。低年级学生正处于记忆能力强、理解能力弱的阶段，我们应该扬长避短，让学生在这个阶段大量积累，进行"鲸吞式"

"反刍式"学习。

五、语境识字律

当下，我们的识字教学方法可谓花样迭出，但是，效果却往往难尽人意。这是因为，这些所谓的识字新方法都有一个共同的特点：孤立识字、机械识字。这些识字方法都与儿童识字的心理过程是背道而驰的。举个例子：有老师引导学生们用"加一加"的办法记"落"字，学生们就把这个字拆成了三部分：上面是草字头，下面是三点水加一个"各"字。学生们能说出"落"字是怎么叠加起来的，但是能代表他们真的认识这个字了吗？非也。在朗读课文时，这些学生见到"落"字还是读不出来，这就足以说明，学生们没有记住这个字。

汉字教育专家徐德江先生曾有一个形象的比喻：儿童认识汉字是整体进行的，一个汉字就像一幅图画，儿童识字时，眼睛像照相机快门，咔嚓一声，就把汉字输入大脑了。儿童记住这个汉字是因为抓住了这个汉字的突出特点。所以，儿童识字时容易把形近字弄混，就是这个道理。随着儿童大脑的发育，他们观察事物会越来越精细，这时候，他们才会开始分析字的构造、每一个部件。那么，我们怎样让儿童降低对汉字的混淆认识呢？最好的办法就是多次见面，反复在不同的语言环境中见面，而不是将一个字拆解得七零八落。这有点像我们认识一个人，我们绝对不会去一一分析这个人眼睛什么样、鼻子什么样、嘴巴什么样、耳朵什么样、牙齿什么样、额头什么样、下巴什么样……而是在整体感知的基础上记住这个人的某一突出特征。这还不能保证完全记住这个人，如果跟这个人在学校里见了一面，不久又在超市见了一面，过几天又在大街上见了一面，接着又在菜市场见了一面……如此 n 次见面，要忘掉这个人也不大可能了。

我们开展识字教学就应该根据这样的原理去实施。在这篇文章里认识了一些字，然后换几个语言环境再见几次面，反复多次下来，学生就牢牢记住它们啦！而通过不用的语境反复与生字见面，同时也就是在接触语言、学习语言、发展语言，可谓一举多得，比机械地、孤立地识字效率不知要高多少倍。还有一点需要指出的是，孤立地识字，学生只是勉强记住了字音字形，而对字义的理解是几乎没有涉及的，即便记下了也多半属于"消极语汇"，难以进入学生语言运用的环节。语境识字却不同，是字音、字形、字义三位一体地输入学生大脑，变换的语境越多，学生对字义的理解越全面，这个字就越是容易被拿来运用，成为"积极语汇"，反过来促进学生语言的发展。

六、及时复现律

及时复现律是根据著名心理学家艾宾浩斯遗忘曲线提出来的。艾宾浩斯遗忘曲线告诉我们：学生学习到的新知，在第一时间内遗忘得最多最快，随着时间往后推移，则遗忘得越来越少、越来越慢。为了有效对抗遗忘，我们应该组织学生科学复习。在低年级语文教学中，"生字回生"现象较为普遍，那是因为我们的复习没有跟上或者不够科学。所以，我们提出及时复现律。比如，今天在课堂上认识的字，晚上通过朗读课文复现一次就很有必要，绝对比当天不复现记忆效果要好很多。第二天也有必要复现一次，过两天有必要再复现一次，再间隔几天再复现一次……

复现的形式很多，朗读课文是最常用的，认读生字卡片也无不可，当然最好的是换个语境复现。我们为什么倡导学生们大量阅读，这也是在变换语境复现、有效巩固识字效果啊！

综上所述，只要我们遵循规律、顺应规律去展开教学，我们的低年级语文教学会取得事半功倍之效的。

发挥学科优势，培养思维能力

在学生核心素养的培养中，大家形成了一个基本共识，那就是要加强学生思维能力的培养。钟启泉先生说："核心素养是指学生借助学校教育所形成的解决问题的素养与能力，是学生适应终身发展与社会发展需要的必备品格和关键能力。培养学生的思维素养是核心素养的核心。"[①] 钟启泉先生所说的"思维素养"，包括思维方法、思维能力、思维品质等几个方面，各学科均承担着相应的培养任务，而语文学科在培养学生思维能力方面具有天然的学科优势。

语文是一门综合性、实践性课程。语文学习根据不同的学习内容需要运用不同的思维方法，比如：阅读诗歌、散文等文学作品，更多地需要形象思维和直觉思维；阅读说明文、议论文等实用文本，更多地需要逻辑思维和批判思维；而进行写作训练，则更多地需要创新思维。因此，语文学习中，时时处处都在运用思维，能使学生各种不同的思维能力得到锻炼。

语文学习主要和语言文字打交道，而思维与语言有着非常密切的关系。一方面，语言的发展对思维的发展起着重要的推动作用，语言是思维发展的基础，没有语言不可能有高度发展的抽象逻辑思维。同时，每一个人都在一定的语言背景下生活，他解释世界的方式必然受着语言的影响。另一方面，语言的发展与思维的发展密切相关，这是因为语言能力不完全靠先天遗传，也要靠后天习得，即与个体的认知过程有关，所以思维的发展对语言的发展

[①] 许兴亮．核心素养的核心是思维素养．山东教育报，2016 – 1 – 25.

有较大的制约作用。① 语言表达的准确、流畅、深刻，都是思维准确、流畅、深刻的反映。思维水平的高度决定了一个人语言能力的高度。因此，要想学好语文必须练就相应的思维能力。

在整个小学阶段，笔者认为，语文老师应该充分利用语文教材，对学生思维进行有效训练，促进学生掌握一定的思维方法，形成一定的思维能力，养成良好的思维品质，从而推动学生核心素养提升。

一、激发想象，培养形象思维

关于小学生思维发展的基本特点，朱智贤先生指出："小学儿童思维的基本特点是：从以具体形象思维为主要形式逐步过渡到以抽象逻辑思维为主要形式。但这种抽象逻辑思维在很大程度上仍然是直接与感性经验相联系的，仍然具有很大成分的具体形象性。"② 也就是说，在小学阶段，受生理条件所限，学生的形象思维占有较大比重，而且，抽象逻辑思维也还有一定的具体形象性。基于这个特点，我们尤其应该在小学阶段加大学生形象思维的训练。

在小学阶段，尤其是小学低年级段，我们可以依据一篇篇充满童趣的课文，抓住课文中的具体事物或形象，引导学生展开想象或联想，从而走进课文所描绘的独特情景，感受主人公的各种心情、愿望，体会作者要表达的思想情感，丰富学生的心灵世界，增加学生的语言积累，提高学生的理解能力。比如，一年级有篇很有趣的课文《雨点儿》，怎样让学生们感受到雨点儿的快乐和追求呢？笔者设计了这样一个环节：笔者先请学生分别选择一个角色，然后问他们要去哪里，为什么。学生起初都是引用课文中的句子来回答，笔者表扬了他们。笔者接着问："你还想去哪里呀，为什么呢？"想象的闸门一下子被打开了，学生们纷纷表达自己的想法。有的说想到小河里，因为他想和小鱼做游戏；有的说想到屋顶上，因为他想在瓦片上滑滑梯；有的说想到

① 何克抗. 儿童思维发展新论. 北京师范大学出版社，2007：70 页.
② 朱智贤. 儿童心理学. 人民教育出版社，1993：408 页.

雨伞上，和伞下的小朋友捉迷藏；有的说想到沙漠里，因为那里最需要珍贵的水滴……就在这样的过程中，学生们感受到了雨点儿们的快乐、顽皮，也感受到了雨点儿的美好品质。

再比如，我们面对时间久远的《诗经·采薇》时，如何去触摸诗中主人公的心跳？别无他法，依然还是通过想象！"昔我往矣，杨柳依依"，那是一个怎样的送别场面？送行的难道是杨柳吗？不！送"我"出征的有"我"的父母、"我"的兄弟姐妹、"我"儿时的玩伴，也有"我"的心上人……"今我来思，雨雪霏霏"，这又是一种怎样的返乡境况？迎接"我"的难道是这漫天风雪吗？不！"我"看到的是村头熟悉的大树，自家破败的老屋，一座座荒芜的坟茔……可能再也见不到亲爱的父母、兄弟、伙伴、日思夜想的心上人……想象着，体会着，我们不知不觉就变成了诗中的"我"，我们的心与诗人的心不知不觉就开始一起跳动了！

从某种意义上说，如果没有形象思维，没有想象和联想，我们将读不懂美妙的文学作品。

二、注重推理，培养逻辑思维

语言表达作者的思想，文字记录作者的思想。作者表达思想不应只是文字的随意连缀，而应根据表达的需求做出精心安排。这里精心安排就是遵循逻辑。作者表达思想，先说什么，后说什么，是有讲究的；为什么这样说，为什么不那样说，是有考虑的。我们要准确把握住作者的思想，必须遵循作者的逻辑去思考，否则可能事倍功半，甚至一无所获。语文教材中许多文质兼美的文章是运用逻辑的典范，蕴藏着丰富的逻辑训练资源，是用来培养学生逻辑思维能力的极佳素材。

逻辑思维常用的思维形式有概念、判断、推理，常用的思维方法有比较、分析、综合、抽象、概括等。笔者认为，推理是逻辑思维中最为关键的一环。我们在语文教学中尤其要注重引导学生开展推理，以达到培养学生逻辑思维能力的目的。一个完美的推理过程需要准确把握住事物之间的关系。《王戎不取道旁李》这个故事中，王戎为什么不取道旁李呢？他的判断为什么如此准确呢？他是怎样推理的呢？不难发现，其根本原因是准确把握住了树和道、人和果之间的关系。树在路边，不在果园里，那就意味着这棵树不是私人的，树上的果子谁都可以去摘；如果树上的果子味道不错，那么树上的果子一定早就被摘光了（人的共性使然），而现在树上的果子竟然多得压断了树枝，那就说明没什么人去摘，人人可去摘，却无人去摘，那就只能说明这果子是苦的！其他孩子为什么会一拥而上去摘果子品尝呢？那就是因为他们根本没有考虑这些关系，所以盲目地采取行动了。

在语文教材中，可供训练推理的资源异常丰富，我们运用得当的话，学生的逻辑思维能力将得到极大的发展。教师要善于抓住思维激活点，巧妙设计问题，引发学生认知冲突，然后解决冲突，最后形成正确认识。学习《田忌赛马》，我问学生：①如果田忌和齐威王再来第三场比赛，孙膑能确保获胜吗？为什么？②既然如此，那么孙膑为什么第二场比赛前如此胸有成竹？③除了齐威王不会调换出场顺序，田忌取胜还必须具备哪些条件？孙膑凭什么断定具备了这些条件？这些问题直指核心，学生明白了孙膑能获胜必须有赖于如下两点：一是齐威王不会调换马的出场顺序（说明孙膑洞悉人性，了解齐威王秉性），二是田忌高一等的马比齐威王低一等的马快（二者没有直接比过，孙膑完全靠自己细腻的观察得知，这种本领常人不具备）。

推理中还有一种特殊的推理类型——类比推理，这也是培养学生逻辑思维能力的一个重要途径。类比推理的原理是借用彼事物的规律来解释此事物的规律，在推理过程中，我们需要学会将"彼"移植到"此"身上，从而达到理解"此"的目的。比如，《晏子使楚》中，晏子面对楚王的第三次刁难，没有按照常规思路去应对（①证明这个人不是齐国人；②证明这个人不是强盗；③阐明这样的人在齐国只是极少部分，不能代表所有齐国人），因为那样是说不清、道不明的，也是吃亏不讨好的。他巧妙地运用类比思维，以"南橘北枳"的自然界常识类比齐国人到楚国做强盗一事，轻松地推翻了楚王的谬论，从而变被动为主动，将一顶"强盗国"的帽子反扣到楚国头上，可谓妙绝！学生经过对比，自然领悟到了类比推理的神奇效果。

三、唤醒经验，培养直觉思维

直觉思维又叫顿悟思维，也叫灵感思维，指的是在思维过程中没有十分清晰的逻辑推理过程，往往直接就从条件跳到了结论。有时候，从条件到结论中间的思维过程还真没法用语言表述出来。在语文学习中，直觉思维的运用也很普遍。直觉思维的培养与逻辑思维不一样，它需要唤醒学生的生活经验、阅读经验和文化知识等学习背景，引导学生搭建起一座座直觉思维桥梁，完成直觉思维过程，达到我们的学习目的。

比如，《童年的水墨画》这组诗歌中，对有些诗句的理解就需要直觉思维。"忽然扑腾一声人影碎了，草地上蹦跳着鱼儿和笑声。"这句诗怎么理解？有生活经验的学生自然就读出了这样的画面：钓鱼的小伙伴钓上来了一条不小的鱼儿，嘴里发出兴奋的叫声，旁边观看他垂钓的小弟弟小妹妹们也跟着一起兴奋地欢笑……如果没有直觉思维，怎么让学生理解"笑声蹦跳"？给学生讲一大堆"拟人""借代"的语文修辞知识是很难奏效的。如果为了便于学生理解，将原诗改为"忽然扑腾一声鱼儿被拉出水面，草地上鱼儿活蹦乱跳，小朋友们发出阵阵欢笑"，这还有半点水墨画的诗意吗？

不仅阅读现代诗需要直觉思维，阅读古诗词也需要直觉思维。"清明时节雨纷纷，路上行人欲断魂"，直觉思维告诉我们：诗中的行人是一个出门在外的游子，此刻的他一定倍加思念家中的亲人，尤其是思念已经过世的长辈、祖先……即便现在春光明媚，他也会忧愁万分，更何况此时细雨绵绵呢！诗人愁苦的心情一定跟这阴暗、潮湿的天气一样浓稠至极，无法化解！"秦时明月汉时关，万里长征人未还"，直觉告诉我们：守关将士们头顶明月，身披铠甲，手握长矛，站在高高的城楼上，遥望远方……直觉还告诉我们：将士们表面冷若冰霜，内心却一定炽热如火，他们的思绪一定飘到了自己日思夜想的家乡，一定在猜想父母妻儿在干什么……直觉还告诉我们：此时此刻，家里的亲人们也一定思念着他们、牵挂着他们，盼望着他们早日凯旋……直觉还告诉我们：这样的两地相思，不仅发生在今晚，也一定发生在历史上每一个月明之夜……

在阅读现代散文时也需要直觉思维的参与。"燕子去了，有再来的时候；杨柳枯了，有再青的时候；桃花谢了，有再开的时候。"当我们咀嚼着如此优美的语言时，不可能只是被它的节奏音韵打动，我们不可能不产生这样的直觉：作者一定在感叹什么东西没法去而能返吧？作者一定在渴望这种东西跟燕子、杨柳、桃花一样失而复得吧？"太阳他有脚啊，轻轻悄悄地挪移了；我也茫茫然跟着旋转。于是——洗手的时候……新来的日子的影儿又开始在叹息里闪过了。"当我们反复诵读这段文字，直觉又会告诉我们什么呢？作者一天到晚吃喝拉撒睡，啥也没干呀！这不是在虚度光阴吗？这不是在浪费生命吗？——如果你产生了这样的直觉，那么你离走进朱自清先生当时的内心又近了一步！

培养学生的直觉思维一方面需要丰富学生的积累，包括直接经验和间接经验，另一方面需要鼓励学生调动自己的经验去理解新的事物。即便是直觉出了错误也没有关系，在试误中获得新的经验是非常难得且宝贵的，有助于学生的直觉变得越来越准确。

四、鼓励质疑，培养批判思维

批判思维，目前在学界还没有一个统一的名称和定义，也叫思辨性思维、审辩性思维、反思性思维，它们的所指基本是一致的。目前学界比较接受世界著名批判性思维理论家罗伯特·恩尼斯的表述：批判性思维是合理的、反思性的思维，其目的在于决定我们的信念和行动。[①]

我国著名学者谢小庆先生在《审辩式思维》一书中说："审辩式思维是最重要的国民素质，表现在认知和人格两个方面。其突出特点变现为：①合乎逻辑地论证观点；②凭证据讲话；③善于提出问题，不懈质疑；③反省自身的问题，对异见保持包容的态度；……"[②] 不盲目崇拜权威，不迷信权威观点，敢于通过思考提出问题、进行质疑是批判性思维的重要起点。在小学语

---

① 董毓. 批判性思维十讲. 上海教育出版社，2019：6.
② 谢小庆. 审辩式思维. 学林出版社，2016：13.

文教学中，我们应该鼓励学生们独立思考，培养他们敢于质疑的品质，并在质疑基础上展开进一步的思考、探究，寻求新的结论或方案。我们的语文教材涉及很多领域，特别容易引起学生的兴趣和思考，在培养学生的批判性思维上有无可替代的优势。

课文中仔细推敲起来不合逻辑的地方，可以鼓励学生质疑。教学《草船借箭》这篇经典课文时，笔者抛出了一个"石破天惊"的问题："在诸葛亮借箭的过程中，可有什么纰漏？"学生甫一听，愕然。然而随着思考的深入，他们竟真的发现了两个纰漏：其一，诸葛亮不应该告诉周瑜"三天后派五百个军士到江边搬箭"，因为"江边"一词泄露了极为关键的秘密——箭是从江上来的；其二，诸葛亮不应该在前两天毫无动静，这会让周瑜产生巨大疑虑，从而采取更为严密的监视行动以探知诸葛亮的真实意图，并进行破坏。学生经历这样的阅读，收获的自然不只是对几位人物的脸谱化的认识。

对于有些课文的解读，也可以引导学生去大胆质疑。比如，对《清平乐·村居》的解读，很多就是片面和机械的，认为词中描绘的就是乡下一家五口的生活，这就违背了诗词阅读的基本规律。作者总是将丰富的情感浓缩在一个个意象里，因此阅读诗词需要动用我们的想象将这些意象一一还原，这样才能走进作者的内心。《清平乐·村居》里，一家五口，老的老，小的小，荒郊野外，单门独户，这合理吗？白发苍苍的老人还会有这么小的孩子，这科学吗？有了这些质疑，再根据诗词欣赏的规律去理解这首词就说得通了——词中所写，都是意象。"茅檐低小，溪上青青草"，那是一个美丽的小山村，一座座茅屋错落有致，小溪绕村流过，叮叮咚咚，村子周围绿树掩映，鸟语花香，村子里鸡犬相闻，一派祥和……"醉里吴音相媚好，白发谁家翁媪"，那是村里所有的老人家聚在一起，三五成群，喝茶唱戏、打牌聊天……这是多么令人向往的幸福晚年啊！"大儿锄豆溪东，中儿正织鸡笼"，此乃热火朝天的劳动场面描写，成年的孩子们跟着父母在地里辛勤劳动（播种、除草、浇水、施肥、收割都有可能），半大的孩子力气虽小，但已然非常懂事，在家里做些力所能及的家务活，真是"村庄儿女各当家"啊！"最喜小儿亡赖，溪头卧剥莲蓬"，那就是村里的小孩子们自由自在地玩耍了，何止是剥莲蓬呢，捉蜻蜓、逮蚂蚱、摘荷叶、采莲蓬、放风筝、掏鸟窝……无一不可。只要激活了学生们的想象，他们就能感受得到、欣赏得了这个"居有所安、老有所养、壮有所为、少有所乐"的小山村的美好画卷了！

对于课文中的有些文字、句段在表达上不够尽善尽美的，也可以鼓励学生质疑，这是培养学生良好语感和批判性思维的重要途径。《大自然的声音》刚选入教材时，第二自然段的第一句话是："风，是大自然的音乐家，他会在森林里演奏他的手风琴。"单独看这一句没有问题，但是，当把这句话和第三、四自然段的第一句话放在一起时，就会发现这三句话不整齐："水，也是大自然的音乐家""动物是大自然的歌手"。我请学生琢磨怎样让这三个总起句变得更整齐，学生一致认为可以把第一句中的第二个逗号改为句号。后来，再版的教材果真做了这样的修订。再比如，这一课第四自然段有这样一个排比句："走在公园里，听听树上叽叽喳喳的鸟叫；坐在一棵树下，听听叽哩哩叽哩哩的虫鸣；在水塘边散步，听听蝈蝈的歌唱。"我让学生圈出这句话中的动物，思考这里面有没有哪种动物安排得不合适。学生最后判断蝈蝈安排得不合适，因为也蝈蝈属于虫类，与前面的"鸟""虫"不能并列。那么，蝈蝈换成什么好呢？学生们受插图的启发，建议改为青蛙，理由有两条：一是青蛙与鸟、虫可以并列，二是青蛙就是生活在水塘里的。很巧，我们的意见与教材再版的修订不谋而合。

《大自然的声音》中有这样一段对水的描写："当小雨滴汇聚起来，他们便一起唱着歌：小溪淙淙，流向河流；河流潺潺，流向大海；大海哗哗，汹涌澎湃。从一首轻快的山中小曲，唱到波澜壮阔的海洋大合唱。"我引导学生关注句中的几个拟声词，学生们很快发现"河流潺潺"这个说法不够确切，另外，大海汹涌澎湃的声音用"哗哗"来形容也不贴切。在我的提议下，学生将这段文字进行了修改："当小雨滴汇聚起来，他们便一起唱着歌：小溪潺潺，流向河流；河流哗哗，流向大海；大海轰隆，汹涌澎湃。"这样岂不更好？

五、呵护灵性，培养创新思维

创新思维也被称作创造性思维，指的是人们开拓认识新领域，在前人和他人认识的基础上提出新假设、新观念、新理论的思维活动。① 当然，对于小学生来说，不可能达到这样的高度，但是笔者认为，学生们如果有新的想法、新的举措就是了不起的创造。学生在语文课堂上的一点点小小的创新念头老师都应该好好呵护。他们能够打破思维定式，突破思维常规，冒出的一点点创新思维的嫩芽都是弥足珍贵的。

在我们的小学语文教材中这样的榜样也不少。《曹冲称象》里的曹冲能够结合几位大臣的不合理意见提出自己的可行性办法，"司马光砸缸"的故事更是家喻户晓。司马光急中生智，砸缸救人，明显反映出他与众不同的思维方式。学生受这些榜样人物的影响，加上平时养成了勤于思考、乐于思考的良好习惯，经常会闪现出可贵的灵性。在教学中，笔者会加以表扬和鼓励，让他们充分展示自己的思维过程，让全班同学一起分享他们思考的快乐和成功的喜悦。

有一次，笔者上《捞铁牛》一课，有个学生就在座位上嚷道："老师，我有更好的办法！"语气之中满含着兴奋。笔者请他详细说说自己的想法，他说："可以准备好四条大船，每两条拴在一起。其中两条船装满泥沙，另两条船空着，一起划到第一头铁牛沉没的地方。系好铁牛后，将泥沙转运到两条空船上，卸完泥沙的船将铁牛拉到岸边，装满泥沙的船划到第二条铁牛沉没的地方，做好准备，等两条空船划来，再把泥沙转运到空船上……直到把所有铁牛都捞起来为止。"笔者问他为什么这样安排，他说："这样一是可以节省时间，原先把泥沙铲到河里，现在就是在给另外两条船装泥沙，一举两得；二是可以更加环保，因为把泥沙铲到河里就会让黄河变得更加浑浊。"原来，这个小家伙如此关心黄河呢！笔者好好表扬了他。从这以后，不仅他，全班同学都更爱动脑筋了！

在语文教学中，我们还应该善于挖掘教材中的创新思维训练点，巧妙地利用这些训练点激活学生的创新思维，鼓励学生大胆创造。学习《桥》这一课，当笔者引导学生意识到小伙子这个人物的安排是一把双刃剑（从正面看，

---

① 郅庭瑾. 教会学生思维. 教育科学出版社，2001：96.

突出了老汉的不徇私情；从反面看，为老汉脸上抹黑）时，笔者不失时机地提问："会不会是队伍里出现了什么特殊的情况，老汉不知道而误解了小伙子呢？"学生说有可能，并找出了"证据"："课文中写小伙子被揪出来后还狠狠地瞪了老汉一眼。如果他是为了自己早点逃命的话，他应该感到很羞愧，根本不敢瞪老汉，所以我觉得这个'瞪'就是在埋怨他父亲误会了他，只是在那种情况下他不好顶撞他父亲。"还有学生补充说："小伙子如果真是为自己考虑的话，就不会跟老汉推推搡搡、互相谦让了，他就会直接在老汉前面过桥了。""言之有理！那么，究竟是发生了什么让老汉误解了小伙子呢？大家不妨给文章续写一个结尾，揭示事情的真相。"学生们一下子进入创作状态……

综上所述，思维素养是学生核心素养的核心，我们只有高度重视学生思维能力、思维品质的培养，才能将学生的核心素养培养落到实处。语文学科在培养学生思维能力、思维品质方面具有先天的、不可替代的优势，我们更应该发挥这一优势，激发学生想象、引导学生推理、唤醒学生经验、鼓励学生质疑、呵护学生灵性，着力培养学生的形象思维、逻辑思维、直觉思维、批判思维、创新思维……让学生的各种思维在语文课堂上飞扬起来！

提升学生语文素养离不开思辨能力培养

一、学生语言学习离不开思维能力

关于语言与思维的关系，学术界经过漫长的研究和探索已经基本形成共识。

第一，语言和思维都是大脑的功能，但二者不是同一回事情，它们的功能、特点与生理机制都不相同，且二者的发展具有不同步性。思维的功能在于认识，语言的功能在于交际；语言是一种声音的符号系统，它的特点是民族性，思维是大脑的机能，它的特点是全人类性；语言是在大脑语言区控制下通过发音器官发出含有一定意义的声音，其中枢神经机制一般在左半球，思维则是整个大脑皮层的功能。每个年龄阶段的儿童，其语言与思维的发展都有着各自不同的特点，并不完全同步。

第二，语言和思维具有紧密的联系，是互相作用的。一方面，语言的发展对思维的发展起着重要的推动作用，语言是思维发展的基础，没有语言不可能有高度发展的抽象逻辑思维。语言对思维的影响还表现在，每一个人都在一定的语言背景下生活，他解释世界的方式必然受着语言的影响。另一方面，语言的发展与思维的发展密切相关。这是因为语言能力不完全靠先天遗传，也要靠后天习得（语法规则就必须通过后天的学习才能掌握），即与个体的认知过程有关，所以思维的发展对语言的发展有较大的制约作用。语言表达得准确、流畅、深刻，都是思维准确、流畅、深刻的反映。思维水平的高度决定了一个人语言能力的高度。

在语言交流尤其是通过书面语言进行交流的阅读过程中，语言理解是非常重要的一个环节。在这个环节中，思维的作用显得尤为突出。语言理解不仅依赖于对语言材料的正确感知，而且还依赖于人们已有的认知结构和各种形式的知识经验。人们根据自己的知识经验去接受、加工所获得的语言信息，通过推理建立材料之间的联系，补充缺少的信息，最后达到对语言材料的合理解释。因此，语言理解过程是一种积极的思维过程，是根据所获得的语言材料去建构意义的过程。

也有学者更加肯定地认为：思维对语言起决定作用。其理由有：思维在语言产生和发展中起决定作用——对种系语言、个体语言的产生发展都起决定作用；思维在语言使用中也起决定作用——语言的使用体现着思维的选择性和创造性，思维内容决定语义。

综上所述，语言与思维两者既不相同，又有着天然的、难以分割的联系。把语言能力的培养与思维能力的培养结合起来可以达到二者相辅相成、彼此促进的理想效果。反之，若把二者对立起来则不仅不利于思维能力的培养，也不利于语言能力的培养。

二、语文核心素养更需要思维能力

2016 年 9 月 13 日上午，中国学生发展核心素养研究成果发布会在北京师范大学举行。中国学生发展核心素养以培养"全面发展的人"为核心，分为文化基础、自主发展、社会参与三个方面，综合表现为人文底蕴、科学精神、学会学习、健康生活、责任担当、实践创新六大领域，具体细化为国家认同等十八个基本要点。在这里，我们着重看看《中国学生发展核心素养》对人的文化基础的要求。《中国学生发展核心素养》指出，文化基础分为人文底蕴和科学精神两部分，这是人的发展的根基。其中，科学精神包括理性思维、批判质疑、勇于探究等基本要点。理性思维特别强调逻辑清晰，能运用科学的思维方式认识事物、解决问题、指导行为。批判质疑特别强调具有问题意识，能独立思考、独立判断，思维缜密，能多角度、辩证地分析问题，做出选择和决定。不难看出，《中国学生发展核心素养》将学生思维能力与思维品质的培养的地位提到了前所未有的高度。

　　具体到语文学科，什么是语文学科的核心素养呢？北京师范大学教授王宁先生解释说：语文核心素养是学生在积极主动的语言实践活动中构建起来，并在真实的语言运用情境中表现出来的个体言语经验和言语品质；是学生在语文学习中获得的语言知识与语言能力、思维方法和思维品质，是基于正确的情感、态度和价值观的审美情趣和文化感受能力的综合体现。如果把语文素养分解开来表述则可以分为四个层面：

素　养	内　涵		
语言建构与运用	积累与语感	整合与证明	交流与语境
思维发展与提升	真觉与灵感	联想与想象 实证与推理	批判与发现
审美鉴赏与创造	体验与感悟	欣赏与评价	表现与创新
文化传承与理解	意识与态度	选择与继承 包容与借鉴	关注与参与

　　那么，怎样在语文课上落实核心素养的培养？王宁先生解释说：解决这个问题需要对语文素养所包括的语言、思维、审美和文化之间的相互关系加以阐释。首先，母语的建构与应用是语文课独特的课程素养，也是其他要素的基础。只有这一项是唯一或主要属于语文的。它和思维是什么关系？任何学科都要培养思维能力与品格，但语言是思维的工具，是思维的外化形式，一切学科培养思维能力都要以语言为载体。所以，语文培养思维是实施其他学科教育的基础，它覆盖一切教育内容，也可与任何学科结成联盟。

　　关于思维在核心素养中的地位，华东师范大学钟启泉先生更是直截了当地指出："核心素养是指学生借助学校教育所形成的解决问题的素养与能力，是学生适应终身发展与社会发展需要的必备品格和关键能力。培养学生的思维素养是核心素养的核心。"

　　由此，我们可以得出结论：语文学科对于学生思维的培养责无旁贷。这既关系到学生语言的发展，也关系到学生其他学科素质的发展。苏联教育家乌申斯基说："谁想要发展学生的语言能力，首先应该发展他的思维能力。"
苏联教育家赞可夫认为："要让学生真正学好语文、写好作文，就要抓住根本
性的东西，即要促进学生的一般发展，积极培养学生的思维能力和创造性，
扩大他们的知识面。"苏霍姆林斯基说："思考，这是多么美好、诱人而富有
趣味的事。""教师要把学生的脑力劳动放在注意的中心。""真正的学校应该
是一个积极思考的王国。"

需要注意的是，在小学阶段我们应根据学生的年龄特征和心理水平，有
针对性地发展学生的思维能力与思维品质。在中小学语文教学过程中，就学
生语言思维能力的形成和发展而言，形象思维是先导，抽象思维是发展，辩
证思维则是趋向完善。

三、思辨能力是一种高级思维能力

所谓"思辨"，目前学术界没有明确的定义。就笔者理解，思辨指的是基
于对事理客观本质、内在逻辑的透彻理解与把握，根据事理表现、变化的客
观规律做出的分析、推理、判断、选择等思维活动。也有学者这样界定：思
辨是指一个人自主性的活动，是运用既定的概念，遵循逻辑法则对事物所做
出的推理。不管怎样，我们可以确定思辨能力首先是一种抽象思维能力。

其实，在我们的《礼记·中庸》十九章中早有这样的论述："博学之，审
问之，慎思之，明辨之，笃行之。"它告诉我们学习的境界——通过第一阶段
博学和第二阶段审问，才能真正进入到第三、四阶段，即"慎思"和"明
辨"，就是审慎地思考、明确地辨析，最终取得正确笃行的结果。

亚里士多德说："批判的目的在于能够从正反两方面洞察出真理和谬误。"
从这一点来看，批判性思维超越了形象思维、逻辑思维，是一种更加综合、
更加复杂的高级思维能力。

具有批判性思维的人能合理地提出问题，能清晰地表达观点，能准确地
判断事物的真假优劣，更重要的是，善于有逻辑地、辩证地探讨问题。批判
性思维能力是建立在好的思维品质基础上的。那么什么才叫好的思维品质呢？
有学者认为：好的思考者至少应当具备以下五项知道特性——清晰性、相关

性、一致性、正当性和预见性。这是评估思考者是否具备批判性思维能力的一般标准。

随着学生年龄的增长，到了五六年级的时候，我们可以结合部分适宜的课文，在教学中有意识地渗透一些思辨活动，让学生的思辨能力在小学阶段就能初步形成，为以后的发展打下良好的基础。爱因斯坦曾说："只有最大胆的思辨才有可能把经验材料之间的空隙弥补起来。"可见，无论是对未来，还是对当下，良好的思辨能力对学生的学习都是极有帮助的。

合理利用语文教材　巧妙培养思辨能力

语言与思维有着密不可分的联系，语文学科对于全面培养学生的各种思维能力、思维品质有独到的作用。首先，语言学习可以帮助学生获得思维的重要工具；其次，语文阅读可以帮助学生获得间接的思维经验和思维材料；最后，读写听说是最常用的思维操练，能够不断完善学生的思维结构，推动学生的思维发展。①

语文学科与其他学科比较起来，内容最为丰富，观点最为多样，思想最为活跃。在阅读理解过程中，仁者见仁、智者见智是最常见的事情。我们的课标在遵循文本基本价值前提下，也极力提倡学生的个性化解读。因此，语文学习留给学生的思辨空间是巨大的，它也是用来对学生进行思辨能力训练的最好手段。

一、通过斟酌字句，培养思辨能力

我们教材中的课文不同于一般的文章，教材里的课文应该是学生学习我们祖国语言文字的典范。但是，如果课文存在语言上的问题我们应该怎么办？视而不见？违心维护？笔者以为这都不是正确的办法。其实，这恰好是难得的教育契机。所以，笔者主张在教学中，应该通过引导学生对课文进行字斟句酌，借以培养学生不盲从书本、不迷信权威的学习品质和敢于大胆质疑的精神。同时，在对不恰当语言的修改过程中，培养学生的思辨能力。

---

① 卫灿金. 语文思维培育学. 语文出版社，1997：32 - 34.

《圆明园的毁灭》是一篇经典课文，课文第四自然段中有一个病句，自该文选入教材以来一直没有引起关注。我让学生寻找本段中的一个病句。经过一番寻觅诊断之后，学生还真的挑出了这个病句：上自先秦时代的青铜礼器，下至唐、宋、元、明、清历代的名人书画和各种奇珍异宝。① 那毛病在哪儿呢？接下来，我们对这句话进行了诊断、修改——

生：我们小组用您教的方法把它缩写了一下，就成了：上自青铜礼器，下至名人书画和奇珍异宝。这些奇珍异宝怎么样呢？句子里没说，所以不完整，我们便断定它是个病句。

师：大家同意他们小组的看法吗？

生：同意。

师：你们真了不起，很会发现！好，现在，我们就来当一回编者，根据作者的思路给这句话"治治病"。谁能把它补充完整？

生①：上自先秦时代的青铜礼器，下至唐、宋、元、明、清历代名人书画和各种奇珍异宝，多得数不清。

生②：上自先秦时代的青铜礼器，下至唐、宋、元、明、清历代名人书画和各种奇珍异宝，看得人眼花缭乱。

生③：上自先秦时代的青铜礼器，下至唐、宋、元、明、清历代名人书画和各种奇珍异宝，多得就像天上的星星。

生④：上自先秦时代的青铜礼器，下至唐、宋、元、明、清历代名人书画和各种奇珍异宝，应有尽有。

师：大家为什么这么加？

生：作者的意思是要说圆明园收藏的文物从先秦时代到唐、宋、元、明、清都有，很多，而且很珍贵，所以这么加。

师：你们真会读书。如果你是编者，你会选择哪一句呢？

生：我会选第④句。

师：为什么？

---

① 人教版课标实验教科书《语文》五年级上册 2005 年第 1 版 116 页.

生：第①句很平淡，很普通；第③句太夸张了；第②句不真实，因为圆明园是一座皇家园林，而且在 1860 年就被烧毁了，作者不可能到圆明园里去看过。第④句比较实事求是。

生：我同意他的观点，但我还想补充一点。这句话很多词都是由四个字组成的，你看"青铜礼器""名人书画""奇珍异宝"，结尾也用四个字的"应有尽有"，追求押韵。

师：我同意刚才两位同学的意见，大家就在书上把这个病句改一改吧！

（生改。）

师：不过，关于"押韵"的说法得纠正一下。这并不是押韵，是一种内在的节奏感。同学们自己轻声读一读，体会体会。

令人欣喜的是，这篇文章被选入统编教材时，做了相应修改："圆明园不但建筑宏伟，还收藏着最珍贵的历史文物：上自先秦时代的青铜礼器，下至唐、宋、元、明、清历代的名人书画和各种奇珍异宝。"不过，这一修改还不是最好的选择。第一，过渡句变得过于冗长，不够干净利落；第二，原文由三句变成了两句，显得头重脚轻，缺少美感。

对于课文中偶尔出现的不太准确的表达，或者不太规范的句子，我们不能视而不见，更不能掩耳盗铃、一味地盲目迷信书本，甚至枉顾事实地为教科书辩解。笔者认为，这恰好是一种难得的教学资源，应该巧妙地加以利用，对学生的思辨能力进行一次有力的训练。

二、通过分析注释，培养思辨能力

现行的小学语文教材中编选了少量的文言文。为了帮助学生更好地理解文言文，教材采取与中学教材接轨的方式，在课文下端提供了相应注释。由于在小学阶段学生接触的文言文不多，阅读文言文的能力有限，所以这些注释的作用就显得尤为突出。在文言文教学中，我们要好好利用这些注释，充分发挥注释的解说、补充、贯通等作用，逐步培养学生独立阅读文言文的能力。

《两小儿辩日》是教材中编选的文言文之一，也是小学阶段学生接触的最长的一篇文言文，所以针对本课的注释就特别多。其中有一条值得商榷，笔者觉得可以用来培养学生的思辨能力——

师：对的，两小儿就是利用这样的推理来证明自己的观点的。刚才第一位同学说两小儿都用了比喻的修辞手法，第一个小儿把太阳比作车盖来说明太阳这个时候——

生：很大。

师：大家比画比画！

（生纷纷展开双臂比画。）

师：他又把太阳比作盘盂来说明太阳这个时候——

生：很小。

师：大家再比画比画！

（生纷纷合拢双手比画。）

师：请大家再看看注释，你觉得有问题吗？

（生陷入沉思。）

师：把太阳比作盘盂是因为太阳和盘盂之间的相似点是——

生：它们都是圆的。

师：对呀！可是注释怎么说？

生：注释说盘盂是盛物的器皿，圆的为盘，方的为盂。

师：奇怪吗？有疑问吗？

生：奇怪！第一个小儿怎么会拿一个方形的东西来比喻太阳呢！

生：我的疑问是：盂到底是方的还是圆的？

师：怎么办？

生：回家查资料。

师：大家不用回家查了，我帮大家查了，请大家看屏幕。释义来自我国目前最权威的几本工具书，看看它们是怎么解释盂的。

【出示工具书解释：

盛饮食等的圆口器皿，如：水盂、钵盂、痰盂。——《辞海》

盛汤浆或饭食的圆口器皿。——《汉语大词典》

1 盛液体的器皿：五代徐锴《说文繋传·皿部》："盂，饮器也"《韩非子·外储说左上》："为人君者犹盂也，民猶水也，盂方水方，盂圆水圆。"《聊斋志异·劳山道士》："遂各觅盎盂，竞饮先酌，惟恐樽尽。"
2 盛饭的器皿：《汉书·东方朔传》："上当使诸数家射覆，置守盂下，射之；皆不能中。"颜师古注："盂，食器也。"唐吴融《送知古上人》："几程村饭添盂白，何处山花照衲红。"

盂 yú 羽俱切，平，虞韻，于。
1. 盛汤浆或食物之器。《史记》一二六《淳于髡传》："操一豚蹄，酒一盂。"
2. 行猎阵名。左传文十年："遂道以田孟诸，宋公为右盂，郑伯为左盂。"
3. 地名。

盂

盂

——《汉语大字典》　　　　　——《辞源》】

师：现在大家可以得出什么结论？

生：盂也是圆形的。书上的注释错了。

师：如果你是编者，你会怎样修改这一条注释？

生：因为盛菜的盘子大家都见过，所以我会删掉盘的解释，直接解释"盂"：盛汤浆或饭食的圆口器皿。

师：那盂和盘有何异同呢？

生：它们的相同点是，它们的口都是圆的。它们的区别是，盘子很浅，适合装没有汤的食物；盂很深，可以盛很多汤、汁、浆。

师：很好，大家把更改的注释写在书上。

笔者认为，纠正教科书注释的错误是其次，最主要的是通过这样的思辨活动，培养学生不盲从的求真求实的习惯，增强学生的思辨能力。

三、通过推敲情节，培养思辨能力

情节的设置是小说创作的重要一环。没有精彩的情节，小说是难以打动读者心灵的。不过，尽管小说的情节是虚构的，但是也必须符合真实的生活，符合人物的性格，符合情感的逻辑，否则，再精彩的情节也经不起推敲，也就不可能赢得读者的认可。

《草船借箭》可谓是经典之作了，选自四大名著之一的《三国演义》第四十六回。然而，笔者在细读文本时发现情节上也存在不合理之处——诸葛亮在完成草船借箭的过程中，存在两个比较明显而且致命的纰漏。这下子，课堂上可热闹了——

师：你们认为神机妙算的诸葛亮在整个草船借箭的计划和实施过程中，有什么纰漏吗？

（生有点愕然，开始沉思默想。）

生：我发现了一个！诸葛亮说"到第三天请派五百个军士到江边来搬箭"，这就是一个纰漏。

师：为什么说这是一个纰漏？

生：造箭一般在兵工厂里，或者在军营里，搬箭应到那些地方搬，怎么会到江边去搬呢？周瑜要是产生了怀疑，下令封锁江面，那诸葛亮的计划岂不泡汤了？

师：了不起！诸葛亮应该怎么做才能避免这个纰漏呢？

生：诸葛亮应该等第三天箭借来之后再通知周瑜安排军士去搬箭，或者第三天直接将箭送到都督府上。

师：有道理！

生：诸葛亮这里还有一个纰漏——他造箭不用竹子、翎毛、胶漆等材料，让周瑜感到很疑惑。

师：这怎么是纰漏呢？

生：如果我是周瑜，见诸葛亮造箭不用这些基本的材料，一定会派人严密监视，弄清诸葛亮有什么鬼点子，再从中破坏，让他完不成任务，最后定他的罪，砍他的头！

师：那后果可就严重了！依你之见，诸葛亮应该怎么做呢？

生：我觉得他应该让一些军士装着赶做十万支箭的样子，麻痹周瑜。

师：妙，这就叫明修栈道——

生：暗度陈仓！

师：可是，诸葛亮的这些纰漏，为什么我们都能发现而聪明绝顶的周瑜却没有发现呢？看来，这只能算是作者罗贯中的失误了！如果他还在世，我们一定请他修改修改！

这样的素材是训练学生思辨能力的极好材料，真是可遇不可求。

四、通过揣摩目的，培养思辨能力

我们阅读一篇文章，最基本的要求是准确地把握住文章的主要内容，领会作者的思想情感，明白作者的写作目的。但是，在实际教学中，我们很多老师并没有独立自主地去认真揣摩作者的写作目的。只要我们稍稍用心去揣摩一下作者的写作目的就会有独到的发现。引导学生去揣摩作者写作目的的过程就是学生在积极思辨的过程。

《爸爸的计划》是一篇短小精悍的习作例文，编排在"围绕中心意思写"这个单元。课文后有一道思考题：默读课文，说说作者是怎么写这个爱订计划的爸爸的。这是针对表达方法提出的，以呼应单元主题"围绕中心意思写"。这篇习作例文不是精读课文，但是它的中心意思我们还是有必要探究一下，否则，学生不可能真正明白文章为什么这样写。

师：同学们，《爸爸的计划》的确是围绕中心意思写的典范。作者运用"点面结合"的方式突出了爸爸爱订计划的特点。第一自然段是"面"，概括地写爸爸擅长订计划；后面是"点"，通过略写两件事、详写一件事生动表现了爸爸爱订计划的特点。我们相信，爸爸订的计划远远不止这几份，那么，作者为什么要挑这几份计划来写呢？我们不妨先来思考两个问题：第一个问题，你们觉得爸爸是一个怎样的人？

生①：爸爸是一个做事有计划、有条理的人。

生②：爸爸是一个严格遵守规定的人。

生③：爸爸也是一个对孩子要求严格的人。

生④：爸爸一定是一个守信用的人。

生⑤：爸爸肯定是一个很让别人放心的人。

师：在大家眼里，爸爸的优点可不少。第二个问题，你们希望有一个这样的爸爸吗？

（生陷入思考。）

生⑥：我不希望。因为，爸爸订的计划让"我"一点儿都不自由，"他每写上一条，我就像多缠上一道线的陀螺，被搞得晕头转向"，透不过气来。

生②：我也不希望。爸爸为"我"订的暑假计划全部是学习、学习、学习，连一点玩耍的时间都没有。

生③：我也不希望。爸爸订计划根本不考虑别人的感受，也不尊重别人的意见，无论什么都要听他的，"我"觉得一点儿都不民主。我爸爸妈妈就不是这样的，他们能经常听听我的意见。

师：是的，孩子的意见大人也应该听一听。

生④：我觉得这样的爸爸控制欲太强，巴不得所有人都听他一个人的，我可不希望有这样一个爸爸。

生⑤：我觉得这个爸爸做事有点机械、呆板，不知变通，连雨淋到家里来了都要机械地按照他的计划去执行，我觉得这样的人会误事。

生⑥：我觉得这个爸爸有点迂腐可笑，无论是谁，无论做什么，都要有计划。外婆都做了几十年的饭了，居然还要订学习烹调的计划；每个人居然还有订计划的计划、执行计划的计划……我觉得这些计划太烦琐、太可笑了。

师：那看来，爱订计划并不是什么优点咯？

生：也不是说订计划不好，但是，订计划不能"过"，应该有个限度，不能所有人用一个标准。比如，晚上睡觉就可以允许有的人早睡，有的人稍微晚点睡。

师：我同意你的观点。计划虽好，但也不是万能的，更不能用计划束缚住了手脚，打消了大家的积极性。大家再回头想想，作者为什么用这些事例来表现爸爸的特点？

生：我明白了，这篇文章不是来赞扬爸爸的，而是善意提醒社会上那些热衷于订计划的人的。

生：我读出了一点嘲讽的意味。

师：没错。这才是作者真正想要表达的。我们国家在发展过程中曾经有过一段"计划经济"为主导的历史，就是生产什么、生产多少、谁来生产，销售什么、销售多少、销售给谁……都要按计划来。"计划经济"曾经产生过正面的、积极的作用，但是随着社会的进步，"计划经济"越来越禁锢人们的思想和观念，越来越压抑人们的积极性和创造性，阻碍了经济和社会的发展。

后来，经过不断摸索，我们才转型为"市场经济"，才有了改革开放……《爸爸的计划》以小见大，很形象地为我们揭示了过度计划带来的弊端。正因为如此，作者选择了——

生：表现过度计划不好的事例。

师：这才是做到了——

生：围绕中心意思写。

这样教学，没有停留在探究"作者是怎么写爸爸爱订计划这一特点"的表面，而是往前走了一步，通过两个核心问题引导学生领悟到了作者真实的表达目的。经历了这个过程后，学生的认知几乎被颠覆了过来。学生所获，除了对内容的深刻理解，更有思辨意识的唤醒、思辨能力的提升。

五、通过琢磨选材，培养思辨能力

任何一位作家要表达自己的意思和情感都不会轻率地、随意地去安排和组织材料，而必定是经过精心选择、剪裁，用上与自己的情感和意思相吻合的材料。不过，这种关系是极为隐秘的，需要动用我们的思辨能力去捕捉里面的蛛丝马迹。

《生命 生命》是杏林子的一篇精短美文。本文选择"飞蛾求生""瓜苗生长""倾听心跳"这几件事情来写，展现了生命的意义。难道选择其他的生命现象来写就不能表达作者的人生态度吗？作者选择这样的材料，想必另有隐情吧。请看这段教学——

师：同学们，刚才大家从飞蛾求生、瓜苗生长这两个事例中获得了很多感悟，这样的生命当然值得歌颂和赞美，但是，同学们，你们有没有发现，生活中还有很多很多的事物更能让你感到生命的活力。比如——

生①：参天的大树。

生②：傲雪的红梅。

生③：奔驰的骏马。

生④：翱翔的雄鹰。

生⑤：追逐猎物的豹子。

生⑥：在赛场上风驰电掣的运动员。

师：太好了！同学们，既然大自然界中有这么多更能展现生命活力的动物、植物、人，为何作者都没有写，而偏偏选择了这弱小、卑微的飞蛾和瓜苗来写呢？

生：可能是为了突出这些生命的坚强、顽强吧。

师：骏马、豹子、运动员身上有没有坚强、顽强的一面？

生：也肯定有。但是……

师：说不上来了是吗？没关系。我们先看看这段资料。

【课件出示：杏林子，本名刘侠，1942 年生。12 岁患类风湿性关节炎，这是一种自体免疫系统不全而引发的慢性疾病，完全无药可治，全身百分之九十以上的关节损毁，发病时便手脚肿痛，要忍受常人无法想象的痛苦，患者等于被宣判了漫长的死刑。她从此结束学校生活，留在家中，由母亲照料。杏林子将自己所经历的疼痛分作五级：小痛、中痛、大痛、巨痛、狂痛。在与病魔作战激烈的时候，她都咬着牙关，以无比的勇气冲上去击败它。但放弃的念头也曾在她的脑海中闪现过。】

生：老师，我明白了。

师：请你说说。

生：杏林子因为 12 岁就得了重病，而且这种病无药可医，发病时的痛苦我们无法想象，所以杏林子在忍受不了这种疼痛的时候一定想到过放弃自己的生命。

师：是的。常人都会这么想。杏林子也这样想过："我不知像我那样既没有念过多少书，又瘫痪在床上的病人到底有什么用？我活着到底是干什么？仅仅为了自己受苦、拖累家人吗？我真的要在病床上躺一辈子，永远做一个废人吗？"

生：哦，原来是这样。这时候，杏林子想到的是自己不仅疼痛难忍，而且还成为了家人的负担。她不想拖累家人，所以她不想活了。

师：不过，她最后没有选择放弃，而是选择了继续活下去。因为她找到了活下去的理由。

生：我明白了，她是从飞蛾和瓜苗身上找到了活下去的理由。

师：怎么理解？

生：因为她看到飞蛾和瓜苗后肯定会想：飞蛾和瓜苗这么脆弱、这么渺小、这么卑微，但是它们都要想办法活下来。我再怎么痛苦，总比飞蛾和瓜苗要强大吧！更何况，我还有那么多亲人、朋友关心我、鼓励我，我还有什么理由放弃自己的生命呢。

教学进行到这儿，作者选材的匠心我们便真正领悟到了。当然，结论不是最重要的，最重要的是得到这个结论的过程——通过思辨，学生开始明白作者选材可不是那么随意的。以后读书，可得多多注意了。

六、通过领会方法，培养思辨能力

课改十多年来，我们的语文教学发生的一个极大的变化就是由"关注课文内容"向"关注表达方法"转变。在领会文本的表达方法时，我们也依然发现有些课文的表达方法是值得商榷的。如果不加以引导、不加以辨别，恐怕给学生带来的影响是负面的。

比如《地震中的父与子》一文，为了突出父亲的伟大形象，作者运用了正面描写与侧面描写相结合的办法。在表现儿子的了不起，尤其是在突出父亲对儿子的影响巨大时，作者对儿子的刻画采用了正面描写的方法，详细写了父子之间的对话。然而这时候正面描写运用得恰当吗？就这个话题我与学生展开讨论。

师：刚才，我们感受到了儿子的了不起，他在废墟底下被埋了38个小时，这是不吃不喝、没有光明、充满恐惧、苦苦等待的38个小时。但是他不仅自己保持了镇定，还极力安慰身边的小伙伴。课文对儿子的刻画用的是什么方法？

生：正面描写。

师：着重写的是他的——

生：语言。

师：同学们，是不是只要写了人物的语言，就是成功的语言描写呢？

生：不一定。

师：那怎样的语言描写才是好的语言描写？

生：真实的语言。

师：这是一个标准。我们有位语言大师这么说过："贴着人物写的语言才是好的语言。"那么什么叫"贴着人物写"呢？就是人物的语言符合人物的特点和当时所处的环境。我们想象一下，一个人被埋在废墟底下个38小时，尽管内心无比激动，但是，说出来的话应该是——

生：很短的，因为他已经没有力气了。

师：非常好！我们试着根据自己的感觉，重新来写一写这段对话，好吗？

（师下发对话写作练习作业。生动笔。）

师：我来扮演父亲，你来扮演儿子。我们一起读一读你的作品好吗？

生：好。爸爸，真的是你吗？

师：是我，是爸爸，我的儿子！

生：我就知道你会来救我的。

师：你现在怎么样？有几个孩子活着？

生：我很好。14个。

师：出来吧，阿曼达！

生：不，让我的同学先出去。

师：这样一改写，的确很贴切了。但是，和原文一比，你们发现少了什么？

生：阿曼达的了不起就显得不那么突出了，比如他怎么安慰同学们之类的内容都没有了。

师：是的。还有，阿曼达的底气源自哪里我们也不知道了。现在，我们该怎么办呢？

生：可不可以像前面一样用侧面描写呢？

师：好主意！可否具体说说？

生：比如，其他孩子被救出来了，他们的父母惊奇地问他们怎么回事，于是，他们告诉父母是阿曼达在废墟底下鼓励他们。

师：太棒了！这就是，痒要自己抓，好要——

生：别人夸。

师：大家赶紧提笔，补写一个侧面描写的片段吧！

经过学生这样一番补写，阿曼达的形象显得更丰满了。尤为重要的是，学生们在这个过程中真正弄懂了什么样的语言描写才是好的语言描写，弄懂了什么是侧面描写，弄懂了正面描写与侧面描写互相补充的好处。

七、通过探寻内心，培养思辨能力

辨体而教现在已经成为了大家的共识。就散文而言，它的抒情性是其他文体难以替代的。有的散文直抒胸臆，作者将自己的情感表达得淋漓尽致；有的散文却因为各种因素的影响，作者抒发情感时比较隐晦。面对后者，我们需要带领学生顺着行文的蛛丝马迹去探访作者的内心世界，从而真正走进作者，与作者对话。

《匆匆》是朱自清先生一篇脍炙人口的佳作，自诞生以来一直受到广大读者的欢迎。这篇散文的主旨是什么？折射了作者怎样的内心世界？很多文章认为本文是在告诫读者要珍惜时间，其实，这些文章对《匆匆》的理解是偏颇的，并没有真正走进作者的内心。

师：同学们，熟读了朱自清先生的文章，你们没有发现这里面有很多矛盾吗？

（生静静思考。）

师：谁发现了？

生：我发现作者一方面知道要珍惜时间，但是另一方面又在浪费时间。

师：何以见得？

生：作者一天到晚跟着太阳茫茫然旋转，只是洗手、吃饭、默默、睡觉、叹息，他应该把时间拿来做点正事呀！

（生鼓掌。）

师：既然知道了要珍惜时间，那就应该拿出实际行动来，对吧？

生：我有一个疑问。作者只要决心去做，有意义的事情很多，可是作者为什么说"我能做些什么呢"? 我感觉作者好像很悲观。

师: 同学们的问题问得很好, 说明大家真正读进去了。我们要读懂作者就必须设身处地联系作者当时所处的社会背景。《朱自清传》给了我们很好的解答, 有一段话是这么写的。

【课件出示: 一个血气方刚的爱国青年接受了新文化的洗礼, 经历了五四运动的激荡, 一心想和志同道合的朋友们一起改变祖国的落后面貌, 有一番作为。……朱自清感到惶惶然了, 当年被他热情歌颂的五四"金粒"种子在中国土地上并没有开花结果啊! 黑夜漫漫, 风雨沉沉, 光明路径在何方? 他痛苦, 他困惑, 他迷惘, 他失去了方向……①】

师: 大家明白了什么?

生: 我明白了, 原来朱自清先生那么痛苦是因为报国无门呀。

师: 好一个报国无门!

生: 在朱自清看来, 他所做的一切与拯救我们的祖国、改造我们的社会比起来是微不足道、不值一提的。

生: 我感受到了朱自清先生那时候无能为力的痛苦了。

师: 是啊! 作者那诗意的文字背后隐藏的是痛苦的心灵啊。难道他不知道时间是一去不返的吗?

生: 知道。

师: 难道作者愿意把时间浪费在吃喝拉撒、长吁短叹中吗?

生: 不愿意!

师: 是啊! 作者多么想努力、想奋进啊! 但是——

生: 他却不知道该怎么做。

师: 这就是那一代青年知识分子共同的写照啊。他们期望有一番作为, 但是却无从做起, "现在看不清, 将来望不见, 既不愿随波逐流, 又无力逆潮而上"。那是怎样的苦闷和彷徨呀! 他们渴望为民族、为国家、为大众去奋斗、去奉献、去抗争, 然而, 他们对当时的社会缺少深刻的洞见, 所以不知

---

① 陈孝全. 朱自清传. 北京十月文艺出版社, 1991: 46–55.

道怎么去奋斗和努力，所以感到无比困惑和茫然。这也便是朱自清不甘心白白走这一遭而眼下又不知如何做起的矛盾所在。让我们捧起书本，再次去感受作者的内心。

有人说，散文是关于"我"的艺术。散文重在表达自己的思想情感，而不是为了揭示某种客观真理。那么，《匆匆》一文的写作目的何在？如何揭示作者的写作目的？我通过引导学生对文中矛盾之处的分析，再加上相关背景的介绍，学生便走进了作者的内心，触摸到了作者的脉搏。

八、通过理顺逻辑，培养思辨能力

文章的组织是讲逻辑的。这个逻辑既有浅表的形式上的逻辑，也有深层的内容上、情感上的逻辑。如果不合逻辑则只能是诡辩。我们在教学中发现有些文章的逻辑是经不起推敲的。所以，我们有必要带领学生好好去理一理这里面的逻辑顺序，让学生懂得行文的基本要求。

《他们那时候多有趣啊》是一篇科幻小说。科幻小说有个基本要求就是逻辑自洽。未来的事情谁也不可能知道得那么清楚，但是，我们也应尽可能从科技发展的角度、人物性格的角度、故事发展的角度去考虑，尽量做到不自相矛盾。这一篇课文可能在作者写作或者译者翻译过程中考虑不周全，出现了一些小小的问题，正好可以拿来开展一次思辨训练。

师：同学们，下面我们开展一个更有挑战性的活动：逻辑质疑。科幻小说有个基本要求就是逻辑自洽，也就是能自圆其说。大家再到课文中去看看，有没有哪个或哪些地方不太合乎逻辑，需要修改或调整？

生：课文第一自然段就说玛琪在晚上才写日记，那么，这一段应该放在课文的最后。

师：同学们，课文这种写法叫什么呀？

生（齐）：倒叙。

师：对。这样的开头一下子就引起了我们的好奇心：咦？托米发现了一本真正的书，那么，他们用的书——

生：是什么样的呢？

师：请大家继续找找看。

生：我觉得第 16 自然段写得不对。

师：怎么不对？

生：托米说那时候的老师"不过给孩子们讲讲课，留些作业，提提问题"，我觉得不符合"他们那时候"的样子。

师：仔细说说。

生：托米应该对"他们那时候"学习的样子知道得很全面的，"他们那时候"的老师可不是仅仅给孩子讲讲课、留些作业、提提问题，如果真是这样，学校的老师也没有什么了不起了，也就不会让托米他们无比向往了。

师：你觉得应该怎么写？

生：就照我们今天这样子来写呀！我们的老师不仅给我们上课、改作业，还十分关心我们，跟我们一起玩游戏，和我们谈心，还为我们组织各种各样的有趣的活动，比如运动会、研学、军训……有时候还到我们家里家访。

师：你们喜欢自己的老师吗？

生：喜欢！

师：我们一个班还不止一位老师，对不？

生：是！我们每一科都有一个老师，有语文老师、数学老师、英语老师、科学老师、体育老师……

师：这样师生之间其乐融融的班级，2155 年的玛琪可没法想象。这个地方，托米介绍得不够准确、不够全面。大家还有什么发现吗？

生：我觉得第 8 自然段"玛琪一向讨厌学校，可现在她比以往任何时候都更憎恶它"这句话有点不通。

师：说说你的想法。

生：我觉得玛琪对学校的态度由"讨厌"到"憎恶"，没有根本性变化，只是程度加深了，所以用表示转折的"可"不合逻辑。

师：由"讨厌"到"憎恶"不是转折，应该是什么？

生：递进。

师：那"可"换成哪个词才符合逻辑呢？

生：而。

生：我觉得不加任何关联词也可以。

师：两种意见都不错。大家选其中一种在自己的课本上改过来。

生：老师，我还觉得插图不合逻辑。

师：哦？

生：插图是玛琪在家上课的情景，电子屏幕上显示的却是真人老师给学生上课的画面，我觉得玛琪从来没有见过这样的画面，否则，当托米告诉她"那时候"的学校是什么样子时，她就不会惊奇了。

师：有道理，有道理！

经过这样一番思辨，学生明白了，哪怕科幻小说可以尽情展开想象，但是想象和表达不能不遵循基本的逻辑规范，否则，就会留下逻辑缺陷，难以将读者留在自己营造的科幻空间里。

实践证明，在小学高年级，巧借课文对学生进行思辨能力的培养，不仅是可行的，也是有效的。学生在这样的课堂上思维被充分激活，学生课堂参与度大幅度提高，思考非常积极，讨论极其热烈，语文学习的兴趣特别浓厚。经过长期的思辨训练，学生逐步形成了不盲从的态度。遇到不合适的问题，敢于质疑，敢于发表自己的观点和见解，并试着从各个角度提出更加合理的建议。很多新的想法、好的创意就在学生的质疑、思辨、争论中诞生。而在发展思辨能力的同时，学生的语言能力都得到了充分发展，二者相得益彰，学生语文核心素养也逐渐得到有效提升。

小学语文阅读教学活动设计简论

课改以来，很多老师都在追问这样的问题：什么样的语文课是好的语文课？什么样的语文课是有效的语文课？什么样的语文课是高效的语文课？答案必定是仁者见仁、智者见智。但是，不管大家的观点怎样丰富多彩，我想，一节好的语文课、一节有效乃至高效的语文课必定具有如下几个基本特征。

比如，它必定是一节让学生学有所获的课。这个"获"，当然指的是学生们语文素养方面的收获。正如王尚文先生曾经指出的：一节语文课，不管是在语言方面还是在文学方面，总要让学生有所得才好。

比如，它必定是一节能让学生"动起来"的课。这个"动"，当然是学生的思维活动，眼动、口动、手动、身动，皆是外在的动，而语文课必定于这些外在的形式后面有内在的动，也就是"心动""神动"。简而言之就是学生思维的动、心灵的动。

比如，它必定是一节有趣、有吸引力的课。这个"趣"当然不仅仅是简单的风趣、乐趣，更是深刻的"情趣""理趣""妙趣"，正是这样的"趣"深深吸引着学生们，让他们在语文课上神采飞扬、欲罢不能，让他们对语文充满了热爱和期待。

如果我们的语文课具备了如上三个特征，你很难否认它是一节好课、一节有效甚至高效的课。怎样让我们的课达到这样的境界？我想，语文课上的活动，尤其是阅读教学中适切的活动必不可少。

一、什么是阅读教学中的活动？

关于这个术语，余映潮老师在他的专著《致语文老师》中是这样定义的：阅读教学中的活动，指的是在教师的指导下，学生在课堂上进行的内容和形式都很丰富的语言学习、技巧习得、发展智能、训练思维等语文实践。

余映潮老师的这个定义有四层含义：第一，阅读教学中的活动是一种语文实践，这就界定了活动的范畴，任何非语文、泛语文的实践不属于阅读教学中的活动之列；第二，阅读教学中的活动，主体应该是学生，而非老师，老师的作用是指导，老师们不能越俎代庖，包办代替学生的实践；第三，阅读教学中的活动应该讲究活动的内容和活动的形式，不可泛泛而论，也不可随意安排，无论是内容的选择，还是形式的设计，都是需要老师们花一番心思、动一番脑筋的；第四，阅读教学中的活动，目标指向非常明确，那就是为了学生更好地学习语言、习得技巧、发展智能、训练思维、培养语感……这些目标都明确指向学生的语文素养。

二、为什么要重视阅读教学中的活动设计？

为什么要重视阅读教学中的活动设计？这是一个必须回答的问题，也是涉及到小学语文阅读教学的一个根本性问题，我想从理论和现实两个层面来回答。

首先，从理论层面来看，学生语文素养的形成离不开活动，因为，学生的语文素养是在活动中培养起来的。语文素养是一个涵盖了"知识与能力、过程与方法、情感态度与价值观"等诸多方面的概念，但是，不管它涵盖面有多广，它总有一个核心，那就是语文能力。能力作为一种心理品质，固然需要一定的知识作为基础，但更重要的是需要在实践中锻炼和培养。因此课标在论述语文课程的性质时，开宗明义——语文课程是一门学习语言文字运用的综合性、实践性课程。

语文课标在前言中还突出强调了语文能力的重要性："语文课程致力于培养学生的语言文字运用能力，提升学生的综合素养，为学好其他课程打下基础；为学生形成正确的世界观、人生观、价值观，形成良好个性和健全人格打下基础；为学生的全面发展和终身发展打下基础。"

课标在论述语文课程的基本理念时明确指出："语文课程是实践性课程，应着重培养学生的语文实践能力，而培养这种能力的主要途径也应是语文实践。"

何克抗先生在《语觉论》中总结儿童语言发展的规律："儿童学习语言的过程和方法是以'语言运用为中心'，学习是为了运用，学了就要立即用，而且力图在一定的语境中去运用。"王尚文先生主编的《中学语文教学研究》一书也这样论述："离开语文实践而想要提高语文实践能力为基石的语文素养，无异于缘木求鱼。""我们特别强调了语文课程的实践性特点，这个特点处处支配着语文学习，是语文学习的一条基本规律。"郭开平先生在《语文八论》一书中总结了语文教育六条基本规律，其中第三条是"'先用后理'律"。郭开平先生说："为什么我们强调提出'语文课不是语言学的理论课、知识课，而是发展学生言语能力的实践课，是教师以语言理论去指导学生言语实践的应用课'呢？这是因为儿童学习语言的心理过程是一个'先学用，后明理'的过程，而不是'先明理，后使用'的过程。"

其次，从现实层面来看，我们更需要在阅读教学中加强活动设计。目前，我们的阅读教学还较为普遍地存在"两多两少"的问题："两多"指的是烦琐的内容分析过多，无效的碎问碎答过多；"两少"指的是学生自主学习的空间太少、语文教学的情趣味道太少。早在十多年前，张庆先生就曾撰文指出：堵不住烦琐分析的路就迈不开语言训练的步。笔者曾通过《提高语文教学效率，必须实现"三个转变"》一文呼吁：要真正提高语文教学效率，必须彻底实现"三个转变"——由"注重教师的教"向"注重学生的学"转变，由"关注课文内容"向"关注表达形式"转变，由"要求大量做题"向"引导大量读书"转变。

从上述两个方面来看，阅读教学中的活动设计应该被充分重视起来。

三、阅读教学中的活动有哪些基本类型？

阅读教学中的活动，从不同的角度可以分出不同的类型。余映潮先生曾对此进行深入研究并做出清晰分类：

1. 从教学过程来看，有辅助性活动，有主体性活动。辅助性活动主要指课始、课尾安排的常规操练，如：三分钟演讲、每日新闻播报……主体性活动指的是阅读教学过程中起主要作用、支撑作用，明显地占有一定时间、明显地突出了某种方法的学习活动。

2. 从训练方法来看，有常规性的活动，有创造性的活动。常规性的活动指的是每节课或者每篇课文都能采用的活动形式，如：比赛朗读、听写句子、词语造句等。创造性的活动指的是根据不同的课文、不同的课型、不同的目标设计的较有新意的活动形式。

3. 从阅读课型来看，有讲读课的活动，有自读课的活动。

4. 从活动组织来看，有个人活动、小组活动、全班活动、师生活动。

5. 从活动内容来看，有语言性活动、技能性活动、思维性活动、情感性活动、审美性活动……

本文所针对的是阅读教学中的主体性活动、创造性活动、全班活动，活动内容则既有语言性活动，也有技能型活动、思维性活动等。

四、阅读教学中创造性活动设计例举

阅读教学中的创造性活动的设计因文而异，需要跟文章的内容或形式紧密结合，同时需要考虑该文的教学目标以及该学段学生的年龄特征，这是一项需要综合考虑的工程。为了更好地说明阅读教学中活动的重要性及突出作用，现结合自己的教学实践列举数例。

1. 形式特别的朗读活动。朗读是小学阅读教学中最常用、最重要的教学手段，但形式特别的朗读活动更能激起学生学习语文的兴趣，巧妙地突破教学难点。比如《冀中的地道战》一文第四自然段可以这样安排引读——

师：地道挖在哪里？

生：村里的地道挖在街道下面，跟别村相通的地道挖在庄稼地下面。

师：地道有多高？有多深？

生：地道有四尺多高，个儿高的人弯着腰可以通过；地道的顶离地面三

四尺，不妨碍上面种庄稼。

师：全村人要是都进来，待在哪里？

生：地道里每隔一段距离就有一个大洞，洞顶用木料撑住，很牢靠。大洞四壁又挖了许多小洞，有的住人，有的拴牲口，有的搁东西，有的做厕所。一个大洞容得下一百来人，最大的能容二百多人。

师：要是被敌人围困时间很长怎么办？

生：洞里经常准备着开水、干粮、被子、灯火，在里面住上个三五天不成问题。

师：洞里空气不流通，不担心缺氧吗？

生：洞里有通到地面的气孔，从气孔里还能漏下光线来。气孔的口子都开在隐蔽的地方，敌人很难发现。人藏在洞里，既不气闷，又不嫌暗。有的老太太把纺车也搬进来，还嗡嗡嗡地纺线呢。

通过这一问一答，学生将这段文字的主要内容就理得非常清楚了，大家所关心的有关地道的一系列问题在这里都得到了解决。同时，这段文字是怎样一层一层展开的也变得一目了然。

《少年中国说》激情澎湃，怎样引导学生感受到作者梁启超先生对祖国满腔的热爱和对未来美好的憧憬呢？老师可以引导学生这样朗读。

师：未来的中国是怎样的，梁启超先生看不到，但是他用了 7 个瑰丽的比喻把他心中的这份理想描绘出来了。他觉得自己心目中理想的中国就应该像初升的朝阳——

生：红日初升，其道大光。

师：就应该像奔涌的黄河——

生：河出伏流，一泻汪洋。

师：就应该像腾飞的巨龙——

生：潜龙腾渊，鳞爪飞扬。

师：就应该像吼叫的猛虎——

生：乳虎啸谷，百兽震惶。

师：就应该像展翅的雄鹰——

生：鹰隼试翼，风尘吸张。

师：就应该像含苞的花蕾——

生：奇花初胎，矞矞皇皇。

师：就应该像锋利的宝剑——

生：干将发硎，有作其芒。

师：这样的中国，天戴其苍——

生：地履其黄。

师：这样的中国，纵有千古——

生：横有八荒。

师：这样的中国，前途似海——

生：来日方长。

师生密切合作，语速逐渐加快，声调随之不断高低起伏，学生便读出了梁启超先生心中理想的中国的模样。

2. 继承传统的吟诵活动。近年来，吟诵这一中国传统读书法被越来越多的老师们熟知，它通过声音的长短、高低，节奏变化，充分传递出古诗文的意蕴。比如学习《送元二使安西》这首诗，笔者将《阳关三叠》改编成吟诵调，在课堂上带着学生们反反复复吟诵。诗人对朋友的依依不舍、真挚祝福、反复叮咛、绵绵牵挂之情全部融在了这抑扬顿挫的吟诵之中了。

通过吟诵，学生不仅发现古诗文很好玩，很有意思，还从中学到了押韵、平仄、对仗、入声字等基本知识。例如我们学习《江雪》，学生通过吟诵发现诗人运用了三个入声字作为韵尾，非常少见，表达了诗人孤苦、愤懑的思想情感。再比如学生知道了平仄之后，就明白了《石灰吟》中的"粉骨碎身"为什么不是"粉身碎骨"了；学生懂得了押韵的常识之后，也就明白了《泊船瓜洲》中第一句最后一个字"间"要读第一声了。

3. 一举多得的说话活动。听说读写是学生的四项语文基本功，但是，怎样引导学生说得有趣、说得有序、说得有用，值得研究。笔者在阅读教学中经常设计一些说话活动，既加深了学生对文本的理解，又锻炼了口头表达能力。比如学习《青蛙卖泥塘》，笔者设计了这样的四次说话活动：

我知道青蛙为什么要卖泥塘：_____。

我知道青蛙为什么不卖泥塘了：_____。

我知道青蛙要感谢谁：_____。

我知道了这只青蛙是一只_____的青蛙。

这四次说话，让学生很快、很准确地弄清楚了青蛙卖泥塘的起因、结果和改造泥塘的经过，为后面的复述课文打下了基础，又培养了学生快速提取信息的能力。

再比如学习《画》，怎样帮助学生理解整首诗的意思并锻炼思维呢？笔者设计了这样两次说话活动：

_____这句诗好奇怪！_____。

哦！原来这是一幅画呀！所以，_____。

为什么说这样的说话活动一举多得呢？首先，老师再也不用"问个不休"。其次，把学习的主动权交给了学生，因为语文学习跟数学不一样，我们语文问题的答案往往是多元的、不唯一的，所以学生可以从各个角度、各个方面去思考、去说话，对学生的限制完全放开，学生学习的主动性、积极性得到极大增强。最后，学生的语文能力得到了培养。学生往往会争着说、抢着说，说得越好说明思考越深入。要想说得更好，思考必须更深入。学生们的语文学习形成了良性循环。

4. 训练思维的概括活动。概括能力是一项重要的语文能力，是学生从文字、文本中获取信息能力的根本标志。我国历来十分重视学生概括能力的培养。其实，训练学生的概括能力本质上也是在训练学生的思维能力。我们可以巧妙借用文本特点开展概括课文（文段）文意的活动，对学生进行概括能力的训练。

执教《将相和》，笔者安排了两次概括活动：第一次，请你给每个故事拟一个小标题；第二次，请你分别用一个字概括三个故事中蔺相如的行为。

完成第一次概括活动，学生不觉得难，也就意味着思维还没有充分打开。但是，第二次概括活动就带来了较大的挑战。学生觉得第一个故事概括起来很难，那就从第二个、第三个故事入手。经过一番讨论，学生将"渑池之会"

上蔺相如的表现概括为"逼"，蔺相如用他的胆识和勇气逼秦王就范。第三个故事，蔺相如的行为学生概括为"让"。这个"让"是谦让、退让、礼让，这个"让"体现出了蔺相如的胸怀、蔺相如的气度、蔺相如的境界。那么，第一个故事中蔺相如的所作所为可以用一个什么字来概括呢？几番周折之后，学生终于找到了最合适的字——骗。这个骗是针对秦王的，而且，骗了秦王一次又一次。面对虎狼之国，连续骗秦王两次，这是何等睿智、何等厉害！至于蔺相如为什么敢骗秦王，更是为下文学习埋下了伏笔。

再比如《蝙蝠和雷达》是一篇有趣的科普说明文。我们可以先提炼出本文的核心词语——秘密，然后要求学生围绕"秘密"给文章各部分拟定小标题。这样的概括活动既降低了难度，又保持了一定的挑战性。同时，学生们的概括能力也得到了很好的锻炼。学生们经过一番努力，将文章结构清晰地呈现给我们：首先"引出秘密"，接着"探索秘密"，然后"揭开秘密"，最后"阐释秘密"。

5. 趣味盎然的增删活动。课文增删活动是在现有文本基础上通过增加、删减适当文字，引导学生深入理解文本内容、感悟文本表达方法，同时训练学生思维、语感的实践活动。"用教材教"就是充分利用教材里的素材，用教材来培养学生的各项能力。

比如学习文言文《杨氏之子》，为了帮助学生感受文言文"简省"的特点，笔者设计了一个人物还原活动，让学生把文中省略掉和用其他代词代替的人物杨氏子、孔君平全部还原。

梁国杨氏子九岁，甚聪惠。孔君平诣（　　）父，（　　）父不在，（　　）乃呼（　　）出。（　　）为（　　）设果，果有杨梅。（　　）指以示（　　）曰："此是君家果。"（　　）应声答曰："未闻孔雀是夫子家禽。"

学生经过思考，大都能正确还原：梁国杨氏子九岁，甚聪惠。孔君平诣（杨氏子）父，（杨氏子）父不在，（孔君平）乃呼（杨氏子）出。（杨氏子）为（孔君平）设果，果有杨梅。（孔君平）指以示（杨氏子）曰："此是君家果。"（杨氏子）应声答曰："未闻孔雀是夫子家禽。"

接下来，笔者让学生将填充文和原文进行对比，学生发现原文更为简洁，对于原文省略的人物、用其他词语替代的人物完全可以根据上下文确定。

在教学古诗《宿新市徐公店》时，笔者也采用了类似的办法。学生已经熟读了全诗，笔者将原诗变形为：篱落疏，一径深，树花落，未成阴。儿童走，追黄蝶，入菜花，无处寻。学生一边读，一边乐。笔者又将原诗变形为：篱疏一径深，花落未成阴。童走追黄蝶，入花无处寻。学生觉得更好玩了，还指出了我变形的秘密：每次每行减少一个字。于是，笔者在学生的期待中完成了第三次变形：篱落疏疏一径深深，树头花落还未成阴。儿童急走__追黄蝶，飞入菜花无处可寻。学生大感意外，兴致更高了，欢乐充满了整个教室，朗读也更加投入。不过，细心的学生发现了诗中还有一个漏洞：第三行少了一个字。怎么办？笔者请学生帮忙。学生们当然乐意了，纷纷开动脑筋替笔者"出谋划策"，补上了这个"漏洞"。就在这样趣味盎然的活动中学生们走进了古诗，走进了古诗的意境。

6. 细致入微的揣摩活动。揣摩活动指的是沉入文本深处，对文中非常关键、非常讲究的一些标点、词语、句子进行深刻的比较、辨析，以领悟文本的丰富含义和作者的独到匠心。这实际上就是在培养学生敏锐的语感。王尚文先生的研究表明，一个人语感的高低与其语文素养的高低成正比。一个人的语感不是天生的，而是在对语言的咀嚼、品味、琢磨中逐渐形成的。比如《爬山虎的脚》第四自然段是这样介绍爬山虎爬墙的：爬山虎的脚触着墙的时候，六七根细丝的头上就变成小圆片，巴住墙。细丝原先是直的，现在弯曲了，把爬山虎的嫩茎拉一把，使它紧贴在墙上。爬山虎就是这样一脚一脚地往上爬。如果你仔细看那些细小的脚，你会想起图画上蛟龙的爪子。

大家一般都会注意这一段中动词的运用十分准确、生动，但很少有人关注"一脚一脚"这个副词。这个"一脚一脚"好在哪里？直接看好像看不出什么。那么，我们将"一脚一脚"换成"一步一步"呢？我们爬山不都是"一步一步"爬的吗？这里用"一步一步"可以吗？很显然，不可以。因为爬山虎是植物，它每爬一步就会长一只脚，而这只脚巴住墙之后就再也不会移动了。不像动物，往前走一步，就会有一只脚往前挪一步。因此，这里的

"一脚一脚"用得特别精准，突出了爬山虎的特点。

《蟋蟀的住宅》里作者写自己观察蟋蟀挖掘住宅："我一连看了两个钟头，看得有些不耐烦了。"那么，作者法布尔到底是耐烦还是不耐烦呢？学生一般都会从字面上去理解，作者自己都说"有些不耐烦了"，那应该是不耐烦。但真的是不耐烦吗？仔细琢磨就会发现完全不是那么回事。第一，作者说"有些不耐烦"，但行动上并没有放弃，只是嘴巴上说说而已；第二，作者观察蟋蟀挖掘洞穴，是多么枯燥和乏味的事情啊，换做一般人，顶多看个几分钟十几分钟就离开了，而法布尔却坚持了两个钟头并将继续观察下去；第三，法布尔是怎样观察蟋蟀挖掘洞穴的呢？他看得那么清楚，一定离蟋蟀的洞穴很近，同时为了不惊动蟋蟀，我们不难想象法布尔是怎样观察蟋蟀的。他一定是趴在离蟋蟀洞口不远的地方，尽可能不喝水、不挪动、不讲话……这得需要多强的毅力呀！这还不足以说明法布尔耐烦吗？

叶圣陶先生说："字字未宜疏，语语悟其神。"就是告诉我们，我们在引导学生理解课文的时候不要放过每一个关键的字眼，要通过对这些字词的揣摩不断提高学生对语言文字的敏感度、理解力。

7. 挑战神经的思辨活动。"思辨"本是一个哲学术语，它有两个义项：一是指运用逻辑推导而进行纯理论、纯概念的思考；二是指思考辨析。我们取用它的第二个义项。随着年段的升高，学生们的思维逐渐由形象思维向抽象思维转变，学生们对事物的情况、类别、事理等慢慢有了自己独到的见解和判断。在阅读教学中，老师设计一些富有挑战性的思辨活动有利于将学生的学习引向深入。

比如我们教学《田忌赛马》，怎样引导学生真正感受到孙膑的智慧和过人之处呢？我们绝对不能停留在调换赛马出场顺序的表面，而应该引导学生通过思辨走进孙膑的思维过程和判断依据。在教学中，笔者问了学生这样几组问题：①如果田忌和齐威王再赛一场，孙膑有十足的把握让田忌取胜吗？为什么？②在第二场比赛前，如果齐威王和田忌都按照对应等级各自重新换掉三匹马，孙膑有十足的把握让田忌取胜吗？为什么？③第二场比赛，孙膑让田忌取胜必须具备哪些条件？孙膑凭什么断定具备了这些条件？

第一组问题，孙膑肯定没有十足的把握，不仅没有十足的把握，恐怕连一半的把握都没有。因为齐威王不会"坐以待毙"，机械地按照原来的顺序安排赛马出场，肯定也会调整自己赛马的出场顺序，这样一来，比赛就会出现各种可能性，田忌获胜的概率是非常低的。

第二组问题，答案也是否定的。因为各自新换三匹马，齐威王每个等级的马自然都会比田忌的快，但是快多少，没有在一起比过，孙膑不知道。至于田忌的上等马是不是比齐威王的中等马快，中等马是不是比齐威王的下等马快，更不知道。

第三组问题，孙膑让田忌取胜必须具备两个条件：一是齐威王不会调换马的出场顺序，二是田忌的上等马比齐威王的中等马快，中等马比齐威王的下等马快。至于孙膑凭什么断定具备这些条件，那是因为孙膑对齐威王的性格、做事风格等非常了解。孙膑用自己的观察方法发现了田忌的上等马比齐威王的中等马快，中等马比齐威王的下等马快。

再比如我们教学《晏子使楚》，发现晏子总是处处被动，但最终都能反败为胜，那么，这三个小故事里藏着晏子怎样的智慧呢？这个问题直指核心，特别具有思辨性，它需要学生把三个故事联系在一起去思考，然后提炼出它们的共性。

首先，晏子都没有直接硬碰硬去解决问题，而是采取"迂回策略"化解对方的进攻。具体来说：第一个故事里晏子并没有去抗议"你们让我从矮门进城是拿身高侮辱我"，第二个故事里晏子并没有去辩论"你们凭什么嘲笑我无能"，第三个故事里晏子也没有去争执"这个人是不是齐国人""这个人有没有做强盗"。因为晏子知道跟楚王这样去硬碰硬是不会占到丝毫便宜的。

其次，晏子运用了"捆绑战略"，总是把齐国个体（晏子和那个"齐国强盗"）和楚国挂起钩来，让楚王明白侮辱齐国人就等于侮辱整个楚国。在晏子的雄辩下，楚国君臣知道：晏子钻洞进城等于承认楚国是狗国，侮辱晏子没有用，等于承认楚国是下等国，侮辱齐国人到楚国做强盗等于承认楚国是强盗国。

最后，晏子运用了"抢先战略"。在三轮较量中，晏子本来是处于被动位置的，但是他抢占了先机，将被动化为了主动。第一轮，他将城门旁的洞定义为"狗洞"，让对方跟着自己的思路走，于是化被动为主动；第二轮，他编造出一个"齐国规矩"：上等人出使上等国家，下等人出使下等国家，让楚国自己做选择，为自己赢得主动；第三轮，他先讲了"南橘北枳"的现象，然后巧妙类比，让楚国"变为"强盗国，化解了楚国对齐国的侮辱。

晏子的这些过人智慧，不经过一番深刻思辨，学生们怎么可能领略得到？

8. 就地取材的写作活动。读写结合是语文教学的一个优良传统，但是在实践操作中，由于有些课堂上读写结合的设计过于程式化，比如：学完课文，你想对文中的人物说什么？你有什么样的感受？……导致了学生们写不出真情实感，假话空话套话过多。笔者认为问题不是出在理念上，而是出在操作上。我们的教材本身就是一个习作素材大宝库，我们只要仔细研究就会发现里面的资源取之不尽、用之不竭。那种程式化的读写结合安排真的要摒弃了！

比如我们教学《鲸》这一课，让学生写一篇《我来告诉你：鲸不是鱼》。这样，学生就得把鲸不是鱼的所有理由罗列出来加以归纳整理，然后有序表达。这不是很好的读写结合吗？不仅深化了学生对文本内容的理解，而且帮助他们巩固了说明方法的运用。

再比如教学《童年的水墨画》这组现代诗，怎样让学生将诗歌还原成生动的画面呢？笔者请学生将每首小诗最后两行改写成一段短文。笔者先给学生做出示范，将第一首小诗最后两行改成如下样子。

"哥，鱼咬钩啦！"

"嘘！别喊！"

浮子忽上忽下，突然沉下去了！水生使劲把钓竿一扯！钓竿猛地一抖！哈哈！鱼上钩了啦！鱼儿还在水里拼命挣扎，钓竿被拉成了一张弯弓！

终于，一条半尺来长的鲫鱼被拉出了水面，掉在岸边的草地上，不服气地蹦着跳着。

"啊！哥，好大的一条鱼！我抓不住它！"

那只红蜻蜓，早飞得无影无踪啦！

很快，一篇篇精短的小文章就在学生笔下诞生了。

五、阅读教学中活动设计应遵循的基本原则

我们希望更多的语文老师在自己的课堂上引导学生充分地开展语文实践活动，让更多的学生在这样的语文课上受益。不过需要提醒的是，我们的活动设计也应遵循一些基本原则，需要我们花一番心思，动一番脑筋，否则可能会造成学生兴趣不浓、成效不大的局面。

1. 本位性原则。指的是我们的活动应是不折不扣的语文实践活动，与语文学习密切相关。那些非语文、泛语文的实践活动是不符合本位性原则的，我们应该毫不犹豫地加以摒弃。

2. 趣味性原则。指的是我们的活动应充分考虑学生们的年龄特征和心理特点，激发学生们的学习兴趣，让他们都能参与到学习活动中来。

3. 全员性原则。指的是我们的活动应面向全体同学，尽量让每一个学生都有学习任务，都能得到充分锻炼。只能吸引少数学生参与的活动是不符合全员性原则的。

4. 创新性原则。指的是我们的活动应尽可能富有新意，活动形式应根据内容的变化而变化。一成不变的活动难免会失去吸引力。

5. 开放性原则。指的是我们的活动其结果应该是多元的、不唯一的，这样才能激发出学生们创造性思维的火花，充分展示他们的个性。

6. 挑战性原则。指的是我们的活动应该具有的一定的坡度和难度，学生们需要动一动脑筋才能找到合适的答案，要对他们的思维构成一定的挑战。

如果每节语文课上每个学生都积极参与到我们的语文实践活动中来，都全身心地动起来，他们一定会学有所获，语文素养的提高也一定指日可待！

教学实录

扎实生动 情趣盎然

——《青蛙写诗》教学实录及点评

点评：黄小颂

单位：广东省东莞市教育局教研室

一、朗读课文

师：同学们，我们一起来猜一个谜语，好吗？

【课件出示谜面：一个小小游泳家，说起话来呱呱呱。小时有尾没有脚，大了有脚没尾巴。】

生：青蛙。

师：你怎么猜出来是青蛙呢？

生：因为青蛙的叫声是呱呱呱，所以我猜是青蛙。

师：你是通过叫声猜出来的！你呢？

生：我听过《小蝌蚪找妈妈》的故事，青蛙小时候就是蝌蚪，那时候它有一条长长的尾巴，等到它长大了，就长出脚来了，尾巴却不见了。所以我猜出来是青蛙。

师：听故事，长知识，了不起！青蛙不仅会游泳，还是一位了不起的诗人呢！今天，我们要学习的新课文就是——《青蛙写诗》。请同学们伸出右手的食指，跟老师一起写课题。（板书课题。）

师：下面，请大家自由地把课文朗读三遍，不会认的字要自己想办法解决哦。

（生自由朗读课文，师巡视指导。）

师：大家都读完三遍了吗？好，现在请大家把课文读给同桌听一听。发现同桌朗读不正确的地方，要及时指出。

（生互相听读，师巡视指导。）

师：大家都读得很认真。谁愿意把课文读给大家听一听？

（一生朗读。）

师：谁来说说这位同学读得怎么样啊？

生：他的声音很洪亮，读得很流利，没有磕磕巴巴。

师：这位同学肯定了他的优点。

生：他读最后一段很有趣，就像一只小青蛙！

师：你们很会欣赏！还有谁想读？

（生纷纷举手。）

师：都想读啊？那好，我们开火车读吧！每个小组读一小节！第一组，预备，齐！

（全班分小组开火车接力朗读全文。）

师：每个小组都很棒！我也想读，我们一起合作读一读好吗？

生：好！

［师生合作朗读课文，学生读红色部分（引号内部分），老师读蓝色部分（引号外部分）。］

师：多么可爱的小青蛙呀！下面，我们来一场比赛吧！一、二组和三、四组比！

（全班分两个大组比赛朗读。）

师：哇！两个冠军！再来一次，男生和女生比！男生读红色部分，女生读蓝色部分。

（全班分男女生比赛朗读。）

师：这一次比赛，男生女生又打成平手！交换任务再比一次！

（全班再次分男女生比赛朗读。）

师：两个一百分！我们把掌声送给我们自己！

（生鼓掌。）

| 点评 |

　　低年级阅读教学的重中之重就是朗读。首先值得称道的是，陈老师敢于放手，让学生自己借助拼音将课文读通。接下来，通过各种各样的形式充分激发了学生的兴趣，将朗读落到实处。学生读得声情并茂、乐此不疲。

二、认读生字

师：课文中有很多新词语，大家会读吗？（课件出示本课新词，请生认读。）

生1：青蛙　写诗　雨点　游过来

生2：一串　我们　可以

生3：淅沥沥　沙啦啦　池塘　荷叶

生4：小蝌蚪　水泡泡　小水珠

生5：逗号　句号　省略号

师：这几个同学真厉害！这些词语都会读了！我们一起读一读吧！

（生齐读词语。）

师：下面，我报一个词语，大家就在课文中把它圈出来，看谁圈得又对又快！

（生根据师的指令，在文中一一圈画出新词。）

师：请同桌互相检查一下，看看这些词语你的同桌是不是真的都会读了！

（生互相检查同桌认读。）

师：如果你的同桌都会读，请你举手！啊！同学们真棒！我们再开火车读一读这些词语！火车火车哪里开？

生：火车火车这里开！

（生开火车认读老师出示的词语卡片。）

师：词语大家也会读了，那么，藏在课文中的生字大家会认吗？请同学们看屏幕，自己认一认这些生字，并给它们各组一个词语。

（课件出示要求会认的 11 个生字，生独立认读、组词。）

师：请你们把生字读给同桌听一听。如果你的同桌认字出错，请你帮帮他。

（生同桌之间互相认读。）

师：谁能大声读给大家听一听？

（生认读生字。）

师：这些生字分别组了词语，谁来读一读？

生 1：写字　　写作业

生 2：诗歌　　诗人

生 3：你们　　他们

生 4：以前　　以后

生 5：主要　　重要

生 6：当然　　当家

师：我们一起读一读。

（生齐读词语。）

师：在这些生字中，大家看看两个红色的字（课件出示：写、点），这两个字中，有我们今天要学习的新偏旁：秃宝盖、四点底。请大家跟我说：秃宝盖、四点底。

生（齐说）：秃宝盖、四点底。

师：秃宝盖和我们学过的哪个偏旁很像呀？

生：宝盖头。

师：四点底是"火"字变化而来的，一共四笔。第一点朝左，另外三点朝右。

| 点评 |

　　生字教学，由句到词，由词到字，渐渐聚焦。在课文朗读、词语认读过程中，学生已经跟生字反复见面多次。现在将生字从语言环境中抽离出来加以强

化。在学生独立认读的基础上，同桌互查，有助于将识字落到实处。认字之后，通过扩词、填空练习，进一步巩固对生字的认读、识记。

三、趣学课文

师：我们把生字送回课文中，把课文再次齐读一遍！

（生齐读课文。）

师：同学们，我们现在还可以看见青蛙吗？为什么呀？

生：现在看不见了。因为青蛙都躲到洞里开始冬眠了。

师：我们在什么季节能见到青蛙呢？

生：夏天。

师：夏天里你们最突出的感觉是什么呀？

生：热。

师：怎么个热？

生：太阳火辣辣的，人一走路就流一身汗。

生：在屋里要开电风扇、开空调。

师：对呀！炎热难耐，大家最渴望的是什么？

生：下雨。

师：你们听，雨真的来了！淅沥沥，沙啦啦，淅沥沥，沙啦啦……你们的心情现在怎么样？小青蛙的心情怎么样？

生：都很高兴！

师：小青蛙一高兴呀，就忍不住写了一首诗，快把他写的诗找出来读一读吧！

（生纷纷"呱呱呱"地读起来。）

师：来，小青蛙们，请你把自己写的诗朗诵给大家听一听吧！

生：呱呱，呱呱，呱呱呱；呱呱，呱呱，呱呱呱……

师：一只快乐的小青蛙！

生：呱呱，呱呱，呱呱呱；呱呱，呱呱，呱呱呱……

师：一只调皮的小青蛙！

生：呱呱，呱呱，呱呱呱；呱呱，呱呱，呱呱呱……

师：一只可爱的小青蛙！全班一起朗诵一遍！

生（齐）：呱呱，呱呱，呱呱呱；呱呱，呱呱，呱呱呱……

师：哇！好壮观的诗歌大合诵！

师：同学们，你们朗读的是青蛙修改后的诗。你们见过青蛙刚写出来的诗吗？

生：没有！

师：哈哈，我可是见过！

生：是什么样子的？

师：想看吗？

生：想！

师：你们瞧，这就是青蛙最早的诗——

【课件出示：呱呱】

生（惊叫）：啊？是这样的呀！

师：同学们，谁来读一读青蛙最早的诗？

生：呱，呱呱，呱，呱呱，呱，呱呱，呱呱呱，呱呱呱……

（众大笑。）

师：怎么不读完呀？谁再来试一试？

生：呱呱呱，呱呱呱，呱呱呱呱呱呱呱；呱呱呱，呱呱呱，呱呱呱呱呱呱呱……

（众大笑。）

师：读完，读完。

生：呱呱呱，呱呱呱，呱呱呱呱呱呱呱；呱呱呱，呱呱呱，呱呱呱呱呱呱呱……

（众大笑。）

师：读到哪儿都不知道了。呵呵！

师：刚才读同一首诗，几位同学为什么读得不一样呀？

生：青蛙没有使用标点符号。

师：诗歌和文章没有标点符号，方不方便？

生：不方便！

师：可是，青蛙不会使用标点符号呀，怎么办呢？

生：小蝌蚪、小水泡、小水珠来帮他了！

师：这三个小伙伴是怎么帮他的？

生（读）：小蝌蚪游过来说："我要给你当个小逗号。"池塘里的水泡泡说："我能当个小句号。"荷叶上的一串水珠说："我们可以当省略号。"

【课件出示：一串（　　　　）】

师：谁会填？

生：一串水珠。

师：除了一串水珠，还可以说一串什么？

生：一串珍珠。

生：一串葡萄。

生：一串香蕉。

师：三个小伙伴是怎么帮助小青蛙的？谁用自己的话来说一说？

生：小蝌蚪给他当小逗号，水泡泡给他当句号，小水珠给他当省略号。

师：对了！感谢热心的小蝌蚪、泡水泡泡、水珠！是他们帮助青蛙解决了大难题！来，我们一起读一读课文，谢谢他们的帮助吧！

（生齐读课文。）

师：同学们，小蝌蚪当句号可以吗？水泡泡当省略号可以吗？水珠当逗号可以吗？为什么呢？

生：不可以。小蝌蚪长得像逗号，所以只能当逗号，不能当句号。

生：水泡泡是空心的，像句号，所以只能当句号。

生：水珠是一串串的，好像省略号，所以他们可以当省略号。他们不像逗号，所以不能当逗号。

师：同学们说得真有道理！现在，大家把手指伸出来，跟老师一起画一画这三个标点符号。逗号，先画一个实心小圆点，再从底下往左边撇出去，加上一条小尾巴，看，多像一只小蝌蚪啊！句号，就是画一个小圆圈。省略号，是一串实心小圆点，大家数一数，一共几个？

生：六个。

师：对了！大家知道这里省略了什么吗？

生：省略了很多个"呱"。

师：对了！要是没有水珠帮忙当省略号，青蛙可就要累坏啦！来，我们再来朗诵一下小青蛙的诗歌吧！

生（齐读）：呱呱，呱呱，呱呱呱；呱呱，呱呱，呱呱呱……

师：现在，大家能把课文背出来了吗？

（师出示镂空课文。生尝试背诵。）

师：我们一起背一遍吧！

（全班齐背。）

| 点评 |

　　这个教学环节，陈老师重在创设情境，让学生在情境中感受青蛙的喜悦，并通过朗读青蛙的诗来表达出这种喜悦。为了帮助学生认识到标点的重要，陈老师使用了这样一个小小的技巧：拿出青蛙最早的诗，让学生根据自己的理解去读。这样一来，学生就会发现，缺少标点的诗很难读，很难准确表达意思，从而认识到标点的重要性。接下来，在陈老师的引导下，学生主动发现热心助人的小蝌蚪、水泡泡、水珠为什么分别选择做逗号、句号、省略号，这样，就将标点符号的特点与具体的事物紧密联系在了一起，教学效果很好。

四、拓展积累

师：小诗人可不只是小青蛙呢！小狗也写了一首诗，同学们，你们猜一猜小狗的诗是什么样的？

生：汪汪，汪汪，汪汪汪；汪汪，汪汪，汪汪汪……

师：小鸽子也写了一首诗！鸽子的诗是什么样的？

生：咕咕，咕咕，咕咕咕；咕咕，咕咕，咕咕咕……

师：小花猫也写了一首诗！

生：喵喵，喵喵，喵喵喵；喵喵，喵喵，喵喵喵……

师：小朋友也写了一首诗！

生：哈哈，哈哈，哈哈哈；哈哈，哈哈，哈哈哈……

师：哈哈哈，该轮到我哈哈哈啦！

生：我知道啦！小朋友会说话，是真的写诗！

师：那小朋友写的是什么样的诗呢？

生：下雨啦！

下雨啦！

真凉快呀！

小河里的水满啦！

我们可以去游泳啦！

师：即兴创作！真是一首好诗！

（生鼓掌。）

师：有个小朋友啊，写的诗是这样的！你们看——

【课件出示：小雨点，沙沙沙，　　　　小雨点，沙沙沙，
　　　　　　　落在花园里，　　　　　落在田野里，
　　　　　　　花儿乐得张嘴巴。　　　苗儿乐得向上拔。】
　　　　　　　小雨点，沙沙沙，
　　　　　　　落在池塘里，
　　　　　　　鱼儿乐得摇尾巴。

师：谁会读？

（一生朗读。）

师：嗯！读得有味道！我们一起读一读。

（生齐读。）

师：下雨啦！下雨啦！大诗人也写了很多诗！我们来读一读吧！

【课件出示：黄梅时节家家雨，青草池塘处处蛙。——赵师秀

黑云翻墨未遮山，白雨跳珠乱入船。——苏轼】

（师带读，生朗读。）

|点评|

  在这个板块，陈老师让学生模仿创作，学生因为在拼音单元读过这样的儿歌，所以模仿起来难度不大，权当是一种复习。然而，陈老师给学生设了一个小小的陷阱，问学生"小朋友也写了一首诗"，学生果真仿作为"哈哈，哈哈，哈哈哈……"，给课堂带来一阵欢声笑语。随即，学生恍然大悟，开始真正用自己的语言来创作诗歌。最后，老师出示诗人的作品，丰厚了学生的积淀。这样的教学既是对课文内容的深化，也是对课文内容的延伸，更是一种语言的运用与积累。

五、指导写字

师：同学们，这节课，我们学习了青蛙的诗歌。青蛙不仅会写诗，还要和我们比一比写字呢！大家有信心超过青蛙吗？

生：有！

师：这节课我们要学写四个字。请大家看老师书写。

下：第一笔横，从左上格中间起笔，长横，略微向上倾斜，写到右上格中间，顿笔收笔。第二笔竖，写在竖中线上，垂露竖。第三笔点，从田字格中心点靠上一点起笔，向右下格点出，收笔。

个：第一笔撇和第二笔捺起笔都在竖中线上，撇捺要写得舒展，超过横中线。第三笔竖在竖中线上，垂露竖。

雨：第一笔短横，要看好起笔的位置。第二笔短竖。第三笔横折钩，横略微上扬，折画比第二笔短竖稍长。第四笔竖，在竖中线上。后面四点分布要均匀。

们：单人旁在左边两格，略靠近竖中线。门的起笔点在竖中线上，竖在竖中线左边一点，横折钩的横不要太长，整个门要写成长方形。

师：每个字在田字格中描红两遍、临写一遍。

（生描红、临写。）

师：我们来看看，这几位同学写得怎么样。

（挑选有代表性的书写在投影上展示，师生共同评议。）

师：青蛙见大家的字都写得这么工整，蹦回家了！我们这节课就上到这儿，下课！

| 点评 |

写字教学重在落实。陈老师的示范规范、到位、耐看，给了学生最直观的指导。陈老师的讲解并没有面面俱到，而是简明扼要，抓住关键。给学生的书写实践时间充分，点评抓住了要害，提出的改进意见能真正得到落实。讲评中陈老师对学生优点的肯定很充分，发现了学生的进步，老师的鼓励和表扬让学生对写好字充满了信心。

—————— 总 评 ——————

陈老师这几年因为工作角色的转换，对低年级阅读教学颇有研究，而且多次走上讲台，给全市的老师们示范，这在小学语文教研员队伍中是很难得的。陈老师的低年级阅读教学有两个非常明显的特点：一是实，二是趣。

先说说"实"。就是陈老师对低年级阅读教学的各个方面都讲究落实，训练特别扎实。比如朗读，陈老师的课堂上总是书声琅琅，学生读书的时间很多，一篇课文学完，学生朗读的遍数基本在 20 遍以上，所以大部分学生都能熟读成诵。而且，对于学生朗读不到位的地方，陈老师舍得花时间进行指导、示范，直到学生读得令人满意为止。比如识字，陈老师非常重视在语境中进行，真正做到了"字不离词""词不离句"，决不让学生孤立地分析、机械地识记。再比如写字，陈老师因为擅长书法，所以对书写的指导能抓住要点，而且一步到位，效果很好。还有说话训练，陈老师的课堂上也是很充分的。"除了'一串水珠'，还可以说一串什么？""其他小动物也写了诗，诗是什么样的?"这都是很好的说话练习。还有标点符号的认识,这是学生第一次正式接触三种常见标点,陈老师的处理不着痕迹,学生却记忆深刻。

再说说"趣"。陈老师的课堂妙趣横生、笑声不断。陈老师能低下身子来和学生交流,说学生们听得懂的话,说学生们爱听的话,所以,他总是可以和学生们"打成一片","俘获"他们的心!而且,陈老师还善于在课堂上制造一些"惊喜",带给学生们新鲜的体验,难怪他们对上陈老师的课欲罢不能。拿这节课来说,我们谁也没有料到,陈老师居然"弄"到了青蛙最早写的诗。学生们当然好奇了,人人都想知道青蛙刚写出来的诗是什么样的!结果,当陈老师拿出这首几乎占满了整个屏幕的黑压压的一片"呱诗"时,全都乐了!因为这样的诗太出乎学生们的意料了。不过,青蛙不会使用标点,刚写出来的诗可不就是这样吗?至于怎么读,那就更好玩了!陈老师如此匠心独运,绝不只是让学生们乐一乐,他是醉翁之意不在酒,在乎标点符号也!

我常想,如果每位语文老师的课都这么有趣,都这么有吸引力,我们还担心学生们不喜欢语文、学不好语文吗?这,应该是陈老师的课给我们的最大启迪!

语文课堂里的"润"

——《蜘蛛开店》教学实录及点评

点评：付雪莲

单位：广东省珠海市高新区金凤小学

师：同学们，今天我们要学的课文是《蜘蛛开店》。把右手举起来，跟老师一起写课题。蜘蛛是昆虫，所以这两个字都是什么偏旁？

生：虫字旁。

师：虫字旁要写得稍微窄一点……

（师一边写课题一边讲述要点，生跟着书空。）

师：写字就要这样，要一笔一画、认认真真地写。请大家齐读课题。

生：蜘蛛开店。

师：你们见过什么店？谁会用"店"组词？

生：商店。

生：美容店。

生：服装店。

生：便利店。

生：玩具店。

生：我组的词是店长，我妈妈就是店长。

师：你和妈妈都很棒！大街上有各种各样的店，有酒店、花店、水果店，还有书店。大家预习过课文没有？

生：预习了。

师：这些句子谁会读？

【课件出示含有生字新词的句子：

1. 有一只蜘蛛，每天蹲在网上等着小飞虫落在上面，好寂寞，好无聊啊。

2. 蜘蛛决定开一家商店。卖什么呢？就卖口罩吧，因为口罩织起来很简单。

3. 于是，蜘蛛在一间小木屋外面挂了一个招牌，上面写着："口罩编织店，每位顾客只需付一元钱。"

4. 第二天，蜘蛛的招牌换了，上面写着："围巾编织店，每位顾客只需付一元钱。"

5. 蜘蛛累得趴倒在地上，心里想：还是卖袜子吧，因为袜子织起来很简单。

6. 可是，蜘蛛看到顾客后，却吓得匆忙跑回网上。原来那位顾客竟是一条四十二只脚的蜈蚣！】

（师指名读句子，纠正"寂寞""卖"的读音，相机引导理解"寂寞"。）

师：我们看看这些词语，看谁读得最准确。

【课件出示词语：开店　下蹲　寂寞　口罩　编织　顾客　付钱　工夫　换下　袜子　匆忙　蜈蚣　长颈鹿】

（师指名读、生读。）

师：太棒了，看来同学们很认真地预习了课文。下面，请几位同学接力读课文，每个人读一个自然段。没有请到的同学，就请你认真听，认真看，听听他们读得对不对，读得好不好。（师指名接力读课文，相机引导理解"工夫""匆忙"。）

师：大家是不是都想读？

生：是。

师：把书捧好，全班一起再读一遍。

（全班放声朗读课文。）

师：全班都读得很投入，为你们点赞！不知这个故事大家读懂了没有？

生：读懂了。

师：下面我们来说一说：蜘蛛开了几家店？哪家店赚钱了？

生：蜘蛛开了三家店：第一家口罩店赚了钱，第二家围巾店赚了钱，第三家袜子店，蜘蛛没赚到钱，看到顾客后吓得逃回了网上。

师：其他同学赞同吗？有没有不同的意见？

（无人举手。）

生：赞同。

师：一共开了三家店，这一点老师也赞同！请大家把这三个店的店名在书上圈出来。

（生圈画，师板书：口罩　围巾　袜子）

师：刚才那位同学说，开第一家店赚了钱，开第二家店赚了钱，第三家店没赚到钱。对这一点，大家有没有不同的意见？

生：没有。

师：既然开第一家店赚了钱，那他为什么不接着开？

生：因为河马的嘴巴很大很大，他要编的口罩很久很久才能完成，太难了。

师：难是难，可你赚了钱呀。

生：可一元钱也太少了吧。为了这一元钱，蜘蛛忙了一整天，太不值得了。

师：现在我需要请人做事，你帮我做一天事，我付给你一元钱，你干不干？

生：不干。

师：为什么？

生：一元钱供我吃饭还不够呢，还不如去卖东西，可以多挣点。

师：是呀，你看人家蜘蛛辛辛苦苦织了一整天口罩才卖了一元钱，你们还觉得他赚了？

生：现在觉得没有赚到。虽然卖了一元钱，但他付出了一整天的劳动。

生：辛辛苦苦忙一天，还要吐很多很多丝，消耗很多原材料呢。不光没赚到，我认为他还亏了本。

师：对了，这才是会算账嘛。人家蜘蛛才不傻呢，他知道开口罩店亏了，不能再开这个店了，于是，便换成了围巾编织店。这次，他赚了钱吗？

生：没有，因为来的顾客是长颈鹿。

生：没有赚钱，因为他只卖了一元钱。

师：七天的辛苦劳动才换来一元钱，真是亏死了！不行不行，赶紧换一个店，于是换成了袜子编织店。可这一次，见到顾客，蜘蛛干脆生意都不做了。为什么呀？

生：因为实在太亏了！蜈蚣的脚那么多，蜘蛛要织 42 只袜子，他只好吓得逃跑了。

师：同学们，蜘蛛一共开了三家店，他赚钱了吗？

生：没有。

师：是的，其实哪家店都没赚到钱。现在，你们才算把故事读懂了。那请你们再想一想，蜘蛛开了三家店，为什么都没有赚到钱？

生：他编织口罩，结果来了个嘴巴最大的；做围巾时，又来了个脖子最长的；做袜子时，来了个脚最多的。

师：你的意思是说来的都是最特殊的顾客，对吧？

生：是的。

师：看，这些最特殊的顾客来了！请大家读句子。

【课件出示：顾客来了，是一只河马。

顾客来了，只见身子不见头。蜘蛛向上一看，原来是一只长颈鹿。

原来那位顾客竟是一条四十二只脚的蜈蚣！】

（生齐读句子。）

师：开口罩店的时候，来的是一只河马，嘴巴那么大，一个口罩织了——

生：一整天。

（师板书：河马　一整天）

师：开围巾店的时候，来的是长颈鹿，脖子老长老长，一条围巾织了——

生：一个星期。

（师板书：长颈鹿　一个星期）

师：干脆卖袜子，结果来的是四十二只脚的蜈蚣。蜘蛛吓得——

生：跑回了网上。

（师板书：蜈蚣　跑回网上）

师：其实，顾客很特殊，这还不是最主要的原因。顾客虽特殊，可如果蜘蛛在某个方面注意一下，他也是可以赚到钱的。你们觉得呢？

生：他收的钱太少了，不知道涨价。

生：他定的价格太便宜了。

师：哦，原来他的定价有问题。每样东西，蜘蛛是怎么定价钱的？请在书上找到句子画出来，有几处就画几处。

（生找、画句子。）

师：来，把你们找到的句子读给大家听听。

生："口罩编织店，每位顾客只需付一元钱。"

生："围巾编织店，每位顾客只需付一元钱。"

生："袜子编织店，每位顾客只需付一元钱。"

师：你们看，不管口罩是大还是小，都只要一元钱。如果来的是小鸡，他的口罩很小很小，一会儿就织好了，很快就能挣到一元钱，那定价没啥问题。可来的顾客是河马，河马的口罩这么大，也只收一元钱，那可就有问题了。同学们，你们觉得应该怎么定价钱呢？

生：我觉得大的口罩 50 元，中等的口罩 30 元，最小的口罩 10 元比较合适。

师：掌声送给他，真是位商业奇才啊！

生：口罩应该按照大小的不同来定价钱。

师：聪明，这才合理嘛！当河马来时，就对河马说："河马先生，您要的口罩是超大型的，要卖 50 元。"这样就不会亏本了嘛。我们再说说围巾，你们觉得该怎么定价钱？

生：要根据围巾的长度来定价格，长围巾价格高一些。

生：可以根据动物脖子的长度定价钱，脖子越长，价格越高。

师：对，不能都是一元钱。袜子编织店，谁能想到合理定价的办法？

生：我觉得应该根据袜子的多少定价钱。

生：一只脚的就卖 10 块钱，两只脚的就卖 20 块钱，脚越多，收费就越高。

生：要根据袜子的大小、多少来定价钱。

师：你们真聪明！下面，我们就帮帮蜘蛛，给他提出一点小建议。

【课件出示：蜘蛛啊蜘蛛，你有没有想过：_____？

你如果这样做就更好了：_____。】

师：谁来说一说？

生：蜘蛛啊蜘蛛，你有没有想过你的价格太便宜了？你如果这样做就更好了：最小的口罩、围巾和袜子就卖 10 块钱，不大不小的呢，就卖 20 块钱，最大的就卖 30 块钱。

师：总而言之，要调整一下价格。

生：蜘蛛啊蜘蛛，你有没有想过，你为什么总是赚不到钱？你如果这样做就更好了：你的商品，要根据大小、长短定出不同的价钱。

师：蜘蛛一定非常感谢你们的建议！可是，如果定价这么一改，故事就不好玩了哟。你们想呀，开口罩店，第一天河马来了，他嘴巴大，他付了 50 元钱，蜘蛛还会开围巾店吗？

生：不会。他有钱赚，会把口罩店一直开下去。

师：那还有我们今天读的这个故事吗？

生：没有。

师：就不好玩了，是不是？这才是作者讲故事的高明之处！如果蜘蛛的定价不变，每位顾客一元钱，再换一种写法，也不好玩。

【课件出示：如果还是这样定价，故事这样写也不好玩：_____。】

师：你们觉得怎样写也不好玩？

生：如果开口罩店，来的是小鸡；开围巾店，来的是蚂蚁；开袜子店，来的是蛇。故事这样写也不好玩。

生：如果开口罩店来了个嘴巴小的顾客，开围巾店来了个脖子短的，开袜子店来了个脚又小又少的，故事这样写也不好玩了。

师：你们看，作者是不是很了不起？首先他让蜘蛛定价全部一元钱，然后又告诉我们每次来的顾客都是最特殊的。作家可真会讲故事啊！下面，谁能看着黑板上的板书，跟我们讲讲这个好玩的故事？

生：我来！

师：要听故事先鼓掌，掌声在哪里？

（全班鼓掌。）

（生讲故事。）

师：这位故事大王讲得不错！他的记性可真好，都没有看黑板上的板书提示。其实，讲故事的时候不一定全按课文来讲，还可以"添油加醋"地讲；也可以照自己的理解去讲，甚至可以加上动作边讲边演。假设蜘蛛在开袜子店之前，他还开过别的店，你猜他会开什么店？又会遇到什么样的顾客？

生：帽子店。

师：开过帽子店，他会怎么定价？来的顾客是谁？

生：价钱还是一元钱，结果来的是熊猫或狮子，反正头很大。

生：还可能开过服装店，每位顾客只要一元钱，结果呢，来的顾客是大象。

师：有意思！看来作家编故事的本领你们也已经有了！现在，就请你们发挥自己的想象，把你创编的《蜘蛛开店》的故事完整地讲给大家听。准备时间一分钟。

（生思考，自己练习讲故事。）

师：谁来讲故事？

（生讲述故事，师组织评议。）

师：太棒了，你们都是编故事高手！回家后，请你们也把故事讲给爸爸妈妈听一听。下面，我们来认读生字。你们能快速认出老师手上的生字吗？

（师出示生字卡片，抽读。）

师：请大家看屏幕，这些生字都被遮住了一部分，你们还能认出它们吗？

（课件出示被遮住部分的生字，生猜读。）

师：生字会认了，接下来就写生字。这节课上我们学写三个字。

【课件出示：定　完　商】

师：请大家仔细观察，思考这三个字在写的时候应该注意什么？

生：三个字的上部都要写扁一点，下部要写得舒展。

师：你真是火眼金睛！那请你们伸出手指跟着我一起写。

（师示范写字，生跟着书空。）

师：请大家打开语文书 91 页，在书上描红、临写。

（生写字，师巡视。）

师：哪位同学愿意展示自己写的字？我们一起来看一看。

（生展示，师生评议。）

师：同学们，今天的课就上到这里了，下课。

—————————— 点　评 ——————————

有幸学习了陈老师《蜘蛛开店》一课，收获良多。所谓观课即观人，陈老师和学生言谈往来的缝隙间，满是润泽之光。下面我将择取几点与大家共赏之。

一、识字之温润

看了许多优秀同行的课例，深感低年段老师的不易与创意。为了让学生多读多练，开火车读、兔子蹦读、单双数读、说唱读、丢球读……老师们使尽浑身解数，学生们边玩儿边读，课堂气氛活跃，其实也挺有意思的。

正是因为看惯了热闹的课堂，回头再看陈老师这位彪形大汉对学生温言细语地慢慢指导，一时之间竟有些恍惚。

"虫字旁要写得稍微窄一点""要一笔一画，认认真真地写""没有请到的同学，就请你认真听，认真看，听听他们读得对不对，读得好不好……"

不炫技，不匆忙，处处指向识字写字，全程没有一句无用之语。陈老师识字教学的返璞归真，是内心对每一个学生温润情感的外显。

二、阅读之浸润

《蜘蛛开店》这个故事的趣味性在于故事末端的极致荒谬。如何让学生自己体会到作者表达上的妙处，是这一课阅读学习的重难点。

陈老师的方法让人忍俊不禁又拍案叫绝。他选择用两道数学问题，抽丝剥茧地帮助学生梳理这个故事复杂的内在逻辑。

第一个问题，蜘蛛开了几家店？这是浅表性辅助问题。第二个问题，哪家店赚钱了？这是深层次分析评价类问题。

学生说一、二家赚了钱，第三家没赚到钱。陈老师又询问大家有没有不同意见，都说没有不同意见。你看，教学难点来了。学生觉得只有弃店而去才是没赚到钱，才是失败。他们并没有从本质上理解蜘蛛开店失败的真正原因。

识字是为了让学生会阅读，但识字并不等同于学生会阅读。陈老师顺着学生的逻辑追问：既然赚钱，第一家店为什么不接着开？我请你帮我做一天事，我付给你一元钱，你干不干？

学生在老师辅助性问题的引导下，不断梳理、调整对文本的理解，最终明白了蜘蛛失败的真正原因是定价的问题。蜘蛛既不考虑顾客的不同情况，也不考虑自己的时间成本，无论谁来都只收一元钱，最后当然只能落荒而逃啦！

好的阅读教学就应该像这样，找准核心问题，步步深入。学生在这一部分的学习中，思维逐渐被打开，智慧逐渐被开启，这是整节课最精彩的部分。当然，学生的这些精彩呈现除了陈老师精准的问题引导，还有陈老师对学生那种"浸润"的态度。

肯定学生的老师会给人一种感动的力量。教学中精巧的设计是小术，爱生之心才是大道。看陈老师的课，千万莫只取了小术而弃了大道。

三、表达之滋润

在表达的学习中，陈老师设计了两种练习。第一种是以文本理解为主要目的的口头表达，第二种是以学习表达技巧为目的的口头表达。

第一种：借助表达，思维升级。学生真的明白蜘蛛失败的原因了吗？用口头表达的形式来试试吧！陈老师设计了一个有趣的情境：我们帮帮蜘蛛，给它提出一点小建议吧！

课件出示：

蜘蛛啊蜘蛛，你有没有想过：＿＿＿＿＿＿＿＿＿＿？

你如果这样做就更好了：＿＿＿＿＿＿＿＿＿＿。

设问句式的小支架，从一开始的"蜘蛛啊蜘蛛"就给学生定位在了朋友的身份上，避免了学生站在制高点对蜘蛛展开智商碾压式的暴力表达。从学生的建议，如商品要根据大小、长短定出不同的价钱看出来，他们确实是真的理解这个故事了。

这时陈老师话锋一转，问如果定价改了，这样的故事还好玩儿吗？学生都说不好玩。接着运用第二个表达支架进行表述。

课件出示：

如果还是这样定价，故事这样写也不好玩：＿＿＿＿＿＿＿＿＿＿＿＿。

学生的思维再次转弯，通过表达发现，如果开口罩店，来的是小鸡，开围巾店，来的是蚂蚁，蜘蛛是赚钱了，但故事却无趣了。看来，客人越特殊，蜘蛛越吃瘪，故事才越好玩儿呀！

第二种：讲好故事，能力升级。有了板书作为支架，学生顺利地把教材里的故事讲正确，讲完整了。陈老师又提示学生不一定全按课文来讲，还可以"添油加醋"，还可以手舞足蹈，甚至可以讲一个属于自己的新版蜘蛛开店的故事。至此，同学们不仅彻底理解了故事末端的极致荒谬所带来的趣味性，自己也能够尝试着编这样的故事了。

陈老师的语文课堂既不过分拔高，又充分相信学生的潜能，在提升学生学习力、表达力、思维力的同时，也滋润着每一个孩子的心灵之力。

简约而不简单

——《青蛙卖泥塘》教学实录及点评

点评：曹爱卫

单位：浙江省杭州市长寿桥岳帅小学

一、我会读

师：同学们好！今天我们要学的课文是——

生：青蛙卖泥塘。

师：声音还不够洪亮。再把课题读一遍，预备，读——

生：青蛙卖泥塘。

师：我们的第一个任务是什么？请读出来。

【课件出示：一、我会读】

生：我会读。

师：要把课文读熟。第一，要自由地、大声地读课文，能不能做到？

生：能。

师：第二，遇到不认识的字自己想办法。会不会想办法？

生：会。

师：遇到不认识的字，可以怎么做？

生：查字典。

师：那你们带字典了没有？

生：没有。

师：那你们说空话。

生：可以读拼音。

师：对，不认识的字往往都有拼音。可有的生字不认识也没有拼音，怎么办？

生：那就看偏旁想意思。

师：看偏旁猜一猜也是个好办法。

生：可以问老师。

师：对呀，你看，老师就是活字典，可以问我，还可以问同桌。第三，遇到读不顺的句子要多读几遍，争取读通顺。好，开始行动，自由读课文。

师：都读完了吧？我要表扬5个人。先请这三位同学站起来（指名站起三位同学），他们是我听到的读书声音最大的同学，掌声送给这三位同学。

师：第四位同学是这位男同学，我也要表扬他。前面我看他没怎么读，我去问他时，他说他读完了。我说我不相信，能不能再读一遍，他就从头认真地读了一遍。有问题马上就改正，我很欣赏他。掌声送给这位同学。

师：第五位同学是这位女同学，请站起来。为什么表扬她？她读得比较慢，在大家都读完了停下时，她一个人坚持把没读完的内容读完了。掌声送给她。

师：下面，我要请12位同学读给大家听一听，每人读一段。

（生轮读课文。）

师：12位同学读完了，我几乎满意，只是有一个小地方不太满意。第三段那个"大声吆喝"，我请那位同学再吆喝一下。

生：卖泥塘喽，卖泥塘！（有些拘谨。）

师：不像吆喝，倒像是在商量，再来一遍。

生：卖泥塘喽，卖泥塘！（稍放松了一点。）

师：是在吆喝了，但还不是大声吆喝，再来一遍。

生：卖泥塘喽，卖泥塘！（声音大了，放松了。）

师：嗯，这就对了！全班也来吆喝一下。

生：卖泥塘喽，卖泥塘！

师：听了这 12 位同学的朗读，我又发现了几位朗读高手。我们全班再把课文读一遍吧。这次比赛读，1、2、3、4 这四个小组和 5、6、7、8 四个小组比赛，好不好？

生：好。

师：把书捧起来读。哪组读得好，我就在哪个组的下面画一颗五角星。1、2、3、4 组先读，第 21 课《青蛙卖泥塘》，预备，读。（分组比赛读。）

| 点评 |

崔峦老师曾多次呼吁，低年级阅读教学一定要"'读'字当头"。的确，学生不能正确、流畅地朗读课文，就是没有理解，更谈不上运用。陈老师深谙"读"的重要性。他把流畅朗读的练习放在课首，采用多种方式读——自由读、指名读、比赛读，透过文字仿佛能听到课堂上朗朗的读书声。陈老师也深得引导读好的方法——学生自由读时，关注读得大声的、读得最快的、读得最慢的同学，一一表扬，并阐述表扬的理由；指名读时，重点引导学生读难读好的句子，反复读；比赛读时，强调读书姿势——"把书捧起来读"，并要求读得好。这样的朗读练习不虚张声势、不玩花泡泡，扎扎实实，卓有成效。

二、我会说

师：大家读得很棒！下面干什么？

【课件出示：二、我会说】

生：我会说。

师：看谁的小嘴巴会说。我们来说一说，青蛙为什么要卖泥塘。谁先说？

生：因为他觉得泥塘不怎么样，想把泥塘卖掉，换一些钱搬到城里住。

师：来，全班一起读句子。

【课件出示：青蛙住在烂泥塘里。他觉得这儿不怎么样，想把泥塘卖掉，换一些钱搬到城里住。】

师："不怎么样"是什么意思？（师板书：不怎么样。）

生：很不好。

师：既然很不好，为什么不说他觉得这儿很不好？

生：因为那个泥塘是他自己的。

师：哦，不好意思说自己的不好。如果说自己的不好，还卖得出去吗？

生：卖不出去。

师：实际上是很不好，但青蛙自己说"不怎么样"。这个泥塘不怎么样，表现在哪里？

生：没有草，没有树，没有花。

生：没有房子，没有路。

生：水也太少了。

师：是个泥塘，却没有水，当然不怎么样。好的，我们一起来写一写。

（师板书：没有草 水太少 没有树 没有花 没有路 没有屋）

师：为什么不怎么样？是因为这里——

生：没有草，水太少，没有树，没有花，没有路，没有屋。

师：住在这个地方感觉怎么样？

生：很孤独。

生：太单调。

生：不方便，没意思。

师：连路都没有，去哪儿都不方便。树没有，花没有，草也没有，水那么少，房子也没有，太枯燥、太寂寞、太单调、太乏味了，所以青蛙想把它卖掉，然后搬到城里去。来，我们再读一遍。

师：最后泥塘卖掉没有？

生：没有。因为他不卖了。

师：好奇怪哟，谁知道青蛙为什么又不卖了？

生：因为他听了小动物们的话，他的泥塘变得很漂亮了。

生：泥塘现在变成了一个好地方。

（课件出示第 11 自然段。）

师：来，我们读一读这段话。

（生读第 11 自然段。）

师：青蛙舍不得卖，是因为这里变成了一个好地方。（师板书：好地方。）

师：这里怎么好？

生：有树，有花，有草，有水塘。你可以看蝴蝶在花丛中飞舞，听小鸟在树上唱歌。你可以在水里尽情游泳，躺在草地上晒太阳。这儿还有道路通到城里。

师：住在这儿，你们感觉如何？

生：感觉鸟语花香。

生：住在这儿很舒服，想游泳有水塘，想晒太阳有绿茵茵的草地。

师：哦，我都不愿意到别的地方去度假了。

生：住在这里很方便，有路通到城里去。

生：住在这里可以在花丛中闻花香，每天早上起来还能听到小鸟唱歌，还可以在水里和小鱼玩。

师：天哪！住在这儿太美了，太舒服了，这种生活让人太向往了。来，我们一起再读一读引号里的句子。

（生齐读句子：多好的地方！有树，有花，有草，有水塘。你可以看蝴蝶在花丛中飞舞，听小鸟在树上唱歌。你可以在水里尽情游泳，躺在草地上晒太阳。这儿还有道路通到城里……）

师：你看，变得这么美、这么好，青蛙当然舍不得卖了。烂泥塘变成了好地方，青蛙要感谢谁？

生：要感谢可爱的小动物们，有老牛、野鸭、小鸟、蝴蝶、小兔、小猴、小狐狸。

师：为什么要感谢他们？

生：因为小动物们帮青蛙改造了泥塘。

师：他们来帮忙改造泥塘了吗？

生：是他们提的意见，青蛙照着去做了，所以才有这样的改变。

师：所以，青蛙要感谢老牛、野鸭、小鸟、蝴蝶、小兔、小猴和小狐狸，每当他们提了好的建议，青蛙——

生：都照着去做了。

师：来，预备，读——

【课件出示句子：

于是他就去采集草籽，播撒在泥塘周围的地上。

于是他跑到周围的山里找到泉水，又砍了些竹子，把竹子破开，一根一根接起来，把水引到泥塘里来。

于是青蛙就照着他们的话去做，栽了树，种了花，修了路，还在泥塘旁边盖了房子。】

师：你看，原来没有草、水太少、没有树、没有花、没有路、没有屋，青蛙就怎么做？

生：就种了草，引来水，栽了树，种了花，修了路，盖了屋。

（师板书：种了草，引来水，栽了树，种了花，修了路，盖了屋。）

师：还有其他人也提了好多意见，你们看后面是什么标点？

生：省略号。

师：青蛙也都——

生：照着做了。

师：所以就把这样一个不怎么样的烂泥塘改造成了这样一个好地方。这是一只怎样的小青蛙？

生：爱劳动的小青蛙。

生：很能干的小青蛙。

生：聪明的小青蛙。

生：善于听取别人意见的小青蛙。

｜ 点评 ｜

　　阅读理解是学生自己在文字中行走后留下的情思印记。但学生从文字表面走到文字深处不单只靠老师的讲述，是需要老师提供学习支架的。陈老师借助问题链，帮助学生搭建了一个很好的理解文本意义的支架。从"青蛙为什么要卖泥塘"到"青蛙为什么又不卖泥塘了"再到"烂泥塘变成了好地方，青蛙要感谢谁?",最后"把这样一个不怎么样的烂泥塘改造成了这样一个好地方。这是一只怎样的小青蛙?",帮助学生实现了对文本内容的理解。

三、我会找

师:请同学们看看这三个句子,前面都是一个什么词?

生:于是。

师:你还能不能发现文中其他这样的词?

生:第十二段:于是青蛙不再卖泥塘了。

生:第二段:于是青蛙在泥塘边竖起一块牌子,上面写着"卖泥塘"三个字。

【课件出示句子:

于是青蛙在泥塘边竖起一块牌子,上面写着"卖泥塘"三个字。

于是他就去采集草籽,播撒在泥塘周围的地上。

于是他跑到周围的山里找到泉水,又砍了些竹子,把竹子破开,一根一根接起来,把水引到泥塘里来。

于是青蛙就照着他们的话去做,栽了树,种了花,修了路,还在泥塘旁边盖了房子。

于是青蛙不再卖泥塘了。】

师:一共有几个"于是"?

生:五个"于是"。

师:你们还发现了吗,"于是"的后面说的都是什么?

生:都是青蛙在怎么做。

师:你看第一句,青蛙在干什么?

生:竖牌子。

师:第二句,青蛙在干什么呢?

生:他在种草。

师:第三句呢?

生：他在引水。

师：第四句——

生：栽树、种花、修路、盖房子。

师：第五句——

生：不再卖泥塘了。

师：好的，太棒了，"于是"的后面全部是写青蛙在怎么做。那"于是"的前面又在写什么呢？看谁能发现。

生：写青蛙是怎么想的。

师：大家快看看"于是"的前面，这是在干什么？

【课件出示句子：

青蛙住在烂泥塘里。他觉得这儿不怎么样，想把泥塘卖掉，换一些钱搬到城里住。于是青蛙在泥塘边竖起一块牌子，上面写着"卖泥塘"三个字。

青蛙想，要是在泥塘周围种些草，就能卖出去了。于是他就去采集草籽，播撒在泥塘周围的地上。

青蛙想，要是能往泥塘里引些水，就能卖出去了。于是他跑到周围的山里找到泉水，又砍了些竹子，把竹子破开，一根一根接起来，把水引到泥塘里来。】

生：想！

师：哦，"于是"的前面都是在写青蛙怎么想，后面都是写青蛙怎么做。我们看看另外两个句子是不是也这样。

【课件出示句子：

每次听了小动物的话，青蛙都想：对！对！要是那样的话，泥塘准能卖出去。于是青蛙就照着他们的话去做，栽了树，种了花，修了路，还在泥塘旁边盖了房子。

青蛙说到这里，他想：这么好的地方，自己住挺好的，为什么要卖掉呢？于是青蛙不再卖泥塘了。】

师：是不是也这样？

生：是的。

师：五个"于是"都是这样的。那最后一个"于是"是不是也这样？

生：也是。

四、我会想

师：现在看看谁厉害，谁能用"于是"说一个句子，前面要写怎么想，后面再说怎么做。

生：我想放学回家写作业，于是我一回家就立刻拿出作业本写作业。

师：你当时的想法是怎样的？

生：我想早点写完作业，晚上就可以看一会儿电视。

师：于是——

生：我一回家就赶紧写作业。

师：你是个听话的好孩子，表扬你！谁再说一句？

生：我想闻花香，于是我马上跑到花园里去。

师：那你是怎么想的？先说出来。

生：我想，那朵花到底香不香，到底有多香呢？

师：于是——

生：我就走过去，凑近花儿用鼻子闻了闻，真香啊！

| 点评 |

歌德曾经说过："内容人人看得见，含义只有有心人得知，形式对于大多数人是个秘密。"学语文，其本质是在学习理解语言和运用语言。上一个环节重在理解，这一个环节重在运用。对低年级学生来说，不是一句简单的"照样子，自己去写一写"就可以了。语言的奥秘是需要老师引导学生去发现、去品味的。在"想"和"于是"的多次穿梭中，学生领悟到了这一课语言独特的表达方式，并借助这样的表达方式来说写自己的生活，实现了从"发现"到"运用"的迁移，把课文语言内化为自己的语言了。

五、我会记

师：好，掌声送给这位同学。现在你们知道"于是"的用法了吧？下面是第五个任务：我会记。这些词你们记下来了吗？

【课件出示：卖泥塘　烂泥塘　水坑坑　挺舒服　绿茵茵　愣住了　牌子　吆喝　收集　播撒　破开　泉水　灌水　缺少　游泳　草籽　青蛙　应该　野鸭　花丛　尽情　道路　蝴蝶　搬家】

师：请大家齐读一遍。

六、我会认

师：这些词语会读了，这些生字会不会认？

【课件出示：卖　烂　牌　喝　坑　挺　舒　播　撒　愣　茵　灌　缺　泳　集】

师：好，我来请同学认一认，记得要组词。（指名认读生字。）

师：这里面有一个多音字，是哪个？它还读什么？

生：喝。它还读"hē"，喝水。

师：最后一个字"集"，很有意思。它是上下结构，上边是什么字？不认识是吧？我告诉大家，上边是短尾巴的小鸟，念"zhuī"，古时候它是这么写的：隹（展示），表示一只鸟。集字在古代其实是这样的：雧（展示），上面是三只鸟，表示有很多鸟。它们在干什么呢？它们歇在树上。下边的"木"就是树，很多只鸟歇在一棵树上，表示它们在集合。后来呀，觉得上面三只鸟太麻烦了，于是就省去两只留了一只鸟，变成这样了集（展示），但表示的意思还是很多鸟在集合。明白了吗？

生：明白了。

师：你们有没有集合过？在什么时候集合？

生：上体育课集合，做操也集合。

师：听说昨天你们举行了一个大型活动，也集合了。什么活动呀？

生：虎门销烟 180 周年纪念日。

师：我在中央电视台看见你们了！太棒了！掌声！

师：同学们，小青蛙还想玩个游戏，他要跳出来遮住生字的一部分，考考你们还会不会认。

生：会。

（全班游戏中认字。）

师：这样的游戏还玩不玩？

生：玩！

师：不玩了吧。我怕有同学说：下课铃都打了半天了，我们赶紧下课吧！

（生笑。）

师：这节课就上到这儿，同学们再见。

| 点评 |

　　义务教育语文课程标准明确指出：识字写字是低年级阅读教学的重要任务。陈老师在阅读过程中随文认读识记生字词后，在课尾又集中认读识记，可见他对识字教学的重视。若能把写字教学也落实到位，就更扎实了。

总　评

　　说实话，听陈德兵老师低年级的课是第一次，但一次，印象就足够深刻。陈老师的低年级阅读课，简约而不简单。这个"简约而不简单"体现在以下几个方面。

　　一是课堂教学环节的安排简约而不简单。纵观整节课，每个板块清清爽爽，干干净净。一个板块聚焦一个内容，达成一个小目标，教者清楚，听者明白。"我会读"指向把课文读正确、读流畅；"我会说"指向对文本内容的理解；"我会找"指向对文本语言奥秘的发现；"我会说"指向对文本语言图式的迁移运用；"我会读""我会认"则指向对生字词的认读和识记。

　　二是环节展开的过程简约而不简单。对男老师来说，做到环节大气的往往会忽略教学过程展开的精致性，有时会给人留下"还欠那么点"的印象，但陈老师的课却大气而又精致。如第一板块"我会读"，围绕一个"读"字把"读正确""读流畅"落实到位，把"大声读""仔细读""哪怕最后一个也要坚持读完""要注意读书姿势"等读书的习惯渗透其中。"读"，很简单，但引导读的过程却很丰富，不简单。

　　三是阅读教学内容选取简约而不简单。说实话，低年级阅读课不好教。因为识字写字、流畅朗读、学习阅读、积累语言、运用语言等一不小心就容易"碎"。陈老师在教学内容的选取上不贪多、不求全，聚焦核心目标来选取教学内容，然后重点突破。如"我会找"和"我会说"两个板块，就是围绕本课语言表达上的特点引导学生去发现、去体悟，再运用两个核心词汇"想"和"于是"来说写自己的生活，实现语言的迁移运用。

当然，任何老师的课堂都是有改进空间的。如小动物们看泥塘后发表意见的语言也是值得细细品味的，但课堂里陈老师没有涉及，不知第二课时是否有安排。还有，二年级的写字任务还是比较重的，写字教学如何落实也是值得再思考的。一节课的容量毕竟有限，我想陈老师的第二课时也一定很精彩！

共同绘就一幅诗歌的水墨画

——《童年的水墨画》教学实录及点评

点评：曹利娟

单位：广东省广州市黄埔区天韵小学

师：同学们，咱们开始上课。请看大屏幕，猜一猜：哪一幅图是水墨画？

生：上面那幅图是水墨画。

师：你为什么这么猜？

生：因为上面那幅图是用墨画的。

师：你猜对了！左上角是一幅水墨画，右下角是一幅油画。你们再比较一下，咱们中国的水墨画和西方的油画有什么不同？

生：油画色彩鲜艳，而水墨画色彩很淡雅。

师：除了色彩，还能发现别的不同吗？

生：水墨画上有印章。

生：油画的画面满满的，几乎没有什么空白，而水墨画有比较多的空白。

师：对！那这些空白留着干什么呢？

（生沉思不语。）

师：这些空白，是干什么用的呢？咱们先来听一个故事吧。

有一个收藏家，他来到一个古董店，看到了一幅画，喜欢得不得了，就问老板卖多少钱。老板开价500两银子。收藏家说："我现在手上没带钱，我回家去取钱。你把画给我留着，不要卖给别人，我给你 2000 两银子。"老板听了高兴坏了，第一次遇到这样的买家，不仅不还价，反而主动加价！老板说："行行行，你回去拿钱，我帮你留着。"收藏家走了，老板心想：别人出这么高的价钱，那我也得保证作品没有任何问题。于是他便仔细检查起来。不检查不要紧，一检查还真发现了问题：画面上少了一样东西！画上画的是一人牵一毛驴在深山里行走，人已过独木桥，但毛驴害怕不敢过，于是人使劲往前拽，驴拼命往后挣。哎呀，人和毛驴之间居然没有绳子！没有绳子怎么拉？老板暗自庆幸：幸好我检查出来了，要是被收藏家发现，2000 两银子可就泡汤了。于是，他拿来笔墨，在人和毛驴之间加了一条直直的绳子！哈哈！大功告成！

过了一会儿，收藏家来了，他打开画一看，说："老板，这画我不要了！"

"怎么不要啦？"

"这不是先前那幅画！"

"千真万确就是那幅画啊！"

"不对，多了一样东西，多了一根绳子！"

"啊?!"老板瘫在了椅子上。他问收藏家："为什么多了根绳子就不要了呢？"

师：大家猜一猜为什么加了这一根绳子收藏家就不要了呢。

生：因为加了一根绳子就不需要人们想象了！

师：太对了！收藏家说："没有这根绳子的时候，我可以想象到这里有一根绳子，但是你加上了这根绳子，一点想象的空间都没有了。"这就是高明的画家！没有绳子，但是你能通过人的动作、毛驴的姿势感觉到这根绳子的存在。可见画得多么逼真，多么传神！现在，大家知道水墨画为什么留那么多空白了吗？

生：给我们留下想象的空间。

师：对！这就是水墨画的独特魅力！来，咱们认识一下什么是水墨画。

【课件出示：水墨画：纯用水墨不着彩色的国画。

清新淡雅　气韵生动　意境悠远　富有想象】

（全班齐读。）

┃ 点评 ┃

　　这个导入环节设计得非常巧妙！先让学生猜哪一幅图是水墨画，再通过比较中国水墨画和西方油画的异同，让学生从中发现中国水墨画留白的特点，最后由画入文，听一个故事。这个环节能根据小学生的年龄特点非常有效地激发他们的学习兴趣。最后用 PPT 出示"水墨画"的词义和表现"水墨画"特点的词语，不仅让学生深入地理解了这个词，而且进行了中华优秀传统文化的熏陶。好课的开始是成功的一半。

　　师：好，现在我们一起学习课文，大家先读读课题。

　　生：童年的水墨画。

　　师：谁能说说这个题目是什么意思呀？

　　生：用水墨画画，画的是童年。

　　师：画的是童年，你说对了！但作者是用什么画的呢？再想想。

　　生：用的是文字。

　　师：对了！在作者的笔下，童年就像一幅水墨画，清新淡雅，气韵生动。作者把童年写得这么美，读起来就像欣赏一幅水墨画，所以题目就叫"童年的水墨画"。咱们再读读这诗意的题目——

　　生：童年的水墨画。

　　师：嗯，感受到一点诗意了。文中有这样一些词语，谁会读？

　　【课件出示：垂柳　钓竿　扑腾　扇动　染绿　碎了　戏耍　拨动　浪花　葫芦　松树　清爽　松针　蘑菇　　水墨画】

　　[指名读词语，纠正几个读音：扑腾和蘑菇（读轻声），扇动（扇第一声）。]

　　师：红色的四个字（腾、爽、蘑、墨）笔画较多，也是我们要学写的生字。我们一起来写一写。

　　（师先示范写，指出每个字书写时该注意的地方。生跟着书空，最后拿出写字本，把四个字各写一遍。）

师：现在，我们该朗读课文了。第一遍读，要求是读出节奏和韵律。你们先听陈老师读第一首小诗。我把需要停顿的地方画了一条小斜线，这样有助于我们读出节奏。

【课件出示：垂柳/把溪水/当作/梳妆的镜子，

山溪/像绿玉带一样/平静。

人影/给溪水/染绿了，

钓竿上/立着一只/红蜻蜓。

忽然扑腾一声/人影碎了，

草地上/蹦跳着/鱼儿和笑声。】

（师示范朗读。）

师：这里边有三个字，老师把它标成了红色（静、蜓、声），知道为什么吗？

生：它们的韵母相近，很押韵。

师：是的，把押韵的字读好，韵律就出来了。像我这样你们自己练习一下，读一读第一首诗吧。

（生自由读。）

师：谁愿意读给大家听一听？

（指名朗读第一首诗。）

师：你读得挺流利。我有一个小建议：倒数第二句"忽然扑腾一声"，"忽然"的后面不要停顿，停了就感觉不到惊喜了。你再试试。

（生第二次朗读，全班再齐读。）

| 点评 |

学生只有在充分朗读的基础上才能更好地理解语言文字。在此教学环节中，老师不仅让学生读好生字词，读好诗的韵脚，还要求读出诗的节奏。学生通过一次次的朗读把诗句读通顺，并通过老师的范读和指导，能很快读出诗句的节奏和韵律。把诗句的节奏和韵律读出来，可以说已基本理解诗句的意思了。"以读为本"是小学语文教学的一个重要法宝。

师：从你们的朗读里我听到了节奏和韵律！就像这样，大家继续朗读第二首诗、第三首诗吧。

（生自由练习朗读。师再指名分别朗读第二、第三首诗。）

师：刚才我们读出了节奏和韵律。接下来，继续读诗，要读出画面和味道。我们需要完成一个任务：在每首小诗的题目后面加上一个词语，这个词语可以直接告诉我们这是一幅什么画面。比如第一首诗，我在"溪边"后面加了"垂钓"这个词（板书：溪边　垂钓），表明这首诗写的是在溪边垂钓，多有意思呀！像我这样，你们给后面两首小诗也分别加上一个词语吧。

（生默读小诗，思考。）

师：我们来交流一下。第二首诗的题目，你们加了什么词语？

生：我加的是玩耍，江上玩耍。

师：江上玩耍。玩什么，怎么玩呀？

生：江上玩水。

师：还有比玩水更有诗意一点的词语吗？

生：江上游泳。

师：跟平时游泳还不一样。

生：江上戏耍。

师：江上戏耍。戏什么？

生：戏水。

师："戏水"这个词语就不错呀！戏水就是一边游泳一边打水仗，逗逗打打，多开心啊！（师板书：江上　戏水）

师：第三首，林中干什么，加什么词语？

生：打猎。

师：你们觉得是在打猎吗？

生：不是。是采蘑菇，采菇。

师：太棒了！采蘑菇改成两个字，采菇。（师板书：林中　采菇）

师：如果你们想到的画面只是游泳、打猎，说明你们还没把画面完全读出来。我们一起读读新的题目吧。

生：溪边垂钓，江上戏水，林中采菇。

师：真有意思！作者为我们展现了一个什么样的童年？

生：快乐的童年。

生：有趣的童年。

生：欢快的童年。

生：美好的童年。

生：活泼的童年。

师：总之，是让我们无比向往、美妙开心的童年！你们想不想过这样的童年？

生：想。

师：你们有没有过这样的童年？

生：没有。

师：告诉你们，陈老师的童年就是这样的：抓蝴蝶、捉鱼、捉泥鳅……可好玩了。来，把书捧起来，我们读出这份开心、这份美好、这份活泼、这份自由、这份向往。

（全班齐读三首小诗。）

| 点评 |

在诗歌教学中要做到以读为本。此设计中读的目的和层次都很明显。这是"二读"，让学生在读通顺的基础上用一个词来概括画面，把一首诗读成四个字，用"溪边垂钓""江上戏水""林中采菇"来概括了这三首诗的画面，培养了学生的概括能力。最后不仅让学生在读中去感悟画面，还让学生在读中去体会作者的情感。

师：下面进入"三读诗歌"，要求是读出秘密和诀窍。这首诗有秘密和诀窍，我们怎么去发现它的秘密和诀窍呢？可以一边读一边留意：你们有没有觉得哪个词语好特别？这个词语怎么这么用啊？跟我们平时的用法不一样呢。也可以想一想，这个句子怎么这样奇怪呀？你们觉得哪个词好特别，就把哪个词圈出来；你觉得哪个句子好奇怪，就把哪个句子画下来。

（生小声读诗歌，边读边圈画。）

师：我们来交流一下，看看能不能互相受到启发。

生："草地上蹦跳着鱼儿和笑声"，这个句子好奇怪！

师：怎么个奇怪？

生：笑声不会蹦跳呀。

师：笑声你看得见吗？

生：看不见。

师：那你觉得是谁在蹦跳？

生：小孩子在蹦跳。

师：那为什么说笑声也在蹦跳？

生：因为小孩子一边蹦跳一边笑。

师：对了，也可以说小孩子一边在笑，一边在跳。但作者没有这样写，就像那幅水墨画里的绳子一样，虽然没画出来，但你能感觉到它的存在。我们是怎么看到的？

生：想象。

师：这个同学就很会想象。他仿佛看到了那个看钓鱼的孩子正哈哈笑："哇，鱼又上钩了。"这就是童年的水墨画！我们一起读读这个"奇怪"的句子吧。

生：草地上蹦跳着鱼儿和笑声。

师：还是没有欢快的感觉，再读一遍。

生：草地上蹦跳着鱼儿和笑声。

师：不错，我听到了笑声，小朋友一边蹦还一边笑，一边笑还一边叫，太开心了。还有谁也找到了奇怪的词语或句子吗？

生：我找到的是"松树刚洗过澡一身清清爽爽"。

师：你为什么觉得奇怪？

生：因为松树不洗澡。

师：对呀，松树又不是人，怎么洗澡？

生：下了一场雨，雨淋在松树上，就像松树在洗澡。

师：在这里，作者把松树当作人来写了，是拟人的手法。你们洗澡的感觉是什么？

生：舒服。

师：是的。你来读读这句话，读得舒舒服服的。

生：松树刚洗过澡一身清清爽爽。

师：不够清爽，好像不愿意洗澡似的。（众笑）请再读一遍。

生：松树刚洗过澡一身清清爽爽。

师：嗯，有进步。同学们继续找，继续说。

生："小蘑菇钻出泥土戴一顶斗笠"，这个句子也很特别。

师：为什么？

生：小蘑菇其实没有戴斗笠，是它顶上的蘑菇盖长开了，就像小朋友头上戴个斗笠。

师：太有趣了，这到底是小蘑菇还是采蘑菇的小姑娘呀？都分不清了。同学们很会体会，继续往下说吧。

生："垂柳把溪水当作梳妆的镜子"，这个句子也很有意思。在作者眼里，垂柳就是个爱梳妆打扮的小姑娘，太臭美了。

师：是的，又是拟人的写法。

生：是哪个"水葫芦"一下子钻入水中，这里的水葫芦好特别呀！

师：你知道这个"水葫芦"是指什么吗？

生：小孩子。

师：对了，那如果把"水葫芦"换成"小孩子"，你们再读读，还有这个味道吗？还有意思吗？

生：没意思，"绳子"画出来了就没意思了。

师：那把"绳子"去掉再读一读。

生：是哪个"水葫芦"一下子钻入水中。

师：这个小孩子，他可能剃了个光头，在水里钻上钻下，看上去真像个水葫芦，多有意思呀！还有谁有什么发现？

生："忽然扑腾一声人影碎了"，我觉得这个句子也很奇怪。人影会碎吗？

师：这到底是怎么回事呢？

生：人影不见了。

师：为什么不见了？

生：因为钓鱼时鱼上钩了，平静的水面被打破了，水面上出现波纹，水里的人影就不见了。

师：太棒了！作者没告诉我们鱼上钩了，我们却能想象出，你们看作者高不高明？

生：高明。

师：这就是中国的水墨画，这就是童年的水墨画！咱们再读读这个好句子吧。

生：忽然扑腾一声人影碎了，草地上蹦跳着鱼儿和笑声。

| 点评 |

此环节是"三读诗歌"，要求是读出秘密和诀窍。歌德曾说过：内容人人看得见，含义只有有心人得之，形式对大多数人来说是秘密。在此教学环节，陈老师就是引领学生去破解这个秘密，让学生去发现作者写作的手法、语言的妙处。这本是教学的难点，但在老师巧妙的引领下，学生或能联系生活实际，或能联系上下文，或通过老师的追问把这个教学难点突破了。

师：同学们，像这样的词句还有很多，所以我建议大家把这一课背下来，这就当作今天的作业留给大家吧。下面，我们一起来创作课文。《童年的水墨画》是一组诗，课文只选了其中三首，我还找到了另外一首。

【课件出示：街头

听不见马路上车辆喧闹，

哪管它街头广播声高。

书页在膝盖上轻轻地（　　）动，

嘴角（　　）着丝丝抹不掉的笑。

阳光从脚尖悄悄（　　）上膝盖，

也想看"黑旋风"水战"浪里白条"。】

师：我们的创作是要把空着的三个地方给它补上。诗里说的"黑旋风"是谁，知道不？

生：李逵。

师："浪里白条"呢？

生：张顺，是《水浒传》里面的。

师：真了不起，看来书读得还挺多。现在我们的任务是把这三个空补上，赶紧读读诗，思考起来。

生：我的答案是：书页在膝盖上轻轻地跳动。

师：跳动着，那你还怎么看书？感觉不太好。再想想。

生：书页在膝盖上轻轻地飘动。

师：书页不是飘动的，不准确。

生：书页在膝盖上轻轻地翻动。

师：你为什么用翻动？是谁在翻书？

生：是小朋友在街头看书。

师：对呀，爱阅读的小朋友正在街头的小摊边翻书呢。第二个空谁来试着填一填？

生：嘴角挂着丝丝抹不掉的笑。

师：不错，挂着笑，给你99分！

生：藏着笑。

师：你是高人，深藏不露，也挺有意思。

生：留着笑。

师：留着笑不大确切。不过，同学们已经找到了99分的"挂着"，不简单。等会儿我告诉大家张继楼先生用的是哪个词。第三个空，阳光从脚尖悄悄（　　）上膝盖，你们想到了什么？

生：爬上膝盖。

师：怎么爬？

生：阳光先照到脚尖，越升越高就照到了小腿，继续升高又照到了膝盖上。

师：所以你就想到了爬。我们来看看答案吧。

【课件出示了原诗：街头

听不见马路上车辆喧闹，

哪管它街头广播声高。

书页在膝盖上轻轻地翻动，

嘴角漾着丝丝抹不掉的笑。

阳光从脚尖悄悄爬上膝盖，

也想看"黑旋风"水战"浪里白条"。】

师：掌声送给这位同学，100分啊！全班一起读一读《街头》这首诗吧。

（生齐读《街头》。）

| 点评 |

在此教学环节中，老师找到了作者的另一首诗《街头》，镂空词语让学生进行创作。这不仅是拓展阅读，还是让学生运用语言的好机会。在教学中，老师幽默风趣的语言激发了学生创作的火花，学生的积极性非常高。最后通过与原诗对比，让学生体会诗人用词的巧妙，提高了学生的语言鉴赏水平。

师：今天最后一个活动是改写课文，把诗歌改写成文章。要求是：将每首小诗的最后两行改成一段短文。前面我给大家讲了一个故事，那个老板在画上画了一根绳子。现在，我们也要把诗歌里的那根"绳子"画出来，看看谁的绳子画得最像。我先做一个示范，对《溪边》的最后两句，我进行了改写。你们先读一遍诗句。

生：忽然扑腾一声人影碎了，草地上蹦跳着鱼儿和笑声。

师：我改写成短文是——（课件出示，师朗读给生听。）

"哥，鱼咬钩啦！"

"嘘！别喊！"

浮子忽上忽下，突然沉下去了！水生使劲把钓竿一扯！钓竿猛地一抖！哈哈！鱼上钩啦！鱼儿还在水里拼命挣扎，钓竿被拉成了一张弯弓！

终于，一条半尺来长的鲫鱼被拉出了水面，掉在岸边的草地上，不服气地蹦着跳着。

"啊！哥，好大的一条鱼！我抓不住它！"

那只红蜻蜓，早飞得无影无踪啦！

师：这就是我画的"绳子"。我写了鱼儿上钩的画面，希望能帮助理解诗歌。尽管我使出了浑身解数，把这根"绳子"画得很漂亮，但再好也比不过原来的诗句！因为那是一幅水墨画，清新淡雅，富有想象！这就是诗歌的独特魅力。

师：《江上》《林中》的最后两行也写得很活泼，富有画面感。咱们一起读读吧。

（生齐读《江上》《林中》的最后两行。）

师：请你们也像我一样尝试将它们改写成短文。今天的课要结束了，我给大家布置两项作业：①选其中一首你最喜欢的诗背下来。②从《江上》《林中》里选择一首诗，将最后两行改写成一段短文，注意写出画面感。下课。

| 点评 |

最后环节让学生改写课文，把诗歌改写成文章，这很好地体现了《义务教育语文课程标准》（2011年版）所倡导的加强语言文字的运用。老师自己先写下水文，让学生知道如何把诗句改写成生动有趣的短文。老师的这个改写也是一石二鸟，不仅让学生调动语言积累进行创作，而且能帮助学生更好地理解诗句。

———— 总 评 ————

每次欣赏德兵老师的课，都有一气呵成、令人耳目一新之感。这节课，他善于抓住文体特点，采用灵活多样的教学方法，让学生学得兴趣盎然；他坚守语文教学的本真，课堂上有书声琅琅，做到以读为本；他紧扣年段教学目标，突出语文要素，引领学生在文本之中走个来回，让学生不仅得意而且得言。

一、以生为主，在趣中学习

德兵老师上中低年段的课时，都能在上课时蹲下来，与学生平视，所以说在他的教学理念中，一直把学生放在课堂教学的主体地位。这节课，他始终都让学生在读书、在领悟、在讨论、在表达……学生真正成了课堂的主人。让学生成为课堂的主人容易，但要让学生兴趣盎然地成为课堂的主人，这才是高难度的，这才能体现一位名师的功力。

课伊始，德兵老师让学生猜哪一幅画是水墨画，再通过比较中国的水墨画和西方的油画，让学生从中发现中国水墨画留白的特点，最后由画入文，听一个故事。这个导入环节一气呵成，看似不经意，却非常有效地激发了学生的学习兴趣。小学生天生就喜欢猜谜语和听故事，德兵老师就很好地根据学生的年龄特点进行设计，课伊始就牢牢地吸引了学生的注意力。

课中，德兵老师让学生去发现文字的有趣。他让学生一边读一边留意：你有没有觉得哪个词语或哪个句子很特别、很奇怪？因为这个单元的主题就是多彩的童年，《童年的水墨画》这组儿童诗就是通过"溪边垂钓""江上戏水""林中采菇"三个场景来表现乡村儿童俏皮的生活场景，因此文字也非常生动有趣。老师让学生在充分朗读的基础上去发现有趣的文字。当学生通过朗读和想象生动地读出"草地上蹦跳着鱼儿和笑声"时，学生已被诗中美妙的语言吸引住了。

二、以读为本，在读中理解

《童年的水墨画》是儿童诗，教学这类体裁的作品，一定要做到以读为本，让学生在读中理解、读中感悟、读中积累。不记得哪位名人说过：在朗朗的读书声里有孩子们的朗朗乾坤。确实是这样，在课堂上，孩子们童稚的读书声就像仙乐。这节课，德兵老师用"读"贯穿了课的始终。

一读是读通读顺。先是老师范读，让学生用小斜线画出节奏，找出韵脚，再让学生反复练习朗读。读的形式多种多样，有学生自己读，有指名读，也有全班齐读等。二读是读出画面。在学生充分朗读的基础上，试着让学生在诗的题目后面加个词语。这是让学生把一首诗读成几个字，把画面定格在学生的脑海中。三读是读出理解。在读出画面的基础上，再让学生找出句子细细品读，联系上下文和生活实际去理解诗句。因为这个单元的阅读要素是运用多种方法理解难懂的句子。德兵老师让学生联系生活实际去理解"忽然扑腾一声人影碎了""草地上蹦跳着鱼儿和笑声"；根据句子的修辞手法去理解"松树刚洗过澡一身清清爽爽""垂柳把溪水当作梳妆的镜子"等。这样，不仅让学生在读中理解了这些有特色的句子，也自然而然地积累了这些有特色的句子。

总之，朗读是语文课堂教学尤其是诗词教学的重要法宝。做到以读为本，让学生在读中理解、读中感悟、读中积累。

三、以练为导，在境中运用

《义务教育语文课程标准》（2011 年版）明确提出：加强语言文字的运用、语文是工具性和人文性的统一。统编版教材采取双线组元，在每个单元导读页明确了本单元的语文要素。这些都让我们语文老师在课堂教学中要突出单元语文要素，让学生在具体的语境中运用语言。

纵观德兵老师上的这一节课，他的目标意识很强，做到以练为导向，让学生在具体的语言情境中运用语言。如在学生读通读顺诗句的基础上，非常巧妙地让学生在每首小诗的题目后面加上一个词语，让这个词语直接告诉我们这是一幅怎样的画面。这其实是在考查学生的概括能力，让学生用小标题的形式把画面概括出来。但老师没有生硬地让学生去概括，而是引导学生选择概括得最贴切的字词，培养学生的语感。最后老师板书"溪边垂钓""江上戏水""林中采菇"这三个场景后，让学生边读这些词边想象画面，体会作者的情感：作者为我们展现了一个"快乐的童年、有趣的童年、欢快的童年、美好的童年、活泼的童年"。

课文无非是个例子。在学完课文的基础上让学生去创作课文，这更是体现了加强语言文字运用的理念。把张继楼写的另一首《街头》镂空几处，让学生去创作，不仅调动学生运用语言的积极性，通过与原诗对比，更能让学生体会诗人用词的巧妙，提升学生的语言鉴赏能力。最后改写课文，则是把语言文字的运用发挥到极致。德兵老师自己先写下水文，让学生知道如何把诗句改写成一个个生动有趣的短文。这个改写也是一石二鸟，不仅让学生调动语言积累进行创作，而且能帮助学生更好地理解诗句。

出奇兵　收奇效

——《西门豹治邺》教学实录及点评

点评：严考全

单位：广东省东莞市教育局教研室

一、请你认读

师：同学们，如果我就是西门豹，现在给你们上课，你们怎么称呼我？

生：老师。

师：这老师可多了！你看，现在教室里都是老师。

生：西门豹老师。

师：把我的全名都带进去了，感觉有一点不太好。

生：西老师。

师：国外来的？

（众笑。）

生：西门老师。

师：这位同学称呼我西门老师，我很高兴，为什么？

生：西门豹姓西门，是复姓。

师：掌声送给这位同学。两个字的姓叫复姓，把手指伸出来，跟我一起写课题。注意这个"豹"字，上面是几点？

生：两点。

（师生一起写课题。）

师：课文都预习了吗？

生：预习了。

师：我要检查一下这些词语大家会不会读。

女生：（读二字词语）漳河、巫婆、官绅、苇席、绸褂、徒弟、扑腾、麻烦。

师："扑腾"的轻声读得好！

男生：（读三字词语）娶媳妇、硬逼着、老百姓、眼睁睁、闹旱灾、催一催、跪下来、直淌血。

师："直淌血"的"血"读得准。

生：（全班同学读四字词语）田地荒芜、人烟稀少、满脸泪水、提心吊胆、面如土色、磕头求饶、开凿渠道、灌溉庄稼。

师：红色的字是本课的生字，有一个字笔画很多，是哪个字？

生：灌。

师：默默地数一数这个字共有多少笔？

（生数完，回答20笔。）

师：这个字什么结构？

生：左右结构。

师：左边什么旁？

生：三点水。

师：灌溉得用——

生：水。

师：右边上中下结构，都要写得扁一点。中间两个——

生：口。

师：下面是个——

（生不知道。）

师：下面是个隹（zhuī）。请同学们打开课本，在"灌"字的下面把这个字写两遍。

| **点评** |

开课就是扎实的训练，抓住了重点。西门豹姓什么，这是老师们容易忽略的问题，陈老师和学生一段风趣的对话，三言两语，就给学生留下深刻的印象。字音、字形的教学充分发挥学生自主性，针对性强。

二、请你朗读

师：接下来，听听同学们的课文朗读。这里有几个句子，谁来读一读？

生1（朗读）：都是河神娶媳妇给闹的。河神是漳河的神，每年要娶一个年轻漂亮的姑娘。要不给他送去，漳河就要发大水，把田地全淹了。

师：要不给他送去，"后果"好吓人。读得好！

生2（朗读）：地方上的官绅每年出面给河神办喜事，硬逼着老百姓出钱。每闹一次，他们要收几百万钱；办喜事只花二三十万，多下来的就跟巫婆分了。

师：把金钱在数量上的"对比"读出来了。真棒！

生3（朗读）：哪家有年轻的女孩，巫婆就带着人到哪家去选。有钱的人家花点儿钱就过去了，没钱的只好眼睁睁地看着女孩被他们拉走。到了河神娶媳妇那天，他们在漳河边上放一条苇席，把女孩儿打扮好了，让她坐在苇席上，顺着水漂去。苇席先还是浮着的，到了河中心就连女孩一起沉下去了。有女孩的人家差不多都逃到外地去了，所以人口越来越少，这地方也越来越穷。

师：同学们读书怎么都那么棒！这段话特别长，这位同学读得一点儿毛病都没有！我们一起也读一读这段话！

（生齐读。）

师：（对一位女生）这位同学，我问问你，假如是你被巫婆他们挑中了，你愿意去吗？

生：我不愿意去。

师：为什么？

生：因为我不想去做河神的媳妇。

师：（转身问另一女同学）你愿不愿意？

生：我不愿意。

师：为什么？

生：其实根本就没有河神，是被他们送到河里死掉了。

师：哟，明白人！送过去的结果只有一个——死。你看这帮人，他们不仅骗钱，而且还害人，多么可恨！我们再把这段话读一遍。

（生齐读。）

| 点评 |

　　全文较长，作为预习的检查，陈老师挑选了最有难度的三段话让学生朗读，一下子就把学情摸得清清楚楚。其实，陈老师还有另一番深意，这三段话的理解直接关系到后面内容的学习和对西门豹的认识，所以陈老师让学生设身处地，假设自己就是文中的女孩，可否愿意做河神的媳妇，引导学生认识到这伙坏蛋的可憎可恶。

三、请你判断

师：鉴于大家的优秀表现，下面奖励大家玩一个游戏。但是一定要按规则来。先听规则：老师把西门豹说的一些话挑了出来，请你判断他说的是真话还是假话。如果你认为他说的是真话，你就坐着别动；如果你认为他说的是假话，就请你站起来。不要看别人。我一声"请判断"，你就要果断地选择站或者坐。

生：没问题。

师：第一题，"这样说来，河神还真灵啊"。请判断！

（全班同学基本上都站起来了。）

师：谁说说，为什么这句话是假话？

生：因为这句话是讽刺河神的。其实世界上根本就没有河神，巫婆在骗他们。

师：哦，你们都是明白人，请坐。请看第二题，"下一回他娶媳妇，请告诉我一声，我也去送送新娘"。请判断！

（大多数同学都站起来了，少数几人拿不定主意。）

师：（请一站着的同学）请你说说，为什么你认为是假话？

生：因为河神是一个神，他娶不了媳妇。

师：谁说神就不娶媳妇呢？这个理由不成立。

生：老师，我有不同的理由。西门豹并不是要去送新娘的，他是想去惩治那些官绅和巫婆的。

师：哦，大家听明白没有？西门豹是去送新娘的，还是去救新娘的？

生：救新娘。

师：看来这句话也是假话。第三题，"不行，这个姑娘不漂亮，河神不会满意的"。请判断！

（同学们都认为是假话。）

师：也是假话，谁能说说理由？

生：他并不是真的认为那个姑娘不好看，而是想借机惩罚巫婆。

师：也就是说，那个姑娘不好看西门豹会这么说。姑娘很好看，就算像杨幂、baby 那样——

生：西门豹也会这么说。

师：反正，不管新娘漂不漂亮——

生：他都会这么说。

师：所以这是一句假话。第四题，"麻烦你去跟河神说一声，说我要选个漂亮的，过几天就送去"。请判断！

（同学们都认为是假话。）

师：又是假话？你们的理由？

生：西门豹其实是把这句话当作一个借口，以此来惩罚巫婆。

生：老师，西门豹是在将计就计。

师：了不起！一眼就看穿了。掌声送给这两位同学。一起看下一题。第五题，"巫婆怎么还不回来，麻烦你去催一催吧"。请判断！

（同学们一致认为是假话。）

师：又是假话呀，为什么？

生：因为他想把官绅头子也引上钩，再惩罚官绅头子。

生：我觉得他这句话就是想让官绅头子有口难辩。

师：哦，原来是想除掉他，同时还让他吃哑巴亏，对吧?！第六题："怎么还不回来，请你们去催催吧！"请判断！

生：假话。

师：再来一个。第七题，"好吧，再等一会儿"。请判断！

（多数生认为是假话，纷纷站起来，但三名生坐着。）

师：（师请一位坐着的生）你认为是真话，为什么？

（支支吾吾说不出理由。另一站着的生很肯定地大叫"是假话"。）

师：（转身问大叫的同学）为什么你认为是假话？

生：西门豹只是在耗时间而已。

师：那他们究竟有没有等一会儿？

生：有。

师：既然等了一会儿，那这句话就是真话。至于等了一会儿后干什么是另外一回事儿，反正是等了一会儿，所以是真话。（生纷纷赞同）第八题，"看样子是河神把他们留下了。你们都回去吧"。请判断！

生：（一致起立，大喊）假话！

师：请全班就坐。

生：西门豹这个人好假哦，尽说假话。

师：是的，我也纳闷：西门豹去管理邺这个地方，这个邺相当于现在我们的东莞市，西门豹相当于我们的市委书记。作为堂堂的父母官，他怎么满口假话呢？政府官员不是要说话算数，要讲诚信的吗？

生：他是要救那些女孩儿。

师：是的，他不但要救今天这个新娘，还要救以后可能被骗的女孩。（板书：拯救新娘）除此之外，西门豹还有别的目的吗？

生：西门豹是想要惩罚巫婆和官绅头子。

师：是的，我把他们称之为恶霸。（板书：惩治恶霸）那还有别的目的吗？

生：还有一个目的，就是要让老百姓认清巫婆他们行为的真实目的。

师：是的，巫婆他们让人们迷信他们编织的谎言，西门豹这样做就可以破除——

生：迷信。

（师板书：破除迷信。）

生：西门豹说假话是为了将计就计。这是一个很巧妙的办法。

生：我觉得西门豹是在演戏，目的是想让老百姓看清真相。

师：这就是假戏——真做。

生：老师，我觉得如果西门豹提前放出风声的话，巫婆可能会带着官绅逃走。那些村民不明白，可能还会暗地里帮巫婆，因为他们不明白真相，还以为巫婆是在做好事呢。

师：是啊，好多老百姓都被骗了，所以西门豹说假话，将计就计除掉了坏蛋。他还教育了老百姓。（板书：教育百姓）就算以后西门豹不在这个地方做官了，还有没有人敢给河神娶媳妇？这样一来，西门豹就建立了威信。

生：杀一儆百！

师：对，说得真好。掌声送给刚才发言的同学，你们太棒了！

师：现在我们来小结一下，你们觉得西门豹是一个怎样的官？

生：他是一个真心为民的官。

生：是一个聪明的官，用坏人的办法来惩罚坏人，以牙还牙，将计就计。

生：他是一个尊重科学的官。

生：他是一个为民除害的官。

生：他是一个有智慧的官，懂得声东击西。

师：声东击西怎么理解？

生：他表面上在夸"河神还真灵呀"，实际上他是想揭穿他们。西门豹实际要做的跟他嘴巴说的不一样。

师：你们喜欢这样的官吗？

生：喜欢。

| 点评 |

请你判断，看似简单，实则不然。每一句真假的后面是对西门豹话语深层含义的领悟，也是最好的思维训练、语用训练。八句话的真假判断清楚了，就说明对课文内容完全理解了，教学中省却了很多烦琐的问答。接下来，陈老师借着一个学生的嘀咕顺势追问：为何一个堂堂地方官却满口假话？于是，西门豹的聪明智慧被学生充分认知。这个问题，可谓以一当十！

四、请你扮演

师：可是知道这个好官的人还不多。我们国家有一个著名的导演，想把西门豹的故事拍成电影，让更多的人知道这位为民除害的好官。如果他想在我们班挑一些演员，你们愿不愿意在里面扮演一个角色？

生：愿意，愿意。

师：反面角色愿不愿意演？巫婆和官绅头子也要人演呢。

生：（争先恐后）我愿意，我愿意。

师：只要能演，不给钱都行，是吧？你们好有奉献精神啊。这么多人愿意演，可是要不了这么多演员呀，怎么办？

生：百里挑一。

师：是的，为了出精品，一定要百里挑一。可是怎么挑呢？

生：让每个人都读一段，看谁读得好，谁就来演呀。

师：哦，这个办法好。谁的台词功夫好就让谁演。老师已经把剧本准备好了，我先把剧本发给大家。大家发现没有，这个剧本还有几处人物的语言是空着的，大家赶紧先把台词补上！

（生完善剧本。）

师：请大家看看剧本，我们先来走一遍台词，我们要根据台词来挑选演员。

（师带着生朗读根据课文改编的剧本。师读所有的旁白，生读各种角色。）

大型古装话剧《西门豹》第二幕

时间：战国时期某天

地点：漳河边

人物：西门豹、巫婆、官绅头子、官绅（三人）、新娘、卫士、巫婆徒弟、老百姓

旁白：到了河神娶媳妇的日子，漳河边上站满了老百姓。西门豹带着卫士真的来了，巫婆和官绅急忙迎接。

卫士：西门大人到！

巫婆、官绅（下跪）：恭迎西门大人！

西门豹：起来！你们快把新娘领来让我看看。

巫婆（叫徒弟）：快，快把漂亮的新娘子领来给西门大人看看！

旁白：西门豹一看，女孩满脸泪水。

西门豹：不行，这个姑娘不漂亮，河神不会满意的。麻烦你去跟河神说一声，说我要选个漂亮的，过几天就送去。来人！

众卫士：在！

西门豹：把巫婆送到河神那里去！

众卫士：是！

旁白：几个卫士架起巫婆，把她投进了漳河。巫婆在河里扑腾了几下就沉下去了。等了一会儿，西门豹对官绅头子发话了。

西门豹：巫婆怎么还不回来，麻烦你去催一催吧。

官绅头子：①_____

生（大喊）：不要不要，西门大人饶命啊！

（此生非常投入，惹得全场大笑。）

师：好！这个演员我要了！

西门豹：来人啊！

众卫士：在！

西门豹：把这位大人送到河神那里去！请他去催一催巫婆！

众卫士：是！

旁白：几个卫士又把官绅的头子投进了漳河。西门豹面对着漳河站了很久。那些官绅都提心吊胆，大气也不敢出。西门豹回过头来，看着他们发话了。

西门豹：怎么还不回来，请你们去催催吧！来人！

众卫士：在！

西门豹：②_____

师：此时，西门豹怎么说？

生：来，把他给我扔到河里去！

旁白：官绅一个个吓得面如土色，跪（guì）下来磕（kē）头求饶，把头都磕破了，直淌（tǎng）血。

师：万一求饶求得不好，就有可能小命不保了，所以他们把头都磕破了，直淌血。那些官绅们怎么求饶呢？

官绅甲：③_____

官绅乙：④_____

官绅丙：⑤_____

西门豹：好吧，那就再等一会儿。

生：大人饶命啊，我再也不敢骗人了。

师：嗯，认错态度很好。

生：大人英明，我——

师：不得拍马屁。

（众笑。）

生：大人，之前是我们不好，我们骗了百姓，我们愿意把钱全部拿出来还给百姓。

师：认错态度也不错，把赃款全部交出来。好，暂且饶了你。

生：大人饶命啊，人死不能复生啊。之前是我们骗了大家，说是给河神送媳妇，其实那些女孩都被淹死了。

师：你急于活命的心情很急切，把这里面的内幕全都说出来了。不过我给你一个建议，作为演员，还是要把台词说清楚。特别是要让周围的老百姓听明白。谁还想再试一下？

生：大人，小人再也不敢骗人了。小人一定将功补过。

师：你打算怎样将功补过？

生：以后真心为百姓做事，不做错事。

师：悔过的心意还是挺诚恳。好的，以后看你的表现吧。

师：总之，此时谁的态度诚恳谁就可以活命。谁要是还敢弄虚作假，谁就必死无疑。

旁白：过了一会儿。

西门豹：起来吧。看样子是河神把他们留下了。你们都回去吧。

官绅甲、乙、丙（磕头）：⑥＿＿＿＿＿＿＿＿＿＿＿＿＿

师：呀，这些官绅都捡了一条命回来了，他们该怎么说？

生：感谢大人饶命。

生：感谢大人饶我一命，我以后一定将功补过。

老百姓：⑦＿＿＿＿＿＿＿＿＿＿＿＿＿＿＿＿＿

师：周围的老百姓看了，会说什么呢？

生：算了，饶他们一命吧。

生：谢谢大人，您救了我的孩子一命。

师：哦，那个新娘是你家的孩子呀。

生：西门大人，把他们投到河里去啊！

师：看来，你觉得不解恨，太便宜他们了。

师：最后一个出场的是新娘子，本来要去给河神做媳妇的新娘子现在居然得救了，她会说什么？

新娘子：⑧_____

生：西门大人，谢谢您……谢谢……

师：新娘子绝处逢生，激动得说不出话来了。

生：谢谢大人的救命之恩。

生：谢谢西门大人救了我一命，我还以为会被他们扔下河呢！

旁白：老百姓都明白了，巫婆和官绅都是骗钱害人的。从此，谁也不敢再提给河神娶媳妇，漳河也没有发大水。

生：老师，什么时候演啊？

师：现在请大家抓紧时间先把台词完善。下节课正式开演！

| 点评 |

请你扮演，学生的学习热情被再次点燃，学生全身心融入文本，仔细揣摩人物内心，模拟人物言语。这个教学环节实际上是引导学生对文本情境进行还原。尤其还原官绅们磕头求饶的语言可以反映学生对文本理解的深刻程度，也是极好的语言运用训练。从学生迫不及待想演一演可见，学生已经被西门豹的魅力所吸引，可谓欲罢不能。这样的学习状态令人神往！

——— 总　评 ———

陈老师的教学最鲜明的特点是不走寻常路。尽管大家的教学目标是一致的，但是教学策略不一样，教学效果自然也就不同了。陈老师的教学策略往往简洁且新奇，出奇制胜，能够收到常规教学所难以取得的效果。

陈老师的教学策略奇在哪里呢？

首先，奇在问。陈老师的课堂也有提问，但是他设问的角度与大家不一样，所以效果不一样。比如："如果我就是西门豹，现在给你们上课，你们怎么称呼我"就比"西门豹姓什么"有趣得多；"假如是你被巫婆他们挑中了，你愿意去吗"就比"西门豹从老人的话里听出了什么"更能激发学生的情感；"作为堂堂的父母官，他怎么满口假话呢"就比"西门豹为什么要这么说"更有思考价值。陈老师的问，妙在角度新奇，能极大地激发起学生的学习兴趣和积极思考。

其次，奇在说。陈老师的课堂上学生锻炼得非常充分。这节课上，说和写的锻炼尤其多，可是学生不见疲惫，反而越说越带劲。这是因为"说"的对象不一样。我们注意到，在这节课上，陈老师让学生说得最多的是判断西门豹真话与假话的理由。这些理由的背后是深入的思考，学生在思考中获得了学习的乐趣。西门豹的很多语言仿佛是只能意会不可言传的，但是，这节课上学生不仅能够意会，还能言传，可见说得到位。

第三，奇在做。这个"做"，就是让学生进行角色扮演。这样的扮演，不同于往常的分角色朗读，因为还涉及文本的再创作。将课文转化为剧本，补充缺少的台词，对学生而言都是非常新颖且充满挑战的。学生兴趣大增，全身心地投入到了"创作"和"表演"之中。这样的"做"魅力之大真是无法估算。就在这浑然不觉中，学生的语文能力得到了锻炼和提高。

对我们一线老师而言，教什么固然是重要的，但是，怎么教更能体现一个老师的智慧。因为一个善于教的老师能让每一个学生着迷一般地热爱这门学科，让学生变得更加会思考、会学习。

追求思维的力度与深度

——《将相和》教学实录及点评

点评：李文

单位：浙江省杭州市奥体实验小学

一、回顾课文

师：同学们，今天我们要学习的课文是——

生：将相和。

师：将指的是——

生：廉颇。

师：相呢？

生：蔺相如。

师：和就是——

生：和好的意思。

师：合在一起，就是廉颇与蔺相如和好的意思。谁来说说，课文讲了哪三个故事？

生：完璧归赵、渑池会见、负荆请罪。

师：三个故事之间的顺序可以颠倒吗？

生：不可以。

师：为什么？

生：因为在第一个故事里，蔺相如立了功，被赵王封为上大夫。在第二个故事当中，蔺相如又立了功，被封为上卿，职位比廉颇高。廉颇不服气，这才有了后面负荆请罪的故事。

师：哦，原来这三个故事之间是有内在联系的。我们把这三个故事写在黑板上。（师板书：完璧归赵、渑池会见）注意，这个"璧"下面是一个什么字？

生：玉。

师：（指着板书）廉颇不服气，但是听了蔺相如一番话后，幡然醒悟，于是，就有了——

生：负荆请罪。

（师板书：负荆请罪。）

| 点评 |

导入新课，开门见山，干净利落。三言两语，总体上把握住了文章的故事脉络和主要内容。

二、概括内容

师：三个故事里蔺相如是怎样做的，请分别用一个字概括出来。默读课文，把你概括出来的那个字写在故事旁边。

（生思考。）

师：来，我们一起交流交流。

生：我感觉"完璧归赵"这个故事里是"撞"。因为蔺相如说"我的脑袋就和璧一块儿撞碎在柱子上"，秦王才答应他。

师：撞了吗？

生：没有。

师：哦，不是真撞！看来用这个"撞"来概括还不够恰当。接着来！

生：应该是"归"。蔺相如最后把和氏璧送回了赵国。

生：我觉得是"完"，他把璧的事情完美解决了。

生：我觉得应该是"还"，最后蔺相如把和氏璧还给赵王了。

生："送"，把和氏璧送回去了。

师：有那么容易吗？秦王对和氏璧垂涎三尺，志在必得啊。那不得有一番较量啊。

生："化"。手下化装，给送回去了。

生：我觉得是"威胁"。

师："威胁"可是两个字。

生："逼"。"您要是强逼我，我的脑袋就和璧一起撞碎在这柱子上"。

师：这个"逼"只能把璧要回来。

师：好了，不为难大家了，看黑板。（板书：骗）

生：（大喊）老师，你也骗我们了！

师：呵呵！文中谁骗谁？骗了几次？

生：两次。

师：哪两次？

生：第一次，蔺相如骗秦王，把璧拿回来；第二次，蔺相如骗秦王，举行一个隆重的典礼，叫手下人把璧送回去。

师：第二次怎么骗的？读出来。

生：蔺相如说和氏璧是无价之宝，要举行个隆重的典礼他才肯交出来。

师：好的，这一骗就赢得了宝贵的时间，来了一个缓兵之计，等到真正举行典礼的时候，璧已经——

生：送回赵国了。

师：那么第二次蔺相如又是怎么做的？

生："记"，记录的记。

师：那不是蔺相如的事。

生：第二个应该是"逼"，逼迫的逼。

师：好，写上去。蔺相如是怎么逼迫秦王的？哪位同学读一读？

生：您现在离我只有五步远。您不答应，我就跟您拼了。

师：有逼迫的味道吗？好，再给你一次机会，你再来！

生：（语气硬了一些）您现在离我只有五步远。您不答应，我就跟您拼了。

师：不够凶！谁再来？

（一女生读，声音轻柔。）

师：好温柔呀！来吧，我就喜欢你跟我拼！

生：您现在离我只有五步远。您不答应，我就跟您拼了。

师：感觉手无缚鸡之力，根本吓唬不到秦王。还是男孩子来！

生：（男生读，语速快，音量高，突出了"拼"字）您现在离我只有五步远。您不答应，我就跟您拼了！

（掌声雷动。）

师：厉害不？

生：厉害！

师：全班来一遍！

生：（齐读）您现在离我只有五步远。您不答应，我就跟您拼了。

师：其实，有时候威胁声音不一定那么高。此时，蔺相如还不能让秦王的卫士听见，所以，他的声音压得很低。听——（教师示范）

（全场鼓掌。）

师：看到我咬牙切齿了吗？谁再来？

（刚才获得掌声的男生再读。）

师：95分！美中不足，刚才笑场了！

（生投入地读，声音压得很低。师生再次热烈鼓掌。）

师：一个字，什么？

生："逼"！

师：第三个故事，哪个字？

生："避"，避开的避。

师：解释一下。

生：蔺相如说：我所以避着廉将军，为的是我们赵国啊！

师：这个避接近完美，只是听上去感觉有那么点胆小，有没有更恰当的词？

生："和"。廉颇主动负荆请罪，将相和好。

师：那就是两个人的行为了。

生："躲"。

师：更胆小了。

生："绕"。

师：我惹不起，躲得起是吧？

生："闹"。因为蔺相如和廉颇闹不和。

师：是蔺相如在闹吗？（笑）我看是你在闹！别闹！

（众笑。）

生："赶"。

师：不是。

生："让"！蔺相如为了不和廉颇发生冲突，总是让着他！

师：啊！好一个"让"！廉颇要跟我过不去，我躲！我让！我退！

| 点评 |

　　三个故事真正的主角都是蔺相如。蔺相如是怎么做的，用一个字概括，这对四年级的孩子来说可真是一个不小的挑战。然而，孩子们乐此不疲，在一次次"碰壁"中感受着思维的快乐、学习的乐趣！

三、走进故事

师：下面，我们一起走进故事。每个故事有一个问题。"完璧归赵"这个故事中，蔺相如为什么敢骗秦王？

生：因为秦王不守信用，前面可以看出秦王丝毫没有拿城换璧的诚意。

师：找出根据来。

生：第八段：秦王双手捧住璧，一边看一边称赞，绝口不提十五座城的事。

师：全班读。

生：（齐读）秦王双手捧住璧，一边看一边称赞，绝口不提十五座城的事。

师：除了第八自然段，还能找到根据吗？

生：第三段，大家说秦王不过想把和氏璧骗到手罢了，不能上他的当，可是不答应，又怕他派兵来进攻。

师：你和赵国的王公大臣们一样聪明，看出了这是秦王设的一个骗局！还有谁能在更前面的地方看出来？

生：我从第二自然段看出来的：秦王知道了，就写了一封信给赵王，说愿意拿十五座城换这块璧。

师：你怎么从这儿就看出秦王在骗别人？

生：如果秦王真有诚意，想得到和氏璧，就应该直接亲自去换璧！

师：对呀！秦国是大国，在所有的国家中实力——

生：最强！

师：按照我们一般的规矩，你想和别人交换某件商品，很有诚意的话你应该怎么做？

生：主动把自己的东西拿出来先给别人。

师：秦王需要担心别人不给他想要的东西吗？

生：不需要，因为秦国是强国。

师：但是秦王有这样做吗？

生：没有。他只是写了一封信给赵王，并没有拿出城来。

师：所有的交易只是停留在——

生：嘴上、纸上。

师：所以，明显地看出来秦王这是在——

生：仗着自己国势强盛骗赵王。

师：赵王看出来了，赵国的王公大臣们看出来了，蔺相如——

生：也看出来了！

师：当然看出来了！所以，蔺相如的想法是：既然你在骗我，那么，我就可以——

生：骗你！

师：而且骗得你哑口无言。这叫什么呀？

生：将计就计！

生：以牙还牙！

生：以其人之道，还治其人之身。

师：所以，秦王被蔺相如骗了还不敢——

生：进攻赵国。

生：还不敢拿蔺相如怎么样，只得客客气气地把蔺相如送回赵国。

｜点评｜

承接上个学习活动，引导学生继续深入思考：蔺相如为什么敢骗秦王？这个问题直指要害。

师：第二个故事，"渑池之会"。这个故事中胜负到底如何？

生：蔺相如赢了，秦王输了。

师：一种观点出来了，认为赵国赢了，秦国输了。

生：他们谁都没胜，谁都没输。

师：哦！打成了平手。第二个观点。大家觉得呢？

生：（大多数生异口同声）打成了平手。

师：认为是打成了平手的请举手。

（生纷纷举手。）

师：哇！这么多！认为赵国赢了的举手！

（两个生举手。）

师：加上我，一共才三个人举手啊！现在，3比34！（指另一举手的男生）来，小伙子，有没有信心把他们说服？

生：他们有34个人啊！

师：真理往往掌握在少数人手中！

生：真的？

师：啊！

（众笑。）

师：你就说说吧！你为什么觉得我们赵国赢了？

生：第十段说了，秦王没占到便宜。他知道廉颇已经在边境上做好了准备，不敢拿赵王怎么样，只好让赵王回去。

师：那只是说明秦王没有占到便宜，赵王也没有占到便宜呀！

生：赵王是不好推辞，秦王是直接被逼得没法！（特别强调"没法"，将"法"的读音变成第一声了。）

（众笑。）

师：感觉到没有？赵王只是——

生：不好推辞。

师：面子上有没有很过不去？

生：没有。

师：秦王是——

生：被逼得没法！

师：脸面——

生：丢尽了。

师：那还不能说明赵国赢了吗？现在同意赵国赢了的举手！

（少数生举手，众笑。）

师：多了一个了！两个了！三个了！还有没有新的证据证明我们赵国赢了？

生：秦国不是最强吗？

师：对！

生：赵国不是很弱吗？

师：对呀！

生：那为什么一个强国会被弱国逼得没法了呢？

师：对呀！一个弱国被强国逼得没有办法那在情理之中！一个强国被一个弱国逼成这样，成何体统啊？谁赢了？

生：赵国。

师：同学们认为呢？我们梳理梳理。当时秦国最强，从来只有强国欺负弱国，但是这次，强国被欺侮了，谁更没面子？

生：秦国。

师：这是第一个理由。让赵王鼓瑟的是谁？

生：秦王。

师：那是国君对国君，是吧？嗯，你想说什么了？

生：赵王是被秦王逼的，而秦王是被一个上大夫逼的！

师：你看看！秦王被谁逼的？

生：太监。

（众笑。）

师：不是太监，是上大夫，一个小官。谁输了？

生：秦国！

师：现在同意赵国赢了的举手！哎呀，都举手了。还有几个同学坚持自己的意见，看屏幕！我们知道，赵王为秦王鼓的是——

生：瑟！

师：瑟是什么？

生：瑟是一种高级乐器。

师：玩高级乐器丢不丢脸？

生：不丢脸。

师：秦王为赵王击的是——

生：缶。

师：缶是什么玩意儿？请你读一读。

生：缶就是瓦罐瓦盆，在先古时期本来并不是乐器，后来成为一种最低级的乐器。中国古乐器有金、石、丝、竹、匏（páo）、土、革、木八类，土就是陶类乐器，有埙（xūn）、陶笛、陶鼓等，缶甚至都不能正式入其类，可见地位之低。

师：还有一段：长期以来，"击缶"或者说"鼓盆"在中国传统文化中有两个主要含义：一是下层人民最下等的娱乐，二是葬礼场合表示悲伤的礼节。秦王被蔺相如逼得玩下等的东西，有面子吗？

生：没有。

师：谁输了？谁赢了？

生：秦王输了，赵王赢了。

| 点评 |

　　渑池会上，谁输谁赢，看似简单，但在四年级孩子那里却是个不小的波折。真实的学情便是如此，怎么办？陈老师耐心引导，足见其对学生的尊重。

师：第三个故事，蔺相如说了一番话，哪句话真正打动了廉颇？

生：我之所以避着廉将军，为的是我们赵国啊！

生：我觉得是这句：大家知道，秦王不敢进攻我们赵国，就因为武有廉颇，文有蔺相如。

生：如果我们俩闹不和，就会削弱赵国的力量，秦国必然乘机来打我们。

师：到底是哪句话？我们看看第二位同学说的这句话。来一起读一读。

生：（齐读）大家知道，秦王不敢进攻我们赵国，就因为武有廉颇，文有蔺相如。

生：从这句话里我看出了蔺相如让着廉颇。

师：你怎么就看出让着廉颇？

生：把两个人放到一块儿说。

师：我也放到一块儿说：大家知道，秦王不敢进攻我们赵国，就因为文有蔺相如，武有廉颇。你觉得廉颇会回来道歉吗？你发现了什么？

生：按照书上的说法，可以看出蔺相如很尊敬廉颇！因为蔺相如把廉颇放在前面。

师：廉颇其实就是为了争这一口气，现在，蔺相如把廉颇排在自己前面，表达了对廉颇足够的——

生：尊敬、敬意。

师：在我蔺相如的心里，谁更重要？

生：廉颇！

师：在我蔺相如的心里，谁的位置更高？

生：廉颇！

师：我的心中，我就服谁？

生：廉颇！

师：你看，这句话说得太有水平了！一起读！

生：大家知道，秦王不敢进攻我们赵国，就因为武有廉颇，文有蔺相如。

师：（声音高亢）就因为武有——

生：廉颇。

师：（声音低下来）文有——

生：蔺相如。

师：廉颇一听这话，心中的这口气——

生：就下去了。

师：哦，别人怎么看我，我不管。没想到人家蔺相如如此抬举我老夫啊！服了吧？

生：服了！

| 点评 |

人们常说，情商高的表现之一就是说话、办事让别人感到舒服。蔺相如无疑是一个情商极高的人。陈老师没有架空分析，而是紧紧抓住语言这根缰绳，让学生感受到语言的魅力及讲课人的人格力量。

四、评说人物

师：这个时候，请结合课文内容说说你对文中几位人物的看法。

生：蔺相如是一个勇敢机智的人。

师：好，把这个词在文中圈出来。勇敢，那就是有胆识！机智，那就是有智慧！

生：蔺相如是一个能说会道的人。

生：为国着想。

师：顾全大局。别人跟他过不去，他一味地——

生：谦让。

师：这叫有胸怀！有勇有谋！廉颇你们怎么看？

生：知错就改。

师：嗯，知错就改，了不起！

生：廉颇很厉害！战无不胜，攻无不克。秦王知道廉颇在边境中做好了准备，不敢拿赵王怎么办。

师：赵王和秦王，我相信大家读了之后也都有自己的看法。《将相和》的故事离我们已经有两千多年了，选自——

生：《史记》。

师：要了解我国历史上这些伟大的人物，还是得走进《史记》。有兴趣的同学可以找来《史记》或者《白话史记》看一看。这节课就上到这里，下课！

| 点评 |

　　人物点评水到渠成，时间有限点到即止。短短一节课的时光，说不定已经在孩子们心田里播下《史记》的种子。

───────── 总　评 ─────────

　　陈德兵老师的《将相和》一课，在泉城济南举办的全国"十大青年名师"教学展示活动中，以独特简洁且富有思维张力的教学设计和现场大气智慧的课堂生成，获得了听课教师的一致好评。这是一节有创造力的好课，促进了学生的思维向纵深处发展。

一、提炼文本内容，激活深度思维

听过不少青年教师的公开课，发现很多教师教得累，学生听得也累。原因是教师总是紧抓一篇课文的具体内容，为学生逐段分析、讲深讲透，甚至面面俱到。学生只需要倾听、记住即可，似乎成了一个个盛知识的容器，无需思维的生发。陈德兵老师则另辟蹊径，引导学生把文中的三个故事——"完璧归赵""渑池之会""负荆请罪"读成三个字。一石激起千层浪，学生呈现出浓厚的研究兴趣，思维就此被激活。此举的意义在于，教师教会学生睁开一双智慧的眼睛将文本读"薄"，从而很好地培养了学生处理信息的能力和甄别归纳的意识。更为可贵的是，这种激活思维的设计立足于课文，引发了学生的理性思考与研究。陈老师引导学生回答：每个故事用哪一个字来概括最合适？学生展开自主热烈的讨论，在交流中达成共识。这样的课堂里，学生们真实地生长得以发生。

二、关注文本语言，丰富思维情感

思维不是无情物，它有清晰的模样，更有情感的温度。在三个故事的教学中，教师又智慧地锁定了三个核心句子，研究品读、朗读指导中，引导学生发现文本语言的温度。三个故事，三个句子。一是"蔺相如说和氏璧是无价之宝，要举行个隆重的典礼，他才肯交出来"。在深度研读中，让学生领悟"骗"的智慧。二是"您现在离我只有五步远。您不答应，我就跟您拼了"。在朗读指导中，让学生体会"逼"的勇猛。三是"大家知道，秦王不敢进攻我们赵国，就因为武有廉颇，文有蔺相如"。在反复斟酌中，让学生感受"让"的情怀。这样一来，文本从"读薄"又到"读厚"，在学生心中，丰厚起来的是具象的情感，是有血有肉的人物形象。

三、凸显学生本位，生成真实思维

好的课堂是师生之间的平等对话，上着上着，教师不见了，看到的是学生拔节似的生长。陈德兵老师做到了。教师在课堂上呈现出轻松的聊天状态，这与陈老师多年的课堂修炼是分不开的，正所谓"台上一分钟，台下十年功"。学生也自然而然地进入到这种对话式的课堂中。这里，看不到教师的说教，看到的是学生智慧火花的迸发，听到的是学生基于思维的争辩与探讨。陈老师设计的所有教学活动都是为学生的课堂生长服务的。陈老师的课堂上没有絮絮叨叨的线状分析，取而代之的是板块式活动。在一个个教学板块里，学生集中力量，展开思辨，获得成长。

　　当然，真实是需要勇气的，当一个个思辨性问题在学生群体里展开时，我们会看到、听到他们或直或曲的解读，甚至会有冷场的现象发生。陈老师不疾不徐，耐心地引导、等待，终于迎来了花开的幸福时刻。台湾的李玉贵老师说过："在大陆上课很紧张，因为这里似乎见不得课堂上的冷场。"其实，课堂不是逗秀场，冷场是必要的，思考是必要的。为真实激活深度思维的课堂点赞。

遵循规律　勇闯新路

——《草船借箭》教学实录及点评

点评：罗昆霞

单位：湖北省武汉市教科院

一、收获大交流

师：课文读了吗？

生：读了。

师：那我考考大家！（课件出示）通过自学，你们读懂了什么？选一个角度说说你们的收获。

师：不知道怎么说是吧？能不能来给我们讲一讲这个故事？

生：有一次，曹操去攻打吴国和蜀国，蜀国派了诸葛亮到江东，和吴国的孙权、周瑜他们商量一起对付曹操的计划。在这个过程中发生了很多事情，比如草船借箭、巧借东风、火烧赤壁等。

师：谢谢你！这位同学为我们介绍了这个故事的背景。不过，当时吴国和蜀国还没有成立啊！相关的势力代表，一个是孙权，一个是刘备。曹操来攻打他们两家，结果他们两家就——

生：联合起来对付曹操。

师：故事就发生在这样的背景下。好，继续交流。举手的同学比较少，大家再快速默读一遍课文，整理一下思路。读完后挑一个角度来说说自己的收获，读懂了什么，知道了什么。

（生默读课文，静思默想。）

师：好，有同学准备好了吗？谁来？

生：这篇课文告诉我们：不要以为自己很厉害，其实别人比你更厉害！周瑜以为自己吩咐军匠们故意迟延就可以让诸葛亮造不成箭，没想到诸葛亮有更妙的方法。这就是人外有人，天外有天。

师：掌声送给这位同学！好一个人外有人，天外有天，这叫真读进去了。继续。

生：我谈谈诸葛亮。诸葛亮开船去曹操那边，笑着说："雾这样大，曹操一定不敢派兵出来。"这里说明诸葛亮非常会揣摩人的心思，还知道曹操疑心很重。

| 点评 |

这位学生说"我来谈谈诸葛亮"，使诸葛亮成为第一个被具体指向的人物，有宣告诸葛亮主角地位的意思，然后根据人物在故事中的联系依次带出鲁肃、周瑜、曹操。这种不按故事情节线索组织阅读，而是以人物为中心组织阅读的策略意义在于：给学生自主阅读的空间更大，阅读的目标更集中，可有效避免浮于表面的情节串讲通病。

师：所以他敢大胆去借箭。谢谢你，请坐！接着来。

生：我谈的也是诸葛亮。他跟周瑜说话的时候很自信，他说三天之内一定可以造十万支箭，说明他胸有成竹。

师：那个时候他就已经想到了借箭的好办法，是吧？所以如此自信、胸有成竹。了不起！

生：我认为诸葛亮神机妙算，不然他怎么知道第三天四更时分有一场大雾呢？

师：对呀，神机妙算。这一场大雾是借箭取得成功的——

生（齐）：关键！

师：没有这一场大雾他敢去借箭吗？

生（齐）：不敢。

师：了不起，读懂了！谁接着来？

生：诸葛亮是很信任鲁肃的。他告诉了鲁肃要准备的所有材料，他知道鲁肃不会向周瑜禀报这些事。

师：高度信任鲁肃，也知道鲁肃一定会全面配合他。要的材料会给他——

生：准备齐全。

师：他叮嘱鲁肃这些事情不能跟都督说，鲁肃果真——

生：没有跟都督说。

生：我觉得诸葛亮很会安排停船的地方。他把船正好停在最佳受箭的位置，不然曹军射再多的箭，诸葛亮也不一定能得到足足十万支。

师：嗯！诸葛亮这个位置把握得很准确！离远了行不行？

生：不行。

师：离近了行不行？

生：不行。

师：为什么？

生：射不到！

师：要把船停在——

生：箭刚刚射到的地方。

师：这个距离把握得非常好！你来！

生：我想说周瑜。第二段写了周瑜和诸葛亮的对话，可以看出他很坏。

师：坏在哪里？

生：他是"阴"着坏！周瑜总是故意让诸葛亮答应帮助做事，然后故意破坏，让他失败，接受惩罚。

师：也就是说，周瑜故意"扎"一个"笼子"。请问先生，两军水上交战，用什么兵器最好？周瑜知不知道？

生：他知道。

师：但是，他明知——

生：故问。

师："阴"着坏！还有没有？从哪里看出他很阴？

生：周瑜还说，军情紧急，不能开玩笑！

师：说话得——

生：算话，你必须得完成！

师："阴"着坏！还有没有？

生：在第三段里，周瑜说："是他自己说的，我可没逼他。我得吩咐军匠们，叫他们故意迟延……"所以，周瑜是想不把材料给诸葛亮准备齐全，想让诸葛亮完不成任务，好定他的罪！

师：三天造十万支箭，正常的情况下造不造得完？

生：造不完。

师：周瑜还干了什么？

生：故意使坏！你要的竹子，不给你准备齐全。你要的胶漆、翎毛，不给你准备齐全。简直坏透顶了！

师：我们一起读一读周瑜的这段话。

生（齐读）：是他自己说的，我可没逼他。我得吩咐军匠们，叫他们故意迟延，造箭用的材料，不给他准备齐全。到时候造不成，定他的罪，他就没话可说了。你去探听探听，看他怎么打算，回来报告我。

师：你看，后面这句话更能看出他坏！"你去探听探听，看他怎么打算，回来报告我"，言下之意就是——

生：诸葛亮一有什么动静，就报告给周瑜。周瑜就会暗中阻止、破坏，让他造不成十万支箭。

师：也就是让诸葛亮的计谋不能实现。那么，到时候周瑜就可以轻而易举地取下诸葛亮的项上人头。坏不坏？

生：坏！

师：好，接着说，谁还有什么收获？

生：文章最后一段，周瑜长叹一声，说："诸葛亮神机妙算，我真比不上他!"说明周瑜觉得自己比不过诸葛亮。

师：那么就是说周瑜服输了。对吗？周瑜真的服输了吗？

生：没有！

师：《三国演义》中周瑜是怎么死的呀？

生（齐）：气死的！

师：被谁气死的？

生（齐）：诸葛亮！

师：这时，周瑜嘴巴上是服了，但是心里面——

生（齐）：不服！

| 点评 |

对人物形象的感受主要是抓住人物的语言、行动描写实现的。通过人物的语言、行动去体会人物的内心，去感受人物的情感、品格、性情。对周瑜的认知就是这样，从对其语言、行动描写中了解他先"做笼子"让诸葛亮钻，然后吩咐军匠们故意迟延，材料不准备齐全，目的是"定他的罪"。这样层层剥茧，揭示了周瑜口是心非，气量小、"阴"着坏、套路深、心狠毒的形象特征。对诸葛亮、曹操、鲁肃这几个人物形象的感受也是如此。可见，通过人物言行感受人物形象是阅读写人叙事文本最有效、最普遍的方法。

师：接着说，还有什么收获？

生：第五段，鲁肃答应了。他不知道诸葛亮借船有什么用，回来报告周瑜，果然不提借船的事，只说诸葛亮不用竹子、翎毛、胶漆这些材料。这让我感到鲁肃非常守信用！如果告诉了周瑜，这个计划肯定成不了！

师：对了！鲁肃顾全大局，信守承诺，说不告诉，就不告诉！果真是好伙伴。接着说！

生：我从这里看出诸葛亮还爱开小玩笑：天渐渐亮了，雾还没有散。这时候，船两边的草把子上都插满了箭。诸葛亮吩咐军士齐声高喊"谢谢曹丞相的箭"，接着叫二十条船驶回南岸。他本来可以直接把船开回南岸，但是他非要军士们高喊谢谢曹丞相的箭。他非要气气曹丞相。

师：哦！他不仅气了周瑜，还气了——

生：曹操。

师：这位同学说诸葛亮爱开玩笑，很幽默，你们知道诸葛亮还有另一层意思吗？（模仿高喊）谢谢曹丞相的箭！

生：嘲讽曹操多疑！

师：嘲笑曹操多疑，还嘲笑了他很笨！还告诉了曹军什么呀？

生：送了箭。

师：打击了曹军的斗志啊！你看，我轻而易举就把你们的箭取走了，过几天我会还给你们的！你们的丞相这么笨，智商这么低，怎么跟我玩！

（生笑。）

师：很好！接着说！

生：我从第六自然段"第一天，不见诸葛亮有什么动静；第二天，仍然不见诸葛亮有什么动静；直到第三天四更时候，诸葛亮秘密地把鲁肃请到船里"体会到诸葛亮知道第三天有大雾，他就趁大雾天去取箭。

师：第三天才有大雾，所以第三天去取箭。第一天、第二天都没有动静，读到这里的时候着不着急呀？

生：着急！

师：为什么？

生：因为诸葛亮立了军令状的！答应三天造十万支箭，现在都过去两天了，一支箭都没造出来！所以我很着急！

师：最后只剩下——

生：一天了！

师：这箭能造得完吗？是不是提心吊胆？你已经把自己放入文中了。

生：我还从第二段体会到周瑜心思缜密：周瑜先问诸葛亮水上交战什么兵器最好，诸葛亮说是弓箭，于是周瑜请诸葛亮造十万支箭，而且说这是公事。

师：让你拒绝都没有理由。

生：然后，周瑜问十天造不造得好。

师：好像很宽裕。

生：诸葛亮说只要三天，周瑜就说军情紧急，可不能开玩笑，逼着诸葛亮立下军令状。

师：到时候杀你你就没话可说！

生：我从这里看出周瑜下的套子很深！

师：哦！套路太深了！一环套一环，让你都没法拒绝。

生：我从第一段就读出周瑜气量很狭窄，容不下别人比他强。

师：的确是！心胸狭隘，气量太小，不然怎么给——

生：气死了呢！

师：同学们，我们再看看题目，是——

生：草船借箭。

师：在这个过程中，诸葛亮到底借了什么？

生：他通过神机妙算，借了天气——一场大雾。

生：借了青布幔子和草把子。

师：诸葛亮去东吴是孤身一人，借箭用的一切物品，都是——

生：借的。

师：找谁借的？

生：鲁肃。

师：还借了什么？

生：借了曹操在大雾时的疑心。

师：还借了人！太了不起了！首先是鲁肃，他知道鲁肃会帮他，还会替他保密；其次是借了曹操，他知道曹操疑心很重，大雾中一定不敢派兵出来。题目是借箭，看似简单，其实后面非常了不起！诸葛亮借了大雾，借了物资，借了人心。

| 点评 |

　　本课以"先学后教"理念设计教学，先让学生课前自主学习，然后在课堂进行"收获大交流"，这样既兼顾了学生的自主性，又可集中精力解决难点、重

点，关注兴趣点，避免将大量时间消耗在情节内容的表层理解、梳理上。教学的主干问题非常开放，即使是面对初次见面的学生，老师依然提出："你读懂了什么，选一个角度说说。"显然，学生一时确有不适应，老师灵机一动又很自然地提出："能不能给我们讲一讲这个故事？"这依然是一个很开放的问题，这一问很快就打开了学生的话匣子，各抒己见的热烈交流就开始了。显然，"讲一讲"与"讲"的意思是不一样的，"讲一讲"包括情节内容的复述、历史背景的介绍、人物形象的欣赏、课文表达的特点、自己独特的感受等。学生显然理解了这一点。交流是自主的，也是深刻有逻辑的。

二、题目大还原

师：你们读过原著吗？还不少！我们一起看一看。课文选自《三国演义》，原文的题目是这样的。

【课件出示：用_____谋孔明借箭　献密计黄盖受刑】

师：发现了什么？

生：少了一个字。

师：看过原著的同学知道少了一个什么字吗？

生：不记得了。

师：忽略了，呵呵。那我们想办法把它补全！你想到的是？

生：计谋。

师：用计谋孔明借箭。可不可以？

生：可以！

师：80分！理由：下边一句已经有一个"计"了，上句也用"计"，重复了，词性也对不上。

生：智谋。

师：不一般！90分！

生：用mì谋。

师：哪个mì？

生：就是下面这个密。

师：罗贯中不会这么用。下面用了的，上面绝对不会再用。

生：也是秘谋，禾字旁的秘。

师：哈哈，不动脑筋！这个 80 分！

师：上这节课我希望女生多发言，因为女生一般对这样的课文不感兴趣。

生（女）：巧谋。

师：巧妙的巧，对吧？凸显诸葛亮的智慧。95 分！多巧啊！多妙啊！

生：妙谋。

师：95 分！

（众笑。）

师：再想！到嘴边上说不出？

生：奇谋。

师：哪个奇？

生：奇妙的奇。

师：前面的同学功不可没，由计谋到了智谋，由智谋到了巧谋，由巧谋到了妙谋，由妙谋到了奇谋！

师：看看，原著题目到底是什么样子的！

生（惊呼）：奇谋！

师：一起读一读，要铿锵有力！

生（齐读）：用奇谋孔明借箭，献密计黄盖受刑。

师：何谓奇？

生：奇妙。

生：神奇。

生：奇怪。

师：但是，在奇谋这个词里，奇不是奇怪的意思。

生：奇特？

师：奇谋，非常谋也！非一般之计谋也！

生：奇异。

师：奇异到什么程度？

生：一般人都想不到。

师：请问在文中谁没有想到？

| 点评 |

　　"一般人都想不到"是对"奇谋"的简单解释。老师相机引导学生回归文本："请问在文中谁没有想到？"这是换一个角度对人物形象更进一步地感受。如果说前面对人物形象的感受是通过人物言行的话，这里则是通过人物间的比较来感的。诸葛亮做到的事一般人想都没想到，不仅一般人没想到，连堪称英雄豪杰的周瑜、曹操、鲁肃都没想到。在与他们的对比中人们不禁感慨：这是何等的奇谋啊！诸葛亮拥有何等的智慧啊！对比既是阅读方法，也是写作方法，教师在这里很好地揭示并利用了这种方法。

生（七嘴八舌）：周瑜。

师：找根据。

生：周瑜说：我得吩咐军匠们，叫他们故意迟延，造箭用的材料，不给他准备齐全。周瑜想到的是诸葛亮会自己去造箭，而不是去取箭。

师：周瑜想到的还是常规的方式，所以，最后听到整个借箭的过程，发出这样的感慨——

生：诸葛亮神机妙算，我真比不上他！

师：说明诸葛亮想的，他压根儿就——

生：没想到。

生：我还从第五自然段看出周瑜不知道诸葛亮的计谋。鲁肃回来报告周瑜，果然不提借船的事，只说诸葛亮不用竹子、翎毛、胶漆这些材料。周瑜疑惑起来，说："到了第三天，看他怎么办！"周瑜只是疑惑，但是没有想到。

师：周瑜只是疑惑：造箭这个也不用、那个也不用，难道用空气造吗？他压根儿没有想到箭会从曹操那里借来！还出乎谁的意料？

生：还出乎鲁肃的意料。

师：嗯。

生：因为这里鲁肃吃惊地说："如果曹兵出来，怎么办？"说明鲁肃心里很害怕，不敢靠近曹军水寨，也不知道诸葛亮到底要干什么。

师：是的，给他十个胆他也不敢！请你继续说。

生：还有一个地方也说明出乎鲁肃的意料。诸葛亮找鲁肃借船，鲁肃答应了，但是，"他不知道诸葛亮借船有什么用"。

师：对！鲁肃直到被请去一同取箭，他都还没有明白诸葛亮借船干什么。真是奇谋啊！还出乎谁的意料？

生：曹操。

师：找证据。

生：曹操说：江上雾很大，敌人忽然来攻，我们看不清虚实，不要轻易出动。只叫弓弩手朝他们射箭，不让他们近前。

师：曹操知道诸葛亮是来借箭的吗？

生：不知道。

师：知道那都是草把子吗？

生：不知道。

师：知道船上只有几百个军士吗？

生：不知道。

师：如果知道会怎么样？

生：这几百个军士有来无回。

师：曹操确实是不知道！还有谁想说？

生：第八段，曹操又派人从旱寨调来六千名弓弩手，到江边支援水军。如果他看出诸葛亮是来借箭的话，就不会调更多的人来，调更多的人来只会送给诸葛亮更多的箭。

师：对！在曹操看来，现在是大敌当前啊，水寨的弓弩手还不够，还得从旱寨调集弓弩手过来。他确实以为有大批人马来进攻、来偷袭。果真是奇谋！出乎周瑜的意料，出乎鲁肃的意料，出乎——

生：曹操的意料。

师：鲁肃聪不聪明？

生：聪明！

师：周瑜聪不聪明？

生：聪明！

师：曹操聪不聪明？

生：聪明！

师：三个这么聪明的人连诸葛亮玩的什么计谋都不知道，这说明了什么？

生：他们猜不透这个变化极致的策略。

师：我玩什么，我的葫芦里卖什么药，你们都不知道！

生：诸葛亮神机妙算，机智过人。

师：三个人聪明，诸葛亮跟他们比——

生：更聪明。

师：超一流的高手！是不是奇谋？

生：是！

师：奇谋用得恰不恰当？

生：恰当。

师：来，再读一读这个题目——

生（齐读）：用奇谋孔明借箭，献密计黄盖受刑。

|点评|

"题目大还原"是本课设计上的一大妙招、一大创新。其一，引导学生读原著，开拓了学生的阅读视野，进一步激发了学生阅读原著的兴趣。让学生感受传统章回小说式样，即对偶形式的章回标题：如上下分句字数一致、相对应的词词性一致、上个分句用过的字下个分句一般不用等。其二，很好地结合原标题及课文内容进行词语的运用和积累训练。这个过程实质包含了选词填空及积累近义词汇的训练，让学生填字。学生分别说了"计谋、智谋、密谋、巧谋、奇谋"这几个词，这是准确用词的训练。理解"奇谋"词义，学生其实是通过找近义词的方式进行的。学生找了"奇妙、神奇、奇怪、奇特、奇异"这几个词，可谓一举三得：理解词义，辨析词语，积累词汇。其三，通过对比说明"奇谋"的含义，进一步突出了诸葛亮之神机妙算、智慧超群，使阅读者印象深刻。这个设计令观课者拍案叫绝。

三、智慧大碰撞

师：如果让你们做文中的一个人物，你们愿意做谁？

生（异口同声）：诸葛亮！

师：不愿意做周瑜吧？

生（齐）：不愿意。

师：周瑜太小人了是吗？

生（齐）：对。

师：佩服诸葛亮是吧？

生（齐）：对。

师：这么聪明的人谁都钦佩！但是，陈老师要说的是：诸葛亮是没遇上我，要是遇上我，他就完了！

（众笑。）

师：有的人心里说了：我信了你的邪哦！

（众大笑。）

| 点评 |

经过前面的教学，学生对课文中的人物形象，尤其是主要人物诸葛亮、周瑜的认识不可谓不深刻全面，按常理，至此课已经接近尾声，也是学生比较疲劳的阶段，应是教学活动总结整理的环节。然而本课执教者反其道而行之，挑战刚刚通过阅读在学生心目中愈发高大的"智慧男神"诸葛亮："要是遇上我，他就完了。"真是让学生"信了他的邪！"这一挑战大大地激发了学生的好奇心，使学生大脑瞬间"充电"，得到能量，兴趣高昂，忘记疲劳。他们要弄清老师为什么说遇见他，诸葛亮就完了，使教学一波三折，再起波澜。

师：我不说大话，看课文。

【课件出示：在整个借箭的过程中，诸葛亮可有什么纰漏？】

师：也就是漏洞。一旦这个漏洞被周瑜抓住，他就完蛋了。

生：如果鲁肃没有保密的话，诸葛亮的计划会失败。

师：你说的是如果，但是这个如果在课文中没有变为现实，诸葛亮铁板钉钉地认为鲁肃不会泄密。

生：诸葛亮没有想到隔墙有耳，旁边有人偷听。

师：哈哈，诸葛亮不会这么不小心。

（众笑。）

生：诸葛亮为什么要周瑜派人到江边搬箭呢？造箭不会在江边啊！

师：如果你是周瑜，你会怎么想？

生：这里面肯定有问题了！

师：造箭在哪里造？

生：兵工厂。

师：对呀，你现在让我去江边搬箭。问题来了，如果你是周瑜，你会怎么做？

生：咦？诸葛亮为什么要我派人去江边搬箭？莫非这箭是从江上来的？那我要下令所有船只都不能进来！

师：他应该怎么做，才能避免这个纰漏？

生：诸葛亮不应该告诉周瑜三天后到江边搬箭，而应该说三天以后他必然把箭送去。

师：还有没有什么纰漏？

（生静思默想。）

生：三天里没有什么动静，会让周瑜怀疑他。

师：那他该怎么做？

生：假装造箭。

师：要用的东西没有给你准备齐全，你怎么办？

生：假装着急。

师：工匠们偷懒，你怎么办？

生：假装生气，惩罚他们。

师：这样一来，周瑜就不会产生任何怀疑了。这叫什么？

生：将计就计。

师：好一个将计就计！

生：瞒天过海。

师：掌声！这也叫明修栈道——

生：暗度陈仓。

师：为什么这两个明显的纰漏周瑜都没有抓住呢？

生：周瑜太骄傲了！

生：他太嫉妒诸葛亮了。他一心想着看诸葛亮有没有造箭，诸葛亮没有造箭他就以为自己得逞了，所以就没有去管诸葛亮。

师：被胜利冲昏头脑了！

生：还是因为诸葛亮的计策太巧妙了，周瑜完全没有想到诸葛亮会去找曹操借箭，他只是一心认为诸葛亮会去造箭。

师：真正的原因啊得找罗贯中！

（众笑。）

四、军师大参谋

师：但是，作为一部经典的文学作品，是不应该出现这样的漏洞的。或者说，作为这样一个神机妙算的人物，不应该出现这样的失误。如果你们现在是诸葛亮身边的一名谋士，是不是该提醒一下诸葛亮？

生：嗯嗯。（纷纷点头。）

师：如果你们是周瑜身边的一名谋士，是不是也应该提醒一下周瑜啊？

生：不该！不该！

师：你们坚定地站在诸葛亮这一边是不是？你们都希望诸葛亮好好活着！好，我理解你们的选择！现在赶紧提笔给诸葛亮写一封信，把你的想法告诉诸葛亮。言简意赅，不要啰唆！

师：好，时间到！谁来汇报一下？

生：孔明先生，您好！（师插话：很诚恳！）您草船借箭的计策真妙，不过，在实施过程中，我有两个小小的建议，望您采纳。（师插话：很谦虚！）

否则，您性命难保啊！（师插话：很严重！）第一，您不能告诉周瑜到江边搬箭，那样会引起他的怀疑，您直接说"三天后把十万支箭送到都督府上"就可以了；（师插话：很清楚！）第二，您在造箭的三天时间里，不能一支箭也不造，而应该大张旗鼓地造、认认真真地造，这样就可以好好地麻痹周瑜，不给他破坏您计划的机会，兵书上说"明修栈道暗度陈仓"，您懂的！（师插话：很幽默！）

（众笑、鼓掌。）

| 点评 |

　　如果说前面的阅读主要是对文学形象的感受评价的话，那"军师大参谋"这一环节就是历史的穿越和对原著阅读的再次引领。通常我们不敢对智慧化身指手画脚，怕被别人喷之"信了你的邪！"然而"智者千虑必有一失"，又所谓"当局者迷旁观者清"，基于此，教学大胆引领学生与"智慧男神"平等对话，穿越历史给诸葛孔明当谋士，并写信提建议，这相当于给总参谋长当参谋，那是何等良好的自我感觉啊！这非常好玩有趣，能充分释放学生的想象力和表现欲，是思维和语言结合的巧妙训练，其效果从学生那封信中就可看出。这个小练笔也是不走寻常路，有点类似鲁迅先生《故事新编》的创作方法：从历史故事中"取其一点、生发开来"，这是读中练写的一种特别思路。好的阅读课不仅仅只是解决问题，还应产生新的问题，激发阅读者新的、持续的阅读兴趣，这一课就是如此。学生是带着新的问题和对《三国演义》原著的阅读期待下课的，其积极意义不言而喻。

师：好的。同学们，因为时间关系，我就只请这位同学展示一下。读完这篇课文之后，你们还有什么疑问？

生：就在第二自然段，周瑜为什么还要摆酒席招待诸葛亮呢？

师：哦！这里面有玄机！

生：诸葛亮为什么知道三天以后有大雾？

师：诸葛亮不仅算到三天后有大雾，还能算到十一月二十一日到二十二日有一场东南风！

生：真的假的？

师：可以看看第四十九回！几个月前就算到了！文中开头说，周瑜想杀掉诸葛亮是因为——

生：他嫉妒诸葛亮的才华。

师：难道果真是他嫉妒诸葛亮的才华吗？那岂不是显得周瑜这个人太小家子气了？还有，鲁肃作为东吴的一员将领，他为什么要替诸葛亮保密呢？前面发生了什么，后面又发生了什么？这一些疑问都只能从《三国演义》中寻找答案。这节课我们就上到这里，下课！

──────── **总　评** ────────

陈德兵老师教学《草船借箭》这一课，我有幸现场观摩，课堂上师生合作，气氛融洽，阅读有深度、有广度，教师指点江山，纵论千秋，激扬文字，评说功过，师生交流十分活跃，效果良好。在观摩的过程中，笑声时起，掌声时起，我也多次暗自赞叹。梳理观摩的感受，我想用"遵循规律，勇闯新路"这八个字来概括这一课的教学。

阅读小说这类文学作品，对人物形象的认知感悟是其重点，而对人物的认知感悟一是通过阅读人物描写来实现，二是通过人物形象的横向对比来实现。本课的人物描写主要是语言和行为描写，教学就要以此为重点去阅读感悟，而不应是拘泥故事情节的串讲串问。教学中学生自然形成了以人物形象为中心的交流模式。学生对人物的感悟自主、深刻、全面；他们踊跃交流，有理有据，逻辑性强。他们的认识既有共性，也有个性。本课教学还巧妙运用横向比较感受人物形象，对于诸葛亮的"奇谋"，教师提问："在课文中，谁没有想到？"引导学生将曹操、周瑜、鲁肃与诸葛亮进行比较，"不怕不识货，就怕货比货"，诸葛亮都做到了，他们居然想都没想到。通过比较，高下立判，这个对比使学生对人物形象又有了更深刻的认识。

教学视野开阔，没有局限于课文，而是通过课前预习、课后"从《三国演义》中寻找答案"解决疑问。尤其是课中"题目大还原"，将课文与原文巧妙勾连，实现读者与作者的深度对话以及语言的有效积累和训练。《草船借箭》故事情节复杂，主要人物较多，且他们性格各异、形象丰满，完成课文故事及对人物的认知往往会消耗较多的教学时间。通常大部分教师不会与信息量浩大的原文勾连，担心自己拥有的信息支撑不了这样的勾连而节外生枝，以至完成不了基本目标。然而本课执教者艺高人胆大，不走寻常路，用"题目大还原"进行语言的理解、辨析、积累和修辞的综合训练，是彰显语文工具性、进行语言训练的一大亮点。

教学还别出心裁地设计具有穿越反转意味的环节，让学生穿越一千七百年，作为诸葛亮的谋士给诸葛亮找纰漏、写书信、提建议。前面的阅读让诸葛亮在学生心目中的形象非常高大，学生都在仰视他。然而这样反转让学生与诸葛亮能够平等对话，就是打破迷信，挑战偶像，颠覆认知，这是思维和表达训练的奇招。

教学是遗憾的艺术，没有最好，只有更好。观课过程亦有少许疑惑。作为叙事文本，是不是需要对"草船借箭"这个故事做一个基本的梳理和概括？阅读教学的一个很重要、甚至不可或缺的目标是学习表达，在阅读中学习表达要遵循"因材施教，因课制宜"的原则。教学中设计了小练笔，但练习的表达方法并非课文中所包含的诸如人物语言、行动描写，人物对比描写，前后照应等方法，且写信提意见在文本中也找不到可资借鉴的例子。此外，虽然随着时代的发展，人们对诸葛亮的认识也在发展，但基本认知没有大的变化，他已经成为一个文化符号，一个象征着智慧的文化符号，一个让中华民族引以为豪的文化符号。给他找漏洞、提建议，会不会误导这个年龄段的学生对这个文化符号的认知？这些想法是一孔之见，或许疑惑的产生是认识肤浅所导致，见仁见智，欢迎讨论，欢迎批评。

阅读教学的规定动作与自选动作

——《在柏林》教学实录及点评

点评：罗昆霞

单位：湖北省武汉市教科院

师：同学们好，今天我们要学的课文是——

生：《在柏林》。

师：作者是美国作家——

生：奥莱尔。

师：记住她的国籍是——

生：美国。

师：很好。从体裁上来说，这是一篇——

生：微型小说。

师：对。微型小说也叫小小说，也具备小说的三个要素：第一是人物，小说里面一定要有人物；第二要有情节，情节就是讲故事；第三要有环境。

| 点评 |

开课四个极简明的师生问答，弄清课题、作者、作者国籍、课文体裁这四个问题，随之教师直接讲授了小说的三个要素：人物、情节、环境。这不仅体现了执教者的文体意识、作者意识、语文要素意识，难得的是解决落实这四个问题三个要素，共七个知识点，用时估计一分钟左右，干净利落，简单高效。

师：关于小说，有一位作家叫马尔克，他这样论述（课件出示）——

生：每篇好小说都是这个世界的一个谜。——马尔克

师：简单点说，一篇小说就是一个——

生：谜。

师：小说是一个谜，那么写小说就是在——

生：写谜语。

师：换一个动词。

（生答不上来。）

师：那我们读小说呢？

生：猜谜语。

师：写小说呢？

生：解谜语。

师：解谜和猜谜不是一样吗？写谜语这个"写"字用得不准确。

生：创作。

师：我还听到一个同学说"编"是不是？写小说就等于——

生：设谜。

师：设一个谜，这个太有讲究了。谁设的谜好，一环套一环，那你这个小说就吸引人，是吧？而我们作为读者，最主要的任务是干什么？

生：解谜。

师：对，把这个谜给解开！当作者还没有告诉你的时候，你就能把谜底给解开！那你就是个高明的读者！想不想试一试？

生：想。

| 点评 |

　　用马尔克的名言"每篇好小说都是这个世界的一个谜"引导学生揭示小说的特点，并以此为主干问题展开后面的教学。执教者本可紧扣三要素，中规中矩讲什么是小说，或照本宣科地解释小说文体，可他并没有这样轻车熟路地去

讲授，体现了执教者"不走寻常路"的教学追求。引用马尔克的这个说法，不仅将小说的价值形象地讲出来，而且揭示了作者与读者的关系，并且点明了小说最经常的表现方法及阅读小说最主要的任务。这句话的引用还具有语言积累、方法积累、思想积累的价值。

师：来，看看这样一篇小小说。

【课件出示：

三封电报

伊莉薇娜的弟弟佛莱特伴着她的丈夫巴布去非洲打猎。不久，她在家里接到弟弟的电报："巴布猎狮身死。——佛莱特"

伊莉薇娜悲不自胜，回电给弟弟："运其尸回家。"

三星期后，从非洲运来了一个大包裹，里面是一只狮尸。她又赶发一个电报："狮收到。弟误，请运回巴布尸。"

很快得到了非洲的回电："无误，＿＿＿＿＿＿。——佛莱特"】

师：知道佛莱特电报里最后几个字是什么吗？有谁敢大胆地猜一猜？不要看别人，答案在自己心中。在这里没有对错，只有高明与否。请你来猜。

生：巴布被狮子吃了！

师：好的！还有没有别的答案？我们再听听第二位同学怎么说。

生：此就是巴布尸。

师：此就是巴布尸？这明明就是狮子的尸体呀，还用说明吗？请坐，再请他来猜猜。

生：巴布把狮子打死了。

师：巴布把狮子打死了？那前面叫谎报军情了。后面那位男同学，请大声说。

生：已运其尸回家！

师：那怎么解释呢？

生：现在已经把它的尸体运回去了。

师：尸体在哪儿呢？还在路上是吧？快递还没到。

（生笑了。）

师：你猜！

生：狮子把她弟弟给吃了！

师：把她弟弟吃了？几个人物还没弄清楚。谁死了？

生：巴布。

师：巴布是伊莉薇娜的什么人？

生：丈夫。

师：也就是佛莱特的姐夫，是吧？谁死了要弄清楚。

生：伊莉薇娜的丈夫巴布被狮子吃了！

师：好，请坐。你猜的和前面那位同学一样，是不是？来，看看真正的谜底。预备，读——

生：无误，巴布在狮腹内。

师：这个谜底解开了吗？为什么运狮子的尸体回来？

生：因为他被狮子吃了。

师：对！巴布死，被狮子吃了。掌声送给两位猜对的同学。

| 点评 |

　　在讲《在柏林》之前做个铺垫，以微小说《三封电报》为例子分析作者是怎么设谜和解谜的。用 PPT 呈现这篇小说时，将最后的谜底作为填空的内容让学生猜测。这个部分教学用时上感觉稍微多了一点，可能设计者基于《在柏林》篇幅不长，这个铺垫是"磨刀不误砍柴工"的想法。它的积极价值是显而易见的：一是选择的例子虽篇幅不长，但故事情节起伏跌宕，引人入胜；猜想谜底具有游戏趣味性，这些都能很好地激发学生的学习兴趣。二是猜测故事发展是与统编教材三上学习的阅读方法"预测"一脉相承，体现教学整体视野。由于统编教材铺开使用，此届六年级的学生未必经过统编教材三上这个内容的训练，因此这是很好的补学。三是为《在柏林》的教学做了目标及方法定向，那就是学习、理解小说最常用的表现方法：设谜，解谜。具体说来就是悬念、伏笔、照应等。

　　师：读小说就是在解谜，对吗？来，我们今天再学一篇小说，就是《在柏林》。请大家好好读一读这篇小说，思考这样几个问题：一、小说设了一个怎样的谜？二、你猜测的谜底是怎样的？开始读，开始思考。

师：现在开始交流。这篇小说给我们设了一个怎样的谜？也就是这个谜语的谜面是什么？谁来说说。

生：谜面是：老妇人为什么在重复地数着一、二、三。

师：老妇人为什么一而再、再而三地重复数着一、二、三？到底是疯了还是受了什么刺激？这就是一个谜。那么，当你读到课文前半段的时候，你们在心里有没有尝试着给出一个答案？你们有没有在解这个谜？

生1：她是一个神志不清的人。

师：就是说她是一个病人，这是你的猜测。

生2：因为她的三个儿子死在战场上了。

师：你是看了课文的结尾知道了真正的谜底。那不是自己的猜测。

生3：老妇人在想念她死去的儿子！

师：你就是这样猜的？请坐。读到这里的时候我先不往下看，我自己心里尝试着给一个答案。假设现在你们不知道结果，当你们看到老妇人在那里不停地重复一、二、三，你们怎么猜的？

生4：她疯了。

生5：一、二、三是军人训练的口号，她在想念她的儿子！

生6：我猜她是在数东西！

生7：我猜她是在战争中失去了三样最珍贵的东西。

师：可是老妇人没有上过战场呀！好吧，这些是我们尝试给出的谜底。最后我们读完了课文后知道谜底是怎样的？

生：她在想念她的三个儿子。

师：真实的谜底告诉了我们什么？

生：她失去了三个儿子！

师：这个大家都知道了。作者还想告诉我们什么？

生1：我觉得他是想告诉我们战争的残酷性。

生2：战争给人民带来深重的苦难，造成难以愈合的创伤。

师：你能不能解释一下，什么叫"苦难"，什么叫"难以愈合的创伤"？

生：苦难就是遇到了无比困难的事，比如失去儿子。难以愈合的创伤就是心理受到了重伤。

师：拿这个老妇人来说，她一下子失去了三个儿子，现在她一个儿子也没有了。这种战争带来的创伤她一下子能接受吗？

生：不能。

师：所以她疯了！整个人崩溃了！这就是儿子对母亲的重要性。我们假设一下三个儿子都没有死，这个老妇人会有一种怎样的生活状态？

生：很开心！

师：太简单了。再展开说一说。

生：很幸福！

师：请展开说一说，怎么个幸福？就比如说你长大了，你怎样给你的妈妈带来幸福的生活？

（生很为难，不知道该说什么。）

师：生活在幸福当中，所以不知道幸福了。好吧，请坐。谁再说说？

生：有亲人的陪伴。

师：三个儿子都陪伴着她，是吧？而且，今后陪伴老妇人的不止三个人，还有——

生：她的丈夫。

师：还有呢？

生：还有孙子。

师：对了，那叫儿孙——

生：满堂。

师：那叫天伦——

生：之乐。

师：可是，老夫人憧憬的这样幸福美满的生活还可能有吗？

生：不可能了。

| 点评 |

这部分教学以"弄清设了怎样的谜并猜谜底"为目标导入《在柏林》的教学，承上启下，过渡自然。接着径直感悟女一号老妇人这个形象。通过对老妇人神态、动作、语言的感悟，特别是对她数数"一、二、三"这个"谜面"的体会，以及对"谜底"的猜测，学生对遭受重大磨难而精神崩溃、神志不清、疯魔虚弱的老妇人形象认识深刻。然后假设"三个儿子都没有死，这个老妇人有一种怎样的生活状态"，用假设中的"儿孙满堂""天伦之乐"反衬出现实中"深重的苦难"和"难以愈合的创伤"。这部分教学遵循了阅读小说抓住描写、感受形象的基本要求；运用了阅读小说猜测推想、假设对比的基本方法。

师：这就是儿子对老妇人的重要性，一切美好的生活都化为乌有。看来，大家已经体会到了战争给家庭带来的无法愈合的伤害。我们好好地读一读文中倒数第二自然段，也就是这个谜底。

（生齐读。）

师：大家的声音很洪亮，但是总是少了一点点老兵对战争的那种厌恶、那种怨恨、那种不满，但是又不得不接受的那种无奈。特别是后面部分，听老师读一遍。（师范读："现在轮到我上前线了，走之前，我总得把他们的母亲送进疯人院吧。"）

师：我们尝试着再读一读，预备读——

（生齐读。师打断，及时指导读好句子：我们刚刚失去了三个儿子，他们是在战争中死去的。）

师：当真正的谜底揭开的时候，大家的心灵受到震撼了吗？

生：受到了！

师：这就是一个高明的作家，一个高明的小说家。在如此短的篇幅之内，先给我们设了一个谜，然后用极简短的语言在最后解开了这个谜，这个谜底都是我们没有想到的。原来"一、二、三"指的是她的三个儿子。这三个儿子一个都没有回来。好，我们把这篇小说读懂了。

师：不过，我们还得从另外一个角度来分析问题，因为在这个单元里我们要开始写小说了。下面我提三个问题。第一个问题：什么时候揭开谜底最合适？

生：我觉得在文章末尾揭开最好。前面先让读者猜这个谜，后面揭示谜底更有一种震撼力。

师：好。一定要让读者去猜，给他们猜的空间是不是？让他们一而再、再而三地猜，而且还猜不出来的时候你再把谜底揭开！如果你的谜面刚一抛出来你就立马揭开谜底，你觉得这篇小说还吸引人吗？

生：不吸引人了。

师：拿这一篇文章来说，谜底放在哪个地方就揭开是极不合适的？

生：老妇人刚说完一、二、三的时候，老兵就说出为什么。

师：请坐。这是你给出的一个假设，但是好像接不上。如果想办法接上了肯定时机是不合适的。

生："一个老头狠狠扫了她们一眼……"这时说出谜底，是不合适的。

师：哦，当有两个小姑娘对老妇人这种反常的行为嗤笑时，我们立马就把谜底揭出来那不合适，对不对？也就是说，我们还要让谜面继续发酵，继续让读者去猜。你看，两个小姑娘第一次嗤笑的时候——

生：老兵狠狠扫了她们一眼。

师：不对。那个是老兵吗？那是一个——

生：老头。

师：那是另外一个人。这个时候，老妇人的丈夫有没有出面？

生：没有。

师：直到两个小姑娘第二次傻笑老兵才出来，是吧？这个时候老妇人已经数了几次了？

生：三次。

师：看课文我们都知道已经是第三次了，第一次是——

生：旅客们听到她在数着"一、二、三"，声音盖过了车轮的"咔嚓咔嚓"声。

师：好，这是第一次，没有任何反应。第二次呢？

生：停顿了一会儿，她又重复起来。

师：第二次有反应了，两个小姑娘嗤笑起来。这个时候还不能揭开谜底。第三次——

生："一，二，三"，这个神志不清的老妇人又重复数着。

师：大家觉得这个谜底在情况出现几次之后再揭开比较好？

生：三次。

师：记住了，几次？

生：三次。

师：小壁虎借尾巴一定要借几次？

生：三次。

师：小蝌蚪游呀游找妈妈，一定要找几次？

生：三次。

师：孙悟空打白骨精要打几次？

生：三次。

师：他去借芭蕉扇要借几次？

生：三次。

师：很关键吧。记住这个数字没有？三次！当谜底被人家猜了三次之后还没猜出来，你们就不要再卖关子了，把谜底说出来。下面分析第二个问题：你们觉得什么样的谜底最高明？

师：你在写小说的时候，其实谜底已经在你心中了。你已经想好了才会写这篇小说。那么，你就要先设计谜底，谜底是这篇小说优秀与否的关键。小说好不好就决定于你的谜底高不高明。《桥》的谜底高不高明？

生：高明。

师：谜底是这样的：老汉和小伙子是一对父子。这样的谜底出乎意料，让人猜不到，这样的谜底实在高明。但是，如果谜底太离谱，怎么也不会想到，你们还觉得它高明吗？

生：不。

师：嗯。好的谜底是既在意料之外，回头一细想又在情理之中。比如《桥》那一课，如果老汉跟那个小伙子不是父子关系，他会不会把小伙子凶狠地揪出来？

生：不会！

师：小伙子会不会回头瞪老汉一眼？

生：不会。

师：其实这就在暗示他们俩有关系。好，最关键的第三个问题来了：什么样的谜面最精彩？

生：把谜底融合在情理之中！

师：听到一个词没有？融合。也就是说我最后揭开谜底的时候，你有恍然大悟的感觉，因为我在设谜的时候已经给你提示了，只是你自己没看到。高明！掌声送给这位同学。请坐，太棒了！也就是谜面会给一些暗示，用文学的说法就叫作伏笔。埋下伏笔的谜面，最后让人恍然大悟才是最精彩的。

好，按照这样一个标准，我们再来审视前面刚刚学过的《穷人》这一课。我就觉得这篇文章可以改成一篇小小说。也就是先设一个谜，最后再来解开这个谜。但是很明显，托尔斯泰写的时候没有设谜，也就是说我们读到课文中间的时候，一切都已经知道了。你们能不能把文章的 8～11 自然段适当改一改？尝试设一个谜。

（生思考。）

师：有没有谁想到了？怎么改？怎么来设谜？给大家一点提示，能不能马上就告诉大家桑娜把两个孩子抱回来了？

生：不能。

师：来，我们把 8～11 段浓缩一下。有没有谁想好了？

生：过了一会儿，桑娜回到家里，继续缝缝补补。

师：后面那些很生动的心理活动描写统统去掉了。来来来，掌声送给这位同学！桑娜是怎么回来的，你们知不知道？是一个人回来的，还是抱着两个孩子回来的，你们知不知道？

生：不知道。

师：不告诉你。过了一会儿，桑娜回到家里，继续缝缝补补。而我们这个时候以为她是一个人回来的，是吧？乃至于最后跟渔夫交流的时候，我们还以为她只是在征求渔夫的意见。直到最后帐子拉开的那一刹那，我们才明白原来桑娜已经——

生：把孩子抱回来了。

师：进一步地感受到桑娜是多么——

生：善良。

师：太棒了。你们看，这就是在设谜。四段浓缩为一句话。也可以这样说——

【课件出示：桑娜心情矛盾，回到自己的家，久久坐在床前。】

（生齐读。）

师：坐在床前，也许她还在考虑要不要把孩子——

生：抱回来。

师：对，这就是在设谜。

| 点评 |

当小说男一号"老兵"开口"揭谜底"后，执教者问了一句"大家的心灵受到震撼了吗？"很快就话锋一转——"什么时候揭开谜底最合适？"——这个问题将教学从"理解内容"切换到"学习表达"上。特别精彩的是教师引导学生结合本课学习联系单元课文，联系低段童话学习，联系课外名著阅读，开阔视野，用丰富的实例让学生对"什么时候解谜"印象深刻，将"三"这个文学创作中的黄金密码、这个有价值的经验之谈深深烙在学生脑海里。再通过分析"什么样的谜底最高明？""什么样的谜面最精彩？"揭示"意料之外、情理之中"的标准，渗透"伏笔、暗示、悬念、照应"等表达方法的学习，为"这个单元我们要开始写小说了"做了很好的指导与支持。《穷人》一课的设谜与前面《三封电报》补谜底这两个小练习前后呼应，形成一个"学习表达"小回环。

师：成为一篇好的小说其实还有一个比较关键的因素，就是它的语言。特别是这么短的篇幅之内要包含那么多的信息，那就需要我们的语言有表现力！这个表现力，就是让人能够通过文章中的一个词、一个句子接受到很多很多的信息。请你从文中找出一个特别有表现力的词语或者句子来分析一下。

我先给大家做个示范，请大家看第一自然段最后一句——

生："一个老头狠狠扫了她们一眼，随即车厢里平静了。"

师：我觉得这个"扫"特别有表现力。扫了一眼，饱含着一种严厉的批评，认为这样的行为是对一个老人家的——

生：不尊重。

师：对！不用开口，就一个动作，扫！扫了一眼，威力无穷，太有表现力了。好，继续像我这样到文中去找一找，说一说。可以先把自己要分析的内容简单批注在书上。

（生思考，批注。）

师：好，我们来交流交流，你们听别人的发言会受到启发。你来说说。

生："车厢里一片寂静，静得可怕。"听了老兵的话之后，一片寂静，静得可怕。这里很有表现力。

师：怎么有表现力？你接收到了哪些文字没有直接告诉我们的信息？

生：我知道了大家都感到了可怕。

师：好，请坐！我来帮他分析一下。原先大家以为战争离我们很遥远！所有人听到老兵的这一番话，真真切切感受到战争的阴影就在他们的头顶上。因为眼前的这位老兵过不了多久，也极有可能会牺牲。那个老妇人被送进了疯人院，没有一个亲人，我们可以想象到她的命运。她已经疯了，她余下来的日子也应该所剩不多了！战争的阴影一下子笼罩在每个人的心头，每个人都感受到了死亡的威胁，所以车厢里一片寂静。多么有表现力啊！就这样来找，这样来说。

生："现在轮到我上前线了"，这个"轮"字，我觉得很有表现力。因为他说了，他三个儿子都是在战争中死去的，说明他们一家人一个接一个在战争中死去了。整个家支离破碎！

师：这个"轮"太有表现力了！你不想上战场，可不可以？

生：不可以。

师：本来战争是青壮年参与的事情，但是这些青壮年已经在前线死得差不多了，对不对？按照这样排，现在就到你了。你想去也得去，你不想去也得去！因为你是战时后备役老兵。一个"轮"字也告诉我们，前面他的儿子一个接一个地死了，接下来死的就是他了。死亡的命运也会降临到他头上，用文中那个字来说就是"轮"！多有表现力的一个动词，说得真好！继续说。

生："一列火车缓慢地驶出柏林，在车厢里尽是妇女和孩子，几乎看不到一个健壮的男子。"我认为用得好的一个字是"尽"，这说明那些健壮的男子都去前线打仗了！

师：这样的情景在我们的生活中可不可能看到？

生：不可能。

师：我们生活中到处有男人、有女人，有小孩、有青年，是不是？但是在这一列火车上，居然看不到一个健壮的男子！这是多么稀奇的景象！读到后面我们都知道，健壮的男子都上战场了。既然上了战场，死去的概率那是十之八九。说得好，这是故事发生的环境，一句话就点出来了。在柏林，柏林就是一个只剩下妇女和儿童的城市。接着分析，请你说。

生："走之前，我总得把他们的母亲送去疯人院啊！"我觉得这个"走"还有一层意思，暗示着这个后备役老兵也要牺牲！

师：你认为这个"走"有离开的意思，就是暗示他将从这个世界上永远地离开。太好了！同学们，这个句子里，还有一个词特别有表现力，你们可能没有注意到。"我总得把他们的母亲送去疯人院啊！"作者为什么不说"我总得把我的妻子送去疯人院"而说"他们的母亲"？母亲是一个多么温暖的字眼！母亲受了伤、生了病，理所应当由谁来照顾？

生：孩子。

师：现在有孩子来照顾她吗？

生：没有！

师：没有孩子来照顾，理所应当由谁来照顾？

生：她的丈夫。

师：可是现在她的丈夫也要上战场了，老兵对这位母亲心怀怎样的情感？

生：愧疚。

师：愧疚！不仅对不起这位母亲，更对不起自己死去的三个儿子。多么有表现力的一个称呼啊！谁还有别的发现？

生："'一、二、三……'这个神志不清的老妇人又重复数着。"我觉得神志不清很有表现力，因为三个儿子的去世，母亲变得不正常了！

师：嗯，疯了！神志不清还是说得很委婉的。但是我们发现尽管她疯了，但有一件事情她一直记得清清楚楚——

生：她失去了三个儿子。

师：这样的表现力在文中比比皆是。我还得提醒大家注意一个词，老兵说："我们刚刚失去了三个儿子，他们是在战争中死去的。""死去"这个词特别有表现力，这是作者特殊的一次选择。按照道理，三个儿子为国捐躯应该叫——

生：牺牲。

师：但是，作者为什么没有让老兵说自己的儿子"牺牲"，而只是用了一个很普通的"死去"？看！这就涉及当时的时代背景！这三个儿子为谁去打仗？

生：自己的祖国。

师：自己的祖国。哪个国家？

生：德国！

师：而第一次世界大战和第二次世界大战都是德国挑起的，他们发动的是侵略战争，是非正义的战争。所以在美国作家奥莱尔看来，这三个人的死能不能用"牺牲"？

生：不能。

师：这就是作者的立场和态度。今后我们再读小说，也要像今天这样去关注文章中有表现力的词语或是句子。大家还记得开课前我们读的那一句话吗？

生：每篇好小说都是这个世界的一个谜。

师：每篇好小说都是这个世界的一个谜。这篇小说只给我们留下这样一个谜吗？还有没有别的谜？

生：我心里的谜是那位老兵最后有没有死去！

师：这是一个谜。你看看，这个故事怎样往后发展我们知不知道？这也是一个谜。还有什么谜？

生：几乎看不到一个健壮的男子！这也是谜。

师：这个家庭健壮的男子都去打仗了，而别的家庭的男子呢？我们由这个家庭想到了德国千千万万个家庭，他们的命运又是怎样的呢？这也是一个谜。还有一个最大的谜，文中的老兵也知道自己的孩子在前线死了，那他为什么还要上战场？他杀死的不正是别人的儿子吗？他们为什么不反对战争？！这是一个最大的谜，需要我们每个人去思考。请大家记住，每一篇好的小说——

生：都是这个世界的一个谜！

师：下课！

| 点评 |

　　语文学习的一个重要任务是积累语言，积累是为了运用，运用需要理解，理解需要品味和分析。本课专门用一个环节品析语言，让学生感受本课语言的表现力。值得称道的是这个部分的语言品析，老师并没有孤立地从语言形式、语言风格、语言修辞方面去品析，而是紧紧地结合课文内容让学生着力感受那些词句包含的丰富信息、深刻情感和因果联系。这不仅使学生体会到这些词句运用的精妙，还使学生对课文内容有了深入理解，无论老师引导的对"牺牲""母亲"等词语的品析，还是学生自主对"扫""静得可怕""轮""尽""走"等词语的品析莫不如此。教学从解析一个一个的谜到产生一个新的谜，并回到马尔克"每一篇好的小说都是这个世界的一个谜"这句名言上，形成一个大回环。

───── **总　评** ─────

　　"规定动作"和"自选动作"这两个词汇源自体育比赛，在体操、跳水、花滑、花泳比赛中常用。规定动作必不可少，它规定该做什么，应怎么做，讲究的是动作完成的规格和质量；自选动作由运动员自主确定，确定为什么选择、选择什么，讲究的是动作体现出的创新和价值。用这个概念来表述我们的阅读教学，那么其中"动作"一词所指的就是教学内容及教学方法。一节好的阅读课就是要在规定动作的完成和自选动作的选择方面有过人之处。只有规定动作而没自选动作，按部就班、中规中矩，发展有限，难以形成个人风格；过分关注自选动作而忽视规定动作，本末倒置、迷失根本，贻误学生。规定动作与自选动作要相互联系，相互补充，相得益彰。陈德兵老师《在柏林》一课的教学在这个问题上给了我们很好的启示。

规定动作从哪里来？或者说我们依据什么来"规定"我们的教学"动作"？

第一个依据是课程标准。在课程标准第三学段目标中有这样的表述："阅读中体会作者的思想感情""阅读叙事性作品，了解事件梗概""初步领悟文章的基本表达方法"。结合语文学科"工具性和人文性结合"的特点，可以这么理解，"理解内容"和"学习表达"是阅读教学中最不可或缺的两个基本目标，所以把本课教学中对课文内容的理解，诸如对火车内的环境、故事情节、人物形象以及所反映的思想、情感的体会，还有从表达角度设计的"设谜""解谜"的认知活动就是规定动作。"从课文中找出特别有表现力的词语加以分析"这个环节从实施情况看，紧扣了课标中"能联系上下文和自己的积累，推想课文中有关词句的意思，辨别词语的感情色彩，体会其表达效果"这个表述，可见它也是依据课标的规定动作。

第二个依据是统编教材的编排特点。统编教材是双线编排，突出语文要素。三上有一个"预测"单元，重点是学习训练"一边读一边预测（猜想或推想）事情的发展"的阅读方法。方法的学习是为了运用，什么时候运用？应该是在预测单元的学习以后，所以，当然涵盖六年级本课的阅读教学。那么，在本课教学中预测方法的运用就是规定动作。

第三个依据是单元有关"语文要素"学习重点。本单元的学习重点是认识小说文体，创编生活故事。而"情节、环境、人物形象"三要素是关乎小说文体最基本的知识。关于小说文体有多种表述，有一种是这样的："小说是以刻画人物形象为中心，通过完整的故事情节和环境描写来反映社会生活的文学体裁。"可见，开课伊始教师对小说"三要素"的介绍、通过描写特别是语言描写感受"老妇人""老兵"人物形象、通过感受这两个人物形象和环境描写理解战争给每个家庭带来巨大伤害的社会生活现实，这些教学内容及方法都是规定动作。

第四个依据是课文体裁。不同的体裁表达方式有很大的不同，"学习表达"的具体目标也不同。"阅读叙事作品，能简单描述自己印象最深的场景、人物、细节""阅读说明性文章，能抓住要点，了解课文的基本说明方法"。小说是叙事性体裁，教学中抓住人物神态、动作、语言的描写，对老妇人这个苦难的人物形象进行深入体会感受，并且学习"通过描写表现人物"的写作方法就是规定动作。

自选动作可自由选择。自由选择不是随便选择，选择什么要考虑作用，自选动作应是对规定动作的补充加强；选择什么要考虑联系，自选动作与规定动作毫无联系，那是节外生枝；选择什么要考虑效果，要别出心裁，简便易行，出奇制胜。我们再来欣赏一下陈德兵老师执教《在柏林》一课的自选动作。

认识小说文体的基本特点是本课教学的规定动作，怎么认识这个特点呢？通常情况下是没有现成答案的，执教者以作家马尔克的名言"每篇好的小说都是这个世界的一个谜"为抓手，展开本课的学习。这就是自选动作。这句名言揭示了小说创作及其价值，暗示了作者与读者的关系，说明了小说创作的基本方法，执教者由此设计贯穿教学始终的主干问题，这是一个与规定动作密切联系且极有教学价值的自选动作。

怎么导入新课？也没有确定模式，但尽量激发学生的学习期待是导入新课的基本原则。在学习《在柏林》之前，执教者用欣赏《三封电报》这篇小小说为《在柏林》的教学做热身，小试牛刀，激发兴趣，趣味横生，这是大胆突破并为《在柏林》的教学作了很好铺垫的自选动作。

在阅读教学课中，执教者连续讲了三个相互联系的纯表达的问题："什么时候揭开谜底最合适？什么样的谜底是高明的？什么样的谜面是精彩的？"这个"动作"带有极强的自选色彩。尤其在讲"什么时候揭开谜底最合适？"这个问题时，执教者引导学生广泛取例，充分认知，学生对"在读者猜过三次之后揭开谜底"这个小说创作的"黄金密码"印象深刻，可能终生受用。这是精彩的自选动作。

通过对人物神态描写、动作描写、语言描写的感悟，就能让人充分感受到"老妇人"衰弱疯癫的苦难形象。执教者似乎觉得学生对老妇人的苦难体会得还不够，提出"如果她的三个儿子没有死，她的生活会怎样？"这样一个假设，让假设中的幸福与现实中的悲惨形成对比，进一步加深了学生对老妇人苦难的体会。这个自选动作体现了执教者的智慧。

纵观陈德兵老师《在柏林》一课的教学，除了在阅读教学规定动作和自选动作方面给了我们示范之外，他的教学视野开阔、内容丰富、方法灵动、外拓内收，看似形散实则神聚，该讲的讲、该问的问，接受性学习与探究学习互相切换、结合自然无痕，表现出令人艳美的教学艺术。但是创新的过程往往也是产生新问题的过程，况且教学本就是遗憾的艺术。从来就没有十全十美的课，即使有这样的课，因为欣赏者的素养及看问题的角度不同，也会有不同的声音。在和德兵老师接触的过程中，我非常欣赏他接受探讨、包容批评的雅量，因此我就下面几个问题与德兵老师，也与大家探讨。

第一个是关于马尔克"每篇好小说都是这个世界的一个谜"的基本意思。通俗地讲，小说反映社会生活，好小说就是客观地、深刻地、生动地反映社会生活。这里的"谜"近似于文章的中心思想。《在柏林》的"谜"就是：通过对一列驶出柏林的火车车厢里人物和环境的描写，反映了战争中德国灾难深重的社会生活现实。而在教学中，这里的"谜"的内涵被陈老师丰富发展了，具有了类似"伏笔、暗示、悬念、照应"等表达技法的义项。这当然可以，甚至堪称妙招，但如果在丰富它的内涵时做些铺垫说明，让学生先明白它的基本意思，再来丰富发展它的内涵就更完美了。

第二个是关于语文要素的问题。本单元的语文要素是认识小说文体，因此教学中对小说三要素的认识还可多下些功夫：对沉闷、不和谐的车厢环境，尤其是表面的"一片寂静"所反映的人们内心的焦躁、恐惧、愤怒、无奈的进一步的体会感受；对老妇人反复数一二三这个情节的感受；对并没直接写出的留白情节——三个儿子战死的感受等。老兵应是小说的男一号，其他人都是陪衬，包括老妇人。与老妇人比，老兵是非常坚强的。老兵经受着夫人疯魔的痛苦，还经受着丧子之痛。未来他面临的是枪林弹雨、血流成河、九死一生。承受着这样的苦难，面对着如此险境，老兵没有表现出明显的焦躁、恐惧、愤怒，反而表现出的是从容、理智、坚毅，安排好夫人，毅然赴前线，何其悲壮！何其悲哀！

一堂特色鲜明的好课——这是我对这节课的总体评价。

教出散文的层次

——《匆匆》教学实录及点评

点评：王崧舟

单位：杭州师范大学

一、述说自己的感受

师：请大家认真听老师朗读课文。一边听一边想，这篇散文给你们最突出的感受是什么？（钢琴曲《眼泪》缓缓响起，师有感情地朗读全文。）

师：谁来谈谈，这篇散文给你最突出的感受是什么？

生：我们要珍惜时间，时间很宝贵。

生：时间一去不复返。

生：时间过得很快。

师：第四自然段中有一个词尤其能说明时间过得很快。

生：逃去如飞。

师：同学们的耳朵真灵。现在，请大家赶紧读一读课文，然后说一说，作者是怎样写时间逃去如飞、一去不返的？

（生自由读书，批注，思考。）

师：谁来说说？

生：作者通过写生活中的一些琐事来写时间是怎样飞逝的。

师：比如？

生：洗手、吃饭、睡觉、叹息。

师：说得俗气一点，就是吃喝拉撒睡。

（生笑。）

师：时间看不见、摸不着，当把时间和事情捆绑在一起时，我们就能真真切切感受到了。

生：作者还通过写太阳的变化来写时间逃去如飞。

师：这是一个好办法。

生：在第三自然段，作者用了"跨""飞""溜""闪"这些表示动作很快的动词来写时间逃去如飞，而且怎么也抓不住。

师：读这些词语，让你感觉时间就像什么？

生：像流水。

师：悄然无息。

生：像风。

师：你的想象很独特。

生：像影子。

师：你的想象很有诗意。

生：像天边的飞鸟。

师：有意思！你看他会跨会飞，伶伶俐俐地，真像个可爱的小精灵。我们一起合作读一读这一段，好吗？

师：去的尽管去了，

生：来的尽管来着，

师：去来的中间，

生：又怎样地匆匆呢？

师：早上我起来的时候，

生：小屋里射进两三方斜斜的太阳。

师：太阳他有脚啊，轻轻悄悄地挪移了，

生：我也茫茫然跟着旋转。

师：于是——洗手的时候，

生：日子从水盆里过去；

师：吃饭的时候，

生：日子从饭碗里过去；

师：默默时，

生：便从凝然的双眼前过去；

师：我觉察他去得匆匆了，伸出手遮挽时，

生：他又从遮挽的手边过去；

师：天黑时，我躺在床上，

生：他便伶伶俐俐地从我身上跨过，从我脚边飞走了；

师：等我睁开眼和太阳再见，

生：这算又溜走了一日；

师：我掩着面叹息，

生：但是新来的日子的影儿又开始在叹息里闪过了。

师：大家看，作者就是通过对生活中这些琐事的描写让我们感受到时间是那样来去匆匆。通过这些描写，我们分明感受到作者多么想——（作挽留状。）

生：留住时间。

师：时间留得住吗？

生：留不住！

师：所以作者又发出了这样的感慨——

生：我们的日子为什么一去不复返呢？

师：对啊！作者多么渴望我们的日子能够一去再回！但是可能吗？

生：不可能！

师：你们能不能举例证明时间一去不返？

生：昨天过了星期天，下周再过星期天，已经不是这个星期天了。

生：这节课上完了不可能再同样上这一节课了！

师：很好的两个例子。现在这一秒过去了，还能回来吗？

生：不能。

师：现在这一分钟过去了，还能回来吗？

生：不能。

师：现在一个小时过去了，还能回来吗？

生：不能。

师：我们的童年过去了，还能回来吗？

生：不能。

师：我们的青年过去了，还能回来吗？

生：不能。

师：我们的一生过去了，还能回来吗？

生：不能。

师：我们的生命跟这时光一样，也是一去不返啊！作者知道时光一去不返这个常识吗？

生：知道。

师：那他为什么还要反复追问这个问题呢？他心里是怎么想的呢？

生：他多么希望时间能去而再返啊！

师：作者的心情怎样？

生：对逝去的时光感到无比留恋、惋惜！

师：请看这个句子，你们发现了什么？

【课件出示：燕子去了，有再来的时候；

杨柳枯了，有再青的时候；

桃花谢了，有再开的时候。】

生：这是一个排比句。

生：有三对反义词。

生：这三样事物都能再来。

师：是的。这三样事物都能失而复得。那么作者写时间一去不返与燕子、杨柳、桃花有什么关系呢？

生：对比！

师：形成了强烈的对比！这三者能失而复得而我们的时间却不能！所以

当作者看到燕子去了再来的时候，他心里一定在想：

生：要是我们的时间能和燕子一样一去再返该多好啊！

师：当作者看到杨柳枯了再青的时候，他心里一定在想：

生：要是我们的时间能和杨柳一样一去再返该多好啊！

师：当作者看到谢了的桃花再开的时候，他心里一定在想：

生：要是我们的时间能和桃花一样一去再返该多好啊！

师：请再看大屏幕，我把第一自然段这样排列，你们发现了什么？

生：像一首小诗！

师：对！谁能像朗诵一首小诗一样读读这一段？

（生配乐朗读。）

二、体会作者的心情

师：一般而言，只有老人才会对过去的时间发出感慨。作者写作《匆匆》时多大年龄？

生：二十几岁。

师：你如何得知？

生：课文里有一句："八千多日子已经从我手中溜去了。"意思就是作者从出生到现在已经度过了8000多天了，用8000除以365，大约等于22，所以我推算作者写作《匆匆》时二十多岁。

师：你很会预习！作者1898年出生，1922年写作此文。当时作者24岁不到，就已经对时间发出了如此感慨。但就这8000多日子啊，作者却把它比作——

生："针尖上一滴水"。

师：作者的这24年光阴和时间比较起来——

生：微不足道！

生：简直就是九牛一毛！

师：这个成语用得好！"八千多日子"也只是"针尖上一滴水"。同学们，你们的一生有几滴水？

生：四滴。

（全班笑。）

师：祝你长寿！（转向另一生）你呢？

生：三滴。

师：你用了多少滴？

生：半滴。

师：已经用了六分之一了！你感觉到什么了？

生：生命太短暂了！

师：你和作者一样真切地感受到了生命的短暂易逝。想到这里，作者心情怎样？

生：着急。

生：惶恐。

师：是啊，所以作者说他不禁——

生：头涔涔而泪潸潸了！

师：其实，让作者头涔涔而泪潸潸的不止这些，从文中再找找什么更让作者头涔涔而泪潸潸？

生："在八千多日的匆匆里，除徘徊外，又剩些什么呢？过去的日子如轻烟，被微风吹散了，如薄雾，被初阳蒸融了。我留着些什么痕迹呢？我何曾留着像游丝样的痕迹呢？"作者对自己没有取得任何成绩而深深自责，恨自己虚度了年华。

师：作者想到生命是如此短暂，而自己在二十多年的时光里却什么成就都未取得。此时此刻，他一定在自责，甚至有些悔恨，恨自己没有好好努力。大家还体会到了作者怎样的心情？

生：作者开头和结尾都在问："聪明的，你告诉我，我们的日子为什么一去不复返呢？"其实就是在表达他内心的渴望。

师：没错！开头结尾互相呼应，这种心情表达得更加浓烈。不过，大家有没有觉得同样的问题，作者发问时略有不同呢？

生：我觉得开头问时，作者是真的很迷惑，而到了结尾时，作者似乎已经找到答案了。

师：你的感觉太好了。这就是读散文应有的姿态。大家继续说说。

生："在逃去如飞的日子里，在千门万户的世界里的我能做些什么呢？只有徘徊罢了，只有匆匆罢了。"读到这里，我感觉作者非常无奈，也感觉到作者在恨自己很无能、没有什么本事。

师：是的，此时的作者觉得自己就是这大千世界里的一个凡夫俗子，什么也干不了，什么也抓不住，只能随波逐流混日子。这也是一种痛苦，一种觉醒之后的痛苦。

生："我赤裸裸来到这世界，转眼间也将赤裸裸地回去吧？但不能平的，为什么偏要白白走这一遭啊？"这里我读出了作者的不甘心。他不愿意这样浑浑噩噩过一辈子，不愿意白白过一生。我想，写完这篇文章后，他应该振奋起来了。

师：这一段话里那么多的疑问，那么多的反问，我们分明感觉到作者内心是那么杂乱、那么矛盾，甚至对自己有着诸多不满。下面，我们一起合作读一读。我读问句，你们读答句。

师：（读）在逃去如飞的日子里，在千门万户的世界里的我能做些什么呢？

生：（读）只有徘徊罢了，只有匆匆罢了。

师：（加）我不禁——

生：头涔涔而泪潸潸了！

师：（读）在八千多日的匆匆里，除徘徊外，又剩些什么呢？

生：（读）过去的日子如轻烟，被微风吹散了，如薄雾，被初阳蒸融了。

师：（加）我不禁——

生：头涔涔而泪潸潸了！

师：（读）我留着些什么痕迹呢？

生：（读）我何曾留着像游丝样的痕迹呢？

师：（加）我不禁——

生：头涔涔而泪潸潸了！

师：（读）我赤裸裸来到这世界，转眼间也将赤裸裸地回去吧？

生：（读）但不能平的，为什么偏要白白走这一遭啊？

师："我赤裸裸来到这世界"意思是说我出生时什么也没有带来。那"赤裸裸地回去"呢？

生：离开这个世界时什么也不带走。

（众笑。）

生：（自己纠正）不对不对，是离开这个世界时什么也没有留下。

师：对！这就是作者所说的"不能平的"！大家发现没有，后面这两句的答句都有什么特点？

生：后面这两组问答都是用反问句作答。

师：改成陈述句如何？

生：语气显得很平淡了。

师：我们试试。（读）我留着些什么痕迹呢？

生：（齐说）我连像游丝样的痕迹也没有留着。

师：（读）我赤裸裸来到这世界，转眼间也将赤裸裸地回去吧？

生：（齐说）但不能平的，我不能白白走这一遭啊！

师：意思虽然没有改变，但是那种自责、不甘的情感却大打折扣了！最后这一组问答实际上表达了作者怎样的意思？

生：我可以赤裸裸来到这世界，但是绝不赤裸裸回去！

师：坚决果断！接下来，同桌合作，练习背背这一段吧！

（生练习背诵。）

三、发现作者的矛盾

师：同学们，熟读了朱自清先生的文章，你们没有发现这里面有很多矛盾？

（生静静思考。）

师：谁发现了？

生：我发现作者一方面知道要珍惜时间，但是另一方面又在浪费时间。

师：何以见得？

生：作者一天到晚跟着太阳茫茫然旋转，只是洗手、吃饭、默默、叹息，他应该把时间拿来做点正事呀！

（生鼓掌。）

师：看来你说出了大家的心声。你的确很会思考，抓住了关键！

生：我也觉得作者应该把时间拿来好好学习、好好工作，不要在那儿长吁短叹了！

师：既然知道了要珍惜时间，那就应该拿出实际行动来，对吧？

生：我有一个疑问：作者只要决心去做，有意义的事情很多，可是作者为什么说"我能做些什么呢"？我感觉作者好像很悲观。

师：问得好！

生：我们预习时查了资料，朱自清在写作这篇文章时已经取得了不起的成就了。他发表了很多诗歌，而且只用三年就完成了四年的学业，但他为什么还说自己"连游丝样的痕迹也没有留下"呢？按照作者的想法，取得怎样的成绩才算留下痕迹呢？

生：我补充一点。作为一个 24 岁的年轻人，就算没有取得成绩也是十分正常的呀！朱自清为什么如此苛求自己呢？

师：同学们的问题问得很好，说明大家真正读进去了！我们要读懂作者就必须设身处地，我们要联系作者当时所处的社会背景去思考他。《朱自清传》给了我们很好的解答。有一段话是这么写的。

【课件出示：20 世纪初期的中国积贫积弱，最后一个封建王朝土崩瓦解。孙中山领导的辛亥革命虽然取得胜利，但是各派军阀为了自己的利益明争暗斗，新政权在风雨中飘摇。同时，外国列强对中国虎视眈眈，人民生活在一片水深火热之中。朱自清先生作为一名血气方刚的爱国青年，接受了新文化的洗礼，经历了五四运动的激荡，一心想和志同道合的朋友们一起改变祖国的落后面貌，有一番作为。想当初青年学生们为改变中国的历史面貌满怀激情，奔走呼号，指点江山，激扬文字，风流一时。他们满以为经此狂飙扫荡，祖国河山必然焕发一新，谁知狂潮一退，依然荒滩一片。各系军阀犹如傀儡一般在帝国主义的操纵提调之下，你方唱罢我登场，在中国政治舞台上演出了一幕又一幕的丑剧。返顾南北，无一佳象。面对如此现实，和大多数知识青年一样，朱自清感到惶惶然了。五四的种子在中国土地上并没有开花结果呵！黑夜漫漫，风雨沉沉，光明路径又在何方？他痛苦，他困惑，他迷惘，他失去了人生的方向……他就像一个在深夜迷路的孩子，陷入了无边的黑暗之中。】

师：大家明白了什么？

生：我明白了，原来朱自清先生那么痛苦是因为报国无门呀！

师：好一个报国无门！

生：在朱自清看来，他所做的一切与拯救我们的祖国、改造我们的社会比起来，是微不足道、不值一提的！

生：我感受到朱自清先生那时候因无能为力而产生的痛苦了！

师：是啊！作者那诗意的文字背后隐藏的是一颗痛苦的心灵啊！难道他不知道时间是一去不返的吗？

生：知道。

师：难道作者愿意把时间浪费在吃喝拉撒、长吁短叹中吗？

生：不愿意！

师：是啊！作者多么想努力、想奋进啊！但是——

生：他却不知道该怎么做！

师：这就是那一代青年知识分子共同的写照啊！他们期望有一番作为，但是却无从做起。"现在看不清，将来望不见，既不愿随波逐流，又无力逆潮而上"，那是怎样的苦闷和彷徨呀！让我们捧起书本，再次去感受作者的内心！

（生在钢琴曲《眼泪》中诵读全文。）

四、揣摩文章的写法

师：这篇文章如此短小，为何一问世就被广为传诵呢？除了文章里面饱含的情感引起了大家的共鸣，文章的写法也获得了学者们的高度称赞。接下来，我们好好揣摩揣摩朱自清先生是怎样把自己微妙的内心世界写得如此细腻如此动人的。

生：我觉得朱自清先生最成功的做法是把自己内心的感受和捉摸不定的时间紧紧联系在了一起，而又通过生活琐事把看不见摸不着的时间写具体了。

师：你总结得太好了！的确是。以前我们读散文，作者都是把情感寄托在具体的事物上，比如《走月亮》，就是把情感寄托在——

生：月亮上。

师：《父爱如舟》，是把情感寄托在——

生：小船上。

师：但是《匆匆》不同，他把情感融在——

生：时间里。

师：看似很虚的时间却恰好与作者飘忽不定、矛盾反复的心情特别吻合。大家还揣摩到了什么？

生：朱自清先生还善于拿身边的事物来反衬自己的感情。

师：比如——

生：拿燕子、桃花、杨柳等事物来对比，表达自己对时间去而能返的渴望。

师：这些事物本身就是诗歌里常用的意象，特别容易唤起读者的情感，比如"无可奈何花落去，似曾相识燕归来"，比如"人面不知何处去，桃花依旧笑春风"，比如"草长莺飞二月天，拂堤杨柳醉春烟"。拿这些美好的、去而能返的事物来对比时光一去不返，作者的惆怅就可想而知了。

生：朱自清先生还通过写自己的生活琐事来突出自己的碌碌无为，从而表达出了自责。

师：是的，朱自清先生的生活肯定远远不止这些，但是他很讲究选材。如果朱自清先生写自己怎样努力奋斗、怎样刻苦学习、怎样认真工作，就达不到这样的效果了！或者说，这篇文章就根本不会诞生了。是吗？

生：是。

师：我们继续交流。

生：我发现文中有很多很多的问句，仿佛是朱自清先生在向别人求助，又仿佛在跟别人对话，其实，他是在跟自己对话，这样的句式能写出朱自清先生内心的犹豫、挣扎。

师：选择什么样的句式真的很关键，同学们的发现很了不起！

生：朱自清先生将自己度过的时间比作针尖上的一滴水，又将这一滴水和时间的大海相比，突出了他内心的恐慌。

师：同样是比喻，我们却怎么也想不出这样夸张的比喻，因此也就没法形成悬殊的对比。选择的喻体不一样，后面藏着的情感也就不一样。

师：朱自清先生的散文，独特之处就在这里。我将他的另外两篇代表作《春》《背影》印给大家，请同学们读后感受一下朱自清通过什么方法抒发了怎样的感情。好吗？

生：好。

师：下课。

点 评

歌德说过："内容人人看得见，涵义只有有心人得之，而形式对于大多数人是一个秘密。"这话从另一个角度理解似在提醒我们，事实上文本存在三个层次：内容、涵义、形式。内容是文本的肌理层，通过直觉即可把握，所谓触目即是；涵义是文本的脏腑层，通过思考才能把握，所谓研精致思；形式是文本的骨架层，通过抽象才能把握，所谓长辔远御。

陈德兵老师执教的《匆匆》一课正是依循这样三个层次展开。从对《匆匆》这一文本的内容把握切入，引向对《匆匆》涵义的体察，最终抵达文本的表达形式，引导学生把握看不见的文本秘妙。

聆听课文朗读之后的畅谈感受，即是对文本肌理层的把握。在这一层次的阅读上，无论是让学生说说最突出的感受，还是提取写时间匆匆的各种相关信息，抑或是改变文章开头语言的排列形式，都意在唤醒学生对文本的原初印象、直感体验。从学生的反馈结果来看，他们确实能真切、自如地看见处于文本肌理层的内容。当然，这也是最浅层次的把握。

对文字背后所蕴含的作者心情的体会，以及字里行间充满的各种思想矛盾、情感冲突的觉察，则是对文本脏腑层的把握，这也是本单元要落实的语文要素——"体会文章是怎样表达情感的"。对于文章情感（涵义）的把握，执教者的设计与实施颇为精心、颇见功夫。第一步，由生命的短暂易逝体会到作者的紧张与惶恐；第二步，由生活的"碌碌无为"体会到作者的自责与悔恨；第三步，由结尾的一连串设问与反问体会到作者的不甘与觉醒；第四步，由隐藏更深的几对矛盾的发现，借助拓展资料，联系创作背景，体会到由大时代造成的更深一层的心情——迷茫与苦闷。整个板块教学中，执教者顺应学情、因势利导、巧设支架、尊重发现，学生学有所思、读有所悟、见所未见、发所未发，整堂课取得了非常理想的教学效果。

揣摩文章写法，探究表达秘妙，则是对文本骨架层的把握。由于前两层学得充分、读得饱满，这一层的学习反而显得水到渠成、瓜熟蒂落。执教者搭建开放互动的交流平台，在让学中促学，在助学中砺学，最终成就学生对文本个性化表达手法的一种深度体验与把握。

散文的行云流水与教学的层层递进和谐交织、互动互融，成了此课最亮丽的一道风景线。

追求理趣智趣情趣　培养良好思维品质
—《为人民服务》教学实录及点评

点评：孙世梅

单位：吉林省教育学院

师：今天，我们一起学习毛泽东主席的一篇著名的文章——

生：《为人民服务》。

师：请大家把课本翻开，读读课后的资料袋，了解一下这篇文章的写作背景。

【课件出示：《为人民服务》是 1944 年 9 月 8 日毛泽东在中共中央警备团追悼张思德会议上作的演讲。张思德出生在四川省仪陇县一个穷苦农民家庭。1933 年参加中国工农红军，经历长征，负过伤。1937 年加入中国共产党，曾经担任过中央警备团警卫班长和毛泽东的卫士。1944 年 9 月 5 日，他带领战士在陕北安塞县执行烧炭任务时，即将挖成的窑洞突然塌方，他奋力把战友推出洞去，自己却被埋在窑洞里，牺牲时年仅 29 岁。毛泽东在演讲中，号召全党全军向他学习。】

（指名朗读资料袋。）

师：张思德因为什么而牺牲？

生：在执行烧炭任务时，窑洞突然塌方。

师：他有没有机会逃出去？

生：有。但是他把战友推出洞去，自己牺牲了。

师：你能用一个什么成语形容他？

生：舍己为人。

师：很好，批注在资料袋旁。

（生批注。）

师：《为人民服务》是毛主席在张思德同志的追悼会上即兴发表的一篇演讲。如果按照文体来分，它属于议论文的范畴。学习之前，我们先来认识一下书中的几个人物。

【课件出示：司马迁，中国西汉时期著名的文学家和历史学家，著有《史记》。

李鼎铭，陕西米脂人，开明绅士。他在 1941 年 11 月陕甘宁边区第二届参议会上提出"精兵简政"的提案，并在这次会议上当选为陕甘宁边区政府副主席。】

（生读。）

师：不错，读得很流利。课文里的这几个词语我们要积累下来。请齐读一遍。

【课件出示：泰山：山名，在山东省。古人以泰山为高山的代表，常用来比喻敬仰的人和重大的、有价值的事物。

鸿毛：大雁的毛，比喻事物微不足道。

追悼：指的是怀念死者，表示哀悼的意思。

精兵简政：缩小机构，精简人员。

死得其所：形容死得有意义，有价值。

五湖四海：泛指全国各地。联系上下文，可理解为革命队伍的人来自全国各地，四面八方。】

（生齐读。）

师：现在，请大家把书捧起来，自由地、大声地朗读一遍课文。

（生自由读课文。）

| 点评 |

　　链接"资料袋",充分考虑到学生学习议论文的难点。了解文章的写作背景可以拉近学生与文本的距离,为学生体会文章所要表达的主题打下基础。基于学情的预测,引导学生了解文中涉及的人物、理解并积累重点词语,扫清阅读障碍,为接下来的阅读、理解、感受做好铺垫。

　　师:议论文就是表达自己观点的文章。下面请同学们默读课文,用横线画出全文的中心论点,也就是毛主席在这篇演讲里想要表达的主要意思是什么。

　　(生独立思考。)

　　师:大家在小组内商量一下,看看你们小组的答案是否统一。

　　(生小组讨论。)

　　师:谁来说说你找到的中心论点?

　　生:我认为中心论点在第一自然段。"我们这个队伍完全是为着解放人民的,是彻底地为人民的利益工作的。"这是全文的中心论点。

　　师:你的理由是什么?

　　生:这篇文章就是强调共产党人要为了人民的利益去工作。

　　生:我找的也是这一句。我的理由是:毛主席写的这篇文章里出现了很多次"为人民",他说的这些话都是有利于人民的。所以,我认为是围绕这句话来写的。

　　师:的确,"为人民"这三个字在文中出现了很多次。最关键的是,你们看题目是什么?

　　生:为人民服务。

　　师:这就是中心论点,所以我同意刚才两位同学的答案。请大家画出这个句子,并在句子旁批上"中心论点"。

　　(生批注。)

　　师:请同学们把中心论点齐读一遍。

（生齐读。）

师：这个句子里有两个词语非常关键，你们觉得是哪两个？

生：我觉得是"完全"和"彻底"。

师：为什么？

生：完全就是百分之百，强调不能有私心杂念；彻底就是从头到尾都是为人民服务，中间不会发生改变。

师：说得好！我们再把中心论点齐读一遍。

（生齐读。）

师：为了说明这个中心论点，毛主席又从四个方面加以论述。默读课文想一想，毛主席是从哪四个方面来论述的。

【课件出示：为了更好地为人民服务，毛主席又从怎样对待＿＿＿＿、怎样对待＿＿＿＿、怎样对待＿＿＿＿、怎样对待＿＿＿＿四个方面加以论述。】

（生默读、思考。）

师：现在我们来交流一下。

生：毛主席是分别从怎样对待死亡、怎样对待批评、怎样对待革命、怎样对待战士四个方面来论述的。

生：我觉得第三个方面不是怎样对待革命，而是怎样对待困难。

师：我也觉得"对待革命"太笼统了，我同意你说的"怎样对待困难"。

生：第四个方面，我觉得应该是怎样对待老百姓。

生：我觉得是怎样对待人民的意见。

师：对自己人，我们不妨统称为"同志"，所以可以概括为"怎样对待同志"。好的，我们来小结一下，为了更好地为人民服务，毛主席又从怎样对待生死、怎样对待批评、怎样对待困难、怎样对待同志这四个方面加以论述。

（师板书：对待生死　对待批评　对待困难　对待同志）

师：这四个，我们可以称之为分论点，它们是为中心论点服务的。

【课件出示：中心论点：完全、彻底为人民服务

分论点一：怎样对待生死　　　　　　　分论点二：怎样对待批评

分论点三：怎样对待困难　　　　　　分论点四：怎样对待同志】

师：下面我们再回到课文中去。针对这四个分论点画出毛主席表达这个观点的句子。怎样对待生死，毛主席是怎么说的？怎样对待批评，毛主席是怎么说的？……

（生思考，画句子。）

师：好，哪位同学来汇报一下，怎样对待生死？

生：毛主席的观点是：为人民利益而死，就比泰山还重；替法西斯卖力，替剥削人民和压迫人民的人去死，就比鸿毛还轻。

师：很正确，请坐。怎样对待批评呢？

生：我画的句子是：你说的办法对人民有好处，我们就照你的办。

生：我不同意。我觉得毛主席的意思是：因为我们是为人民服务的，所以，我们如果有缺点就不怕别人批评指出。我们应该欢迎别人批评。

师：对！不要怕批评，这是毛主席的观点。那怎样对待困难？

生：我们的同志在困难的时候要看到成绩，要看到光明，要看到希望，要提高我们的勇气。

师：是的，就是说不要被困难吓倒了。怎样对待同志呢？

生：我们的干部要关心每一个战士，一切革命队伍的人都要互相关心，互相爱护，互相帮助。

师：没错！下面咱们来一次合作，根据我的问题请你们齐读出相应的句子。为了更好地为人民服务，我们应该怎样对待困难？

生：我们的同志在困难的时候要看到成绩，要看到光明，要看到希望，要提高我们的勇气。

师：为了更好地为人民服务，我们应该怎样对待批评？

生：因为我们是为人民服务的，所以，我们如果有缺点就不怕别人批评指出。

师：为了更好地为人民服务，我们应该怎样对待生死？

生：为人民利益而死，就比泰山还重；替法西斯卖力，替剥削人民和压迫人民的人去死，就比鸿毛还轻。

师：为了更好地为人民服务，我们应该怎样对待同志？

生：我们的干部要关心每一个战士，一切革命队伍的人都要互相关心，互相爱护，互相帮助。

| **点评** |

从学生默读寻找论点，到师生讨论梳理分论点，再到教师引读感受论点，教学过程层层深入，教师在引导学生厘清文章思想脉络的同时，作者所要表达的核心思想在学生的心中也渐渐清晰起来。抓住关键词"完全"和"彻底"的理解，使学生对中心论点的感受更加深入。

师：毛主席在发表这篇演讲时一定饱含着深情。请大家到课文中去品一品，说说你们感受到了毛主席对谁，有着什么样的感情。

（生默读、思考。）

师：谁来说说？

生：我体会到了毛主席对张思德同志的怀念之情。这个追悼会就是为张思德同志开的，他对张思德同志给予了很高的评价。张思德同志牺牲，毛主席心里一定是很难过的，一定很舍不得这样一位好同志。毛主席最后说用开追悼会这样的方式寄托我们的哀思，那么这场追悼会就寄托了毛主席和大家对张思德同志的哀思。

师：这是对张思德同志的沉痛悼念之情。

生：我体会到了毛主席对李鼎铭先生的感激之情。毛主席特别提到了李鼎铭先生"精兵简政"的意见。因为意见提得很好，所以采用了，对这样的人，毛主席肯定充满了感激之情。

师：对人民有好处，当然要感激。如果帮助我们党和军队改正了缺点，我们就更要感激。

生：我体会到了毛主席战士们的关心之情。毛主席说："我们的干部要关心每一个战士，一切革命队伍的人都要互相关心，互相爱护，互相帮助。"战士们得到干部的关心，得到身边同志的关心、爱护、帮助，就会过得很幸福。

师：没错，我们革命的目的就是要让每一个人都过上幸福的生活。

生：我还体会到了毛主席对全国人民的热爱之情。全篇文章都在谈"为人民服务"，就是要让人民过上好日子，这是因为毛主席热爱人民，所以他才把人民群众放在最最重要的位置。

师：主席爱人民，人民也爱主席。谁把人民放在心里，人民也就把谁放在心里。我们来小结一下，大家一起读一读——

【课件出示：对张思德：沉痛悼念

对李鼎铭：十分感谢

对战士们：关心爱护

对人民群众：热爱关切】

| 点评 |

　　议论文的说理性很强，但说理的同时也是有情感、有温度的。教师引导学生再读文本，并发散性地品一品作者运用文字表现了对谁的怎样的深情，促使学生在读懂思想观点的同时，受到情感的熏陶与濡染。

（生齐读。）

师：议论文除了明确地表达作者的观点，还特别讲究议论的方法，只有方法对了，才能让作者的观点有说服力，让别人信服。下面我们到文中去寻找、去琢磨，看一看毛主席在表明观点时运用了哪些论述方法。

生：请大家看到第二段，毛主席举了一个例子。他说，中国古时候有个文学家叫作司马迁的说过，人固有一死，或重于泰山，或轻于鸿毛。这是一句名人名言。

师：名人名言，那就不叫举例子了，那叫什么？引用名言。（板书：引用名言）当自己的观点很难说服别人的时候，我们就引用名人的观点来证明这样说是对的。

生：请大家看到第三段，"'精兵简政'这一条意见，就是党外人士李鼎铭先生提出来的；他提得好，对人民有好处，我们就采用了。"我觉得这里用的是举例子的方法。

师：对！关于怎样对待别人的意见，李鼎铭先生是这样说的，我们就采纳了。这就叫举例论证。（板书：举例论证）

生：请大家看到第四自然段，"我们的同志在困难的时候要看到成绩，要看到光明，要看到希望，要提高我们的勇气。"这里用了排比的句式，说明革命斗争并不是一帆风顺的。

师：运用排比。在议论文里，特别是演讲文里，排比句可以增强演讲的气势。（板书：运用排比）作者还运用了什么方法？

（生想不出来，师提示。）

师：请大家看到第二自然段，怎样对待生死？毛主席说，为人民利益而死怎么样，替法西斯卖力怎么样，这是一种什么样的方法？

生：这是强烈的对比。

师：是的，这叫对比论证。（板书：对比论证）为了发表自己的观点，有时候先从正面说，再从反面说，这样一对比就很清楚了。请问还有别的方法吗？

（生想不出来了。）

师：作者在演讲时还注意了前后呼应。（板书：前后呼应）你们发现了吗？

生：文章始终都是围绕着为人民服务来谈的。

生：前面第二段讲到了怎样对待生死，后面第四段又说"为人民而死，就是死得其所"，这也是前后呼应。

师：对！还有一点大家可能没有注意到，议论文非常讲究逻辑。你不能歪说，要层层递进。这个时候关联词就特别重要。毛主席在演讲时就运用了大量的关联词。

【课件出示：（　　）我们是为人民服务的，（　　　），我们（　　）有缺点，（　　）不怕别人批评指出。（　　　）是什么人，谁向我们指出（　　　）行。（　　）你说得对，我们（　　　）改正。你说的办法对人民有好处，我们（　　）照你的办。

（　　）我们为人民的利益坚持好的，为人民的利益改正错的，我们这个队伍（　　）一定会兴旺起来。】

师：这段话，你们能把关联词补充完整吗？

生：（因为）我们是为人民服务的，（所以），我们（如果）有缺点，（就）不怕别人批评指出。（不管）是什么人，谁向我们指出（都）行。（只要）你说得对，我们（就）改正。你说的办法对人民有好处，我们（就）照你的办。

师：很正确！第二句怎么填？

生：（如果）我们为人民的利益坚持好的，为人民的利益改正错的，我们这个队伍（就）一定会兴旺起来。

师：句子通不通顺？

生：通顺。

师：通顺是通顺，但让人感觉不到一种坚定的力量。还可以怎么填？

生：（只要）我们为人民的利益坚持好的，为人民的利益改正错的，我们这个队伍（就）一定会兴旺起来。

师：好，我们把这两段话读一读，读的时候要留意关联词。

（生齐读。）

│ 点评 │

在议论文的学习中，了解作者所表达的观点是对文本内容的关注，而感知作者是如何将观点阐述清楚的是对文本形式的探究。教师的引导，把学生从内容层面的感受带入到方法层面的感知，通过自主发现、点拨指导，填写关联词语等策略，帮助学生习得表述观点的方法，进而培养、提升学生语言建构与运用的能力。

师：现在，谁能对着黑板把我们今天的学习内容小结一下？

生：今天我们学习的是毛主席的一篇演讲稿，中心论点是为人民服务。

为了说明这个中心论点，毛主席从怎样对待生死、怎样对待批评、怎样对待困难、怎样对待同志这四个方面加以论述。通过学习，我们还学会了几种论述方法，有引用名言、举例论证、运用排比、对比论证、前后呼应。

师：你总结得很完整，很全面，不过呢，感觉有一点"说大话了"。你说你们已经学会了，那倒不一定。我们今天只是认识了这些方法，了解了这些方法，至于是不是真的学会了，还得靠今后在生活中、在写作中去运用、去实践、去检验。好，这节课就上到这里，下课。

总　评

《为人民服务》是小学阶段议论文的代表作，其语言风格与以往的叙事、抒情类文章截然不同。而怎样化难为易，引导学生在理解内容的基础上感受其独特的表达方式，是这类文体教学的重点。

聚焦关键词句，读懂文章内容

议论文包括论点、论据、论述三要素，阅读中只有抓住了中心观点，才算是抓住了文章的核心。陈老师首先引导学生找到文章的中心观点，再通过抓住关键词"完全""彻底"来加深学生对中心论点的感受，然后进一步引导学生发现文章的四个分论点，使学生在厘清作者思想脉络的同时，对作者所要表达的观点有了更加具体而深刻的认识。在梳理论点的时候，思维过程相较于问题结论更有价值，所以教师不断地启发学生："认为这是中心论点，你的理由是什么？"教师以此来训练学生的思维，培养学生有理有据地表达自己观点的能力。

关注语言形式，感受论述方法

小学生学习议论文不能很好地掌握论述方法，但是在学习过程中关注议论文的语言形式，揣摩、体会、赏析其表达方法，则有助于学生接近议论文的要义，为将来的学习奠定基础。陈老师在引领学生读懂内容的基础上，着重引导学生去发现作者所运用的论述方法："引用名言""举例论证""运用排比""对比论证""前后呼应""讲求逻辑"……教师没有过高地设定关于论述方法的学习目标，而是以学生自主发现为主、教师引导探究为辅，促进学生对论述方法的初步感知，对议论文这种文体所包含的语文要素进行了适切的、符合小学阶段特点的处理。

巧妙设疑释疑，启发学生思考

陈老师在课堂教学中善于捕捉学生发言中的生成性资源进行追问。比如"你想用一个什么成语形容他?""你的理由是什么?""通顺是通顺，但让人感觉不到一种坚定的力量。还可以怎么填?"等。这样的问题不仅指向内容的理解，更关照语言文字的表达形式。这些问题在引发学生深入思考的同时，也在培养其怀疑、求证的科学精神。有思维含量的课堂，因其能够不断唤起学生的学习期待，注重培养学生形成良好的思维品质而更具张力，更显教师的功力。

总之，陈老师的教学聚焦重点，思路清晰，如同议论文的结构有着内在的严密逻辑，而教学的过程又不刻意为之，启发学生时做到了不着痕迹，自然而然，扎实且灵动，使得这节议论文的教学充满了理趣、智趣与情趣。

教学设计

遵循规律　趣味教学

——《比尾巴》教学设计

教学目标

1. 会认"比、尾、巴、谁、长、短、把、伞、兔、最、公"11 个生字，会写"长、比、巴、把"4 个生字，认识提手旁、八字头这两个偏旁和竖提这个新笔画。

2. 正确、流利地朗读课文，背诵课文。

3. 理解课文内容，知道六种小动物尾巴的特点。

4. 学习用一问一答的句式说话，模仿课文进行儿歌的创编。

教学重难点

1. 会认 11 个生字，会写 4 个生字。

2. 学习用一问一答的句式说话。

教学准备

制作课件

教学过程

一、激趣导入，朗读课文

1. 激趣导入：同学们，今天，我们一起到动物园去看一场比赛好吗？

【课件出示：小机灵动物园尾巴比赛大会】

动物们今天要举行什么比赛呀？看，参加比赛的选手们要登场啦！我们跟他们打个招呼吧？

（师——板贴动物图片。生——说出他们的名字。）

2. 拼读音节：谁能把选手的名字拼读出来？拼读出来的同学有资格把拼音贴到动物图片下面。

（师——出示拼音卡片：hóu zi　tù zi　sōng shǔ　gōng jī　yā zi　kǒng què）

3. 朗读课文：比赛的结果怎么样？我们赶紧打开课本读一读课文吧！

（1）自由朗读课文 3 遍。

（2）指名朗读，相机评议，重点指导轻声词语的读法。

（3）读给同桌听。发现同桌朗读有错误，及时指出。

（4）全班齐读。加上节奏齐读。

（5）师生合作读：师读第一、三节，生读第二、四节。

（6）师生合作读：师问一句，生答一句。

（7）同桌互问互答。

（8）尝试背诵。

| 设计意图 |

通过一场比赛引入新课，能够吸引住学生们的注意力，很快将他们带入学习的情境。拼读动物名称是对汉语拼音的复习和巩固。朗读课文分八个步骤推进，层层落实，绝不走过场。这样，学生的朗读能力会得到有效提高。在朗读的过程中，学生还反复与生字见面，就是在语言环境中识字；在朗读的过程中，学生对这样规范的语言熟读成诵，就是在积累语言；在朗读的过程中，学生还在无形中锻炼语感。可谓一举多得。

二、读词识字，认识偏旁

1. 认读词语。

（1）请同学们自由认读屏幕上的词语。

> 尾巴　猴子　兔子　松鼠
>
> 谁的　公鸡　鸭子　孔雀
>
> 长长的　短短的　弯弯的　扁扁的
>
> 一把伞　最好看

（2）同桌互相检查。

（3）开火车读。

（4）全班齐读。

2. 认读生字。

（1）课件出示生字，学生自由认读。

（2）同桌拿出生字卡片，互相指读。

（3）生字猜读：老师将生字卡片对折，请学生猜认这是我们这篇课文里的哪个生字。例如：

（4）生字组词：谁能用这几个生字分别组更多的词语？

最（最高）（最小）（最美）　　短（长短）（短处）（短尺）

把（一把）（火把）（把手）　　公（公平）（办公）（公正）

（5）生字溯源：教师讲解几个生字的字源和演变过程，增加学生对生字的认识和理解。

尾：这个字由两部分组成，上边是一个高大的人，这个人为了表演舞蹈或者参加敬神等活动，在身后系上了动物尾巴一样的装饰。

长："长"的甲骨文是这样：底下是一个挂拐杖的老人，上面是老人长长的头发。古人用这个表示"长"的意思。

鼠："鼠"的小篆写成这样：上面突出老鼠的牙齿，下边突出它的四条腿和一条长长的尾巴。

兔："兔"的古代字形是这样的：，多像一只长耳、短尾、灵活的小兔子！后来小篆演变成：，已经接近今天的字形了。

3. 认识偏旁。

（1）认识提手旁。提手旁小篆写作这样：，像五个手指张开的形状，现在写成这样，是手的变形。但凡提手旁的字都与手的动作有关。

（2）认识八字头。

| 设计意图 |

　　本环节识字教学分四个步骤进行：首先是词语认读，在词语中识字；接着是单独识字，将生字从语言环境中剥离出来，强化识记；然后是猜字游戏，遮住生字的某一部分让学生来猜，这是利用了知觉的理解性原则，学生看到生字的一部分，自然在脑海里还原出整个字的模样，以便猜出这个生字，这是一种很有效的识字形式；最后是少数生字的字源补充，深化学生对生字的认识。字源的渗透是传统文化的一种传承，但要符合造字的原理。应多参考权威的学术著作，不能自己随意发挥。

三、学习写字，认识竖提

1. 教师示范。同学们，这节课我们要学写五个字。请大家看老师书写。

长：第一笔是短撇，要注意角度；第二笔长横，写在横中线上；第三笔叫竖提，在竖中线左侧，与竖中线平行，竖要写得挺拔，提不要太长；第四笔捺，从二、三笔交叉点起笔，斜向右下格捺出，捺要写得舒展。

比：左右结构，左小右大。第一笔短横，略上扬，写在横中线上；第二笔竖提，竖要短一点；第三笔短撇，在右上格；第四笔竖弯钩，起笔在竖中线上，比第二笔起笔略高，竖要长一点，弯的角度不能太大。

巴：第一笔横折，横略上扬，折在右上格，紧靠竖中线；第二笔短竖，在横折中点起笔；第三笔短横，在横中线上，与第一笔横折的横平行；第四笔竖弯钩，要写得舒展，弯要达到右下格中部再往上钩。

把：左右结构，左窄右宽，左长右短，右边巴的末笔在竖中线上起笔。

2. 学生书写。每个字在田字格中描红两遍、临写一遍。提醒学生注意双姿。

3. 展示评议。挑选有代表性的书写在投影上展示，师生共同评议。

4. 学生书写。每个字在田字格本上各写两遍。

| 设计意图 |

　　在低年级语文教学中，教师的示范就是最好的指导。教师的指导抓住主笔进行可得事半功倍之效，比如：长的主笔是竖提，巴的主笔是竖弯钩。学习写字还需要学生的反复练习，所以要给学生留出充分的时间。描红要扎扎实实，这对学生理解笔画的位置大有裨益。教师的点评不能走过场，要针对学生书写中存在的问题提出可操作的改进意见。

四、拓展认识，体验创作

1. 回顾课文。动物们比尾巴的结果怎样？谁得了冠军？

2. 体验创作。

（1）动物园里，这一群动物在比尾巴，还有一群动物在比耳朵呢！请看——

（2）课件出示动物图，着重突出动物的耳朵。

（3）你能模仿课文编一节儿歌吗？

预设：谁的耳朵尖？

谁的耳朵圆？

谁的耳朵好像一把扇？

谁的耳朵长？

谁的耳朵短？

谁的耳朵软绵绵？

（4）读一读同学们创作的儿歌。

|设计意图|

这个环节是课文的拓展，由比尾巴拓展到比耳朵，学生的学习兴趣会被再次激发起来。同时，对课文的仿说是极好的语言运用训练。学生在前面学习到的本领马上就可以用得上，会得到一种成功感，这种成功感能激励学生继续接受更大的挑战，且更热爱语文学习。当然，这种拓展也可以不局限于动物之间的比较，可以延伸到其他的事物。

|板书设计|

6 比尾巴	
猴子图	公鸡图
兔子图	鸭子图
松鼠图	孔雀图

形式活泼　学习语言

——《识字5　动物儿歌》教学设计

教学目标

1. 认识"蜻、蜓、迷、藏、造、蚂、蚁、食、粮、蜘、蛛、网"等 12 个生字，会写"间、迷、造、运、池、欢、网"等 7 个生字。

2. 正确、流利地朗读课文，背诵儿歌。

3. 积累本课衍生出来的四字词语。

教学重难点

1. 会认 12 个生字，会写 7 个生字。

2. 正确、流利地朗读课文。

教学准备

制作简易课件、拼音卡片、词语卡片

教学过程

一、创设情境，导入新课

1. 同学们，今天，花仙子要带我们去美丽的乡村玩一玩，大家愿意吗？

2. 花仙子要带领我们去认识六个新朋友，来，跟他们打打招呼吧！

3. 教师板贴拼音卡片，学生拼读。

qīng tíng   hú dié   qiū yǐn   mǎ yǐ   kē dǒu   zhī zhū

4. 谁能将他们和名字连起来？

教师展示六张动物图片，学生将动物图片摆在对应的拼音下面。

5. 这六个新朋友的名字是这样写的，谁能把他们的名字贴到图片下面？

教师出示六张词语卡片，学生猜认，然后贴到动物图片下面。

6. 这些朋友的名字，你们是怎么认识的？

7. 学生回答。教师小结：这六个朋友的名字都是形声字。在古人眼中，他们都是昆虫类动物，所以古人造字的时候，他们的名字都带有"虫字旁"。

8. 齐读词语。

| 设计意图 |

创设童话情境复习拼音。将识字与识物结合起来。将文字与图片对应起来，与一上最后一课的猜读有异曲同工之妙。

二、借助拼音朗读课文

1. 在美丽的乡村，这些动物们都在忙什么呢？我们一起到课文里去看看吧！

2. 学生借助拼音把课文读正确。

3. 指名读课文，相机指导，纠正读音。

预设：（1）展翅，两个字都是翘舌音。

（2）捉迷藏，"捉"是翘舌音，"藏"是平舌音、后鼻音。

（3）造宫殿，"造"是平舌音。

（4）运食粮，"食"是翘舌音，"粮"是后鼻音。

（5）房前，"房"是后鼻音。

（6）结网忙，"网"和"忙"都是后鼻音。

4. 读给同桌听，互相评一评。

5. 全班齐读。

| 设计意图 |

　　抓住重难点，指导将字音读准。同桌互听，发挥小组互帮互助的作用。

三、师生问答，熟读课文

1. 同学们，你们看，这首儿歌老师这样排列，你们发现了什么？

蜻蜓	半空	展翅飞，
蝴蝶	花间	捉迷藏。
蚯蚓	土里	造宫殿，
蚂蚁	地上	运食粮。
蝌蚪	池中	游得欢，
蜘蛛	房前	结网忙。

2. 学生思考，交流。老师小结：每句儿歌七个字，前面两个字是说谁，中间两个字是说在哪里，后面三个字是说在干什么。

3. 师生问答。蜻蜓半空干什么？蝴蝶花间干什么？蚯蚓土里干什么？蚂蚁地上干什么？蝌蚪池中干什么？蜘蛛房前干什么？

4. 师生问答。蜻蜓哪里展翅飞？蝴蝶哪里捉迷藏？蚯蚓哪里造宫殿？蚂蚁哪里运食粮？蝌蚪哪里游得欢？蜘蛛哪里结网忙？

5. 师生问答。谁在半空展翅飞？谁在花间捉迷藏？谁在土里造宫殿？谁在地上运食粮？谁在池中游得欢？谁在房前结网忙？

6. 全班齐读。

| 设计意图 |

　　引导学生发现句子构造规律，反复问答朗读，不断加深学生对课文的印象和理解，同时反复与生字见面。

四、对比朗读，感受音韵

1. 这些小动物为了美好的生活，多么忙碌、多么勤劳！下面，我们调换一下顺序读一读，大家看看有什么区别！课件出示调换顺序课文——

> 蝴蝶花间捉迷藏，蜻蜓半空展翅飞。
> 蚂蚁地上运食粮，蚯蚓土里造宫殿。
> 蜘蛛房前结网忙，蝌蚪池中游得欢。

2. 学生讨论、交流。教师小结：原文押韵，读起来更有味道。

3. 同桌拍手读儿歌。

4. 同学们，这首儿歌里还隐藏着很多四字词语呢！来，一起读一读！

【课件出示四字词语：蜻蜓展翅　蝴蝶飞舞　蚯蚓松土　蚂蚁搬家　蝌蚪游水　蜘蛛结网】

（全班齐读。）

5. 老师读四字词，学生读原文。简单说说四字词与原文的区别。

6. 明明是运粮食，课文里为什么说运食粮呢？

7. 学生讨论交流。

8. 全班齐读课文。

9. 尝试背诵课文。

| 设计意图 |

通过与原文的比较，引导学生发现课文押韵的特点，这是重要的语感训练。四字词语与原文的比较是对课文的巧妙理解。食粮与粮食的比较，进一步巩固押韵的认识。

五、巩固识字，指导写字

1. 同学们非常认真，这么快就背下了课文。下面，我们一起来玩个猜字游戏：老师将这课的生字卡片对折起来，只露出一半，看看大家还能不能把这些字猜出来。

2. 教师出示对折生字卡片，学生猜认。

3. 本课中六个"新朋友"都是虫字旁，你们还知道哪些虫字旁的字？

4. 学生交流。

5. 出示新儿歌，请学生朗读。

虫儿的歌	螳螂
什么虫儿嗡嗡嗡？	螳螂哥，螳螂哥，
什么虫儿提灯笼？	肚儿大，吃得多。
什么虫儿爱跳舞？	飞飞能把粉蝶捕，
什么虫儿吃害虫？	跳跳能把螳虫捉。
蜜蜂飞来嗡嗡嗡，	两把大刀舞起来，
萤火虫儿提灯笼，	一只害虫不放过。
花儿蝴蝶爱跳舞，	
蜻蜓最爱吃害虫。	

6. 指导写字。

迷、造、运：三个字都是走之底，要注意里面的米、告、云写得稍小一点，位置要偏上偏右一点，把左边和下边的位置留给走之底。米的最后一笔要变成点，以避免和最后一笔捺画重复。

间、网：两个字都是半包围字，外面的部件要写成长方形，注意两边的竖画平行、等长，里面的笔画分布均匀。

池、欢：两个字都是左右结构，注意要写得左小右大，左窄右宽。

7. 教师示范。

8. 学生描红、临写。

9. 全班点评、修正。

| 设计意图 |

　　猜字游戏，巩固了识字。课外拓展，丰富了学生的语言积累。指导写字，抓住要领，教师要敢于示范。

| 板书设计 |

qīng tíng	hú dié	qiū yǐn	mǎ yǐ	kē dǒu	zhī zhū
蜻蜓图	蝴蝶图	蚯蚓图	蚂蚁图	蝌蚪图	蜘蛛图
蜻蜓	蝴蝶	蚯蚓	蚂蚁	蝌蚪	蜘蛛

激活想象 发展语言
——《黄山奇石》教学设计

教学目标

1. 认识"闻、名、景、区、省、部、秀、神、尤、其、巨、位、著、形、状"等 15 个生字，会写"南、部、些、巨、位、每、升、闪、狗"等 9 个生字。

2. 正确、流利、有感情地朗读课文。背诵课文第 2 至 5 自然段。

3. 根据课文内容展开想象，感受黄山奇石之奇。

4. 学习课文的表达方法，尝试写一写某处景物。

教学重难点

1. 会认 15 个生字，会写 9 个生字。

2. 能根据课文描写在脑海中想象出相应的画面，尝试模仿课文写几句话。

教学准备

制作简易课件

教学过程

一、朗读课文

1. 激趣导入。同学们，请大家欣赏一组图片。【课件展示黄山美景。】

说说看，你们看到了什么？（指名表达。）

刚才，大家欣赏到的就是我国著名旅游风景区黄山的美景。黄山位于我国安徽省南部，是世界文化与自然双重遗产，世界地质公园，国家5A级旅游景区，被列为中华十大名山，被称为"天下第一奇山"。黄山的奇松、怪石、云海、温泉被称为"黄山四绝"。今天，我们就去领略一下黄山的奇石。

2. 范读课文。

（1）请同学们听老师读课文。同学们一边听一边展开想象：你们仿佛看到了什么样的奇石。

（2）教师范读全文。学生合上课本专心听。

（3）指名回答：你仿佛看到了什么样的奇石？

3. 自由朗读。请大家自由把课文朗读三遍，不会认的字自己想办法解决。

4. 同桌互听。请大家把课文读给同桌听一听。发现同桌朗读不正确的地方要及时帮同桌指出。

5. 指名朗读。谁愿意把课文读给大家听一听？教师随机指名学生读课文，每人读一个自然段，开火车朗读全文。

（师生评议，相机指导。）

6. 全班齐读。同学们，我们一起把课文再读一遍。

| 设计意图 |

图片导入欣赏黄山美景，激发学生学习课文的兴趣。老师范读，给学生定下基调。学生一边听一边想象，有利于培养学生认真倾听的习惯。请学生说一说仿佛看到了什么样的奇石，是对学生倾听的检查，同时也是对学生想象力的培养。接下来学生自主练习、同桌互听，将朗读训练落到实处。

二、感受神奇

1. 罗列奇石。

（1）请大家默读一遍课文，将文中所有的奇石圈出来。指名说一说：课文中写到哪些奇石?(根据学生回答——板书:仙桃石、猴子观海、仙人指路、金鸡叫天都、天狗望月、狮子抢球、仙女弹琴。)

(2)指名读。齐读。

(3)不就是一些奇形怪状的石头吗?怎么一会儿成了猴子、一会儿成了狮子、一会儿成了仙人?引导学生明白"想象"的奇妙作用。(板书:想象。)

2. 背诵课文。

(1)黄山的景色美、石头奇,作者的文字美、写作妙。请你挑选两段课文背诵下来。

(2)自由选择,练习背诵。

(3)背给同桌听一听。

3. 描述奇石。

(1)这些奇石到底是什么样子的?请你做一名黄山的小导游,向大家介绍一下吧!

(2)出示导游词——

> 亲爱的游客们,大家好!请大家跟随我一起来欣赏黄山的奇石。
>
> 大家看,这块(几块)石头就是著名的_____,你们瞧,____
> _____。

(3)学生自主练习。

(4)指名描述。

4. 重新命名。

(1)同学们,请大家再读一读这些奇石的名字,你们发现了什么?

(2)有的奇石的名字用的是三个字,有的是五个字,不太整齐,大家能否想想办法将它们都改为四个字呢?

(3)指名发言,师生讨论,相机引导。

(4)引导学生发现奇石命名规律:名词+动词+名词。例:

猴子+观+海=名词+动词+名词;

狮子+抢+球=名词+动词+名词;

仙女 + 弹 + 琴 = 名词 + 动词 + 名词。

（5）教师出示自己给奇石的命名："仙桃石"改为"麻姑献寿"，"金鸡叫天都"改为"金鸡报晓"。

| 设计意图 |

　　这个板块，首先要让学生明白"想象"的巨大作用，为后面的理解、说话、写话做好铺垫。其次是背诵练习，积累优美的语言，为后面做小导游这个活动打好基础。接下来，让学生扮演小导游介绍黄山奇石，对学生是一个巨大的挑战，教师要多加鼓励。最后是重新命名活动，帮助学生锤炼语言，培养学生的语感。

三、认读字词

1. 认读词语。教师出示本课新词，请学生认读。

闻名中外	秀丽神奇	一动不动	猴子观海	仙人指路
天狗望月	金光闪闪	狮子抢球	仙女弹琴	奇形怪状
尤其　怪石　著名　雄鸡　有趣　啼叫　升起　南部				

2. 圈画词语。学生根据教师的指令在文中一一圈画出新词。

3. 同桌检查。

（1）按照顺序检查同桌认读。

（2）打乱顺序检查同桌认读。

4. 识词游戏。课件"闪现"词语，学生抢识。

5. 生字认读。

（1）出示带拼音生字，认读。

（2）去掉拼音，认读。

（3）识字游戏：分小组抢夺"生字卡"。一人出卡，另外三人抢认。一轮结束，看谁抢到的卡片多。

6. 组词开花。

（1）读词语。

风景　景色　风景如画　秀丽　秀美　一枝独秀

著名　名字　名不虚传　闻名　新闻　百闻不如一见

（2）用"巨""位"组词开花，比一比看谁组得多。

| 设计意图 |

　　这个板块的重点是学习生字词。先读词，再识字，逐步缩小辨识单位，这样更符合低年级学生识字规律。小游戏有利于增加学习乐趣，避免生字、生词学习的枯燥。扩词游戏，既是在巩固识字，又是在积累词汇，为下面的写话打下基础。

四、尝试写话

1. 发现奥妙。

（1）同学们，作者把这些奇石写得那么有趣，有什么绝招吗？我们来看看这些句子！

（2）出示第一组句子，引导学生发现。

> 它好像从天上飞下来的一个大桃子，落在山顶的石盘上。
>
> 那巨石真像一位仙人站在高高的山峰上，伸着手臂指向远方。

——将奇石比作人或者事物来写。

（3）出示第二组句子，引导学生发现。

> 在一座陡峭的山峰上，有一只"猴子"。
>
> 有座山峰上的几块巨石，就变成了一只金光闪闪的雄鸡。

——直接把奇石当作（变作）人或者动物来写。

2. 发现顺序。

（1）同学们，奇石的名字在什么时候出现也很讲究呢！请大家看看这些句子，又有什么规律？

（2）出示句子，引导学生发现。

就说"仙桃石"吧……/……这就是有趣的"猴子观海"。/"仙人指路"就更有趣了……/……不用说，这就是著名的"金鸡叫天都"了。

（3）教师小结。将奇石名字放在前面的，都运用了比喻的手法；而把奇石直接当作人或者动物来介绍的，奇石的名字都放在这段话的末尾。

（4）师生合作，朗读这四段话。教师读含有奇石名字的句子，学生读具体描述奇石的句子。

（5）教师提示。同样的位置出现奇石的名字，句式也要略有变化，不能完全雷同。比如，我们还可以这样开头或者结尾：游客们最喜欢的要数……了，……/……哈哈，这就是神奇的……了。

3. 学生写话。

（1）从第六自然段里列举的三种奇石中挑选一个，展开想象，写几句话。

（2）（出示图片）从这些图片中选择一幅，展开想象，给它取一个合适的名字，再写几句话。

（3）学生从以上任务中选择一项独立完成。

（4）小组内分享、交流。

（5）全班交流、评议。

| 设计意图 |

这个板块的重点在于引导学生模仿写话。在学生动笔前，教师给予一定的引导，这对学生顺利完成任务是有很大帮助的。这个引导，一方面是帮助学生在奇石和名称之间建立联系，另一方面是帮助学生选择一定的段式。这样的指导便于学生迅速"入格"，有助于学生克服畏难情绪。

五、写字教学

1. 引导分类。这九个生字，你们觉得哪几个特别难写？引导学生自己分析，将容易把握的生字挑选出来。

2. 教师示范。抓住难写的字，适时指导。

南：上部写扁一点，短竖在竖中线上，下部略微向左倾斜一点，下面部分稍宽，三横要等距。

巨：注意笔顺，最后才是竖折，竖略微向内有一点弧度。四横要等距，中间两横略短，但不能太短。

每：上部两笔写扁一点、小一点。注意写好"母"字的第一笔，竖要向左倾斜，折要向右下倾斜。

升：独体结构。注意第一笔是横撇，控制好角度；第二笔长横，舒展；第三、四笔将长横平均分为三等份。

3. 学生书写。每个字在田字格中描红一遍、临写两遍。

4. 展示评议。挑选有代表性的书写在投影上展示，师生共同评议。

5. 学生书写。每个字在田字格本上各写两遍。

| 设计意图 |

　　生字指导要抓住关键笔画。关键笔画的指导要抓住起笔位置、角度、长短、与前面笔画的关系等要点。

| 板书设计 |

9　黄山奇石

仙桃石

猴子观海

想象　　　　仙人指路

黄山奇石——　金鸡叫天都

天狗望月

狮子抢球

仙女弹琴

……

借助趣味童话　训练复述能力

——《方帽子店》教学设计

教学目标

1. 朗读课文。认识"橱、改、蕉、扣、嚷、溜、筒、董"等 8 个生字，其中，"嚷、溜"是多音字。

2. 默读课文，说说故事中的哪个部分是你们最意想不到的，再用自己的话复述这个部分。

3. 懂得世界一天天在改变，人们的思想观念也应该随着改变的道理。

教学重难点

1. 用自己的话复述自己最意想不到的部分。

2. 懂得文中蕴含的道理。

教学准备

制作课件

教学过程

一、预测故事，阅读全文

1. 板书课题。

2. 大家猜一猜，你们觉得这篇课文主要会讲些什么？

3. 学生交流，说说自己的预测。

4. 逐段指名朗读。不时就猜测进行交流。

预设：（1）针对第五自然段小孩子们的想法，你们猜猜大人们会怎么回答呢？

（2）第十一自然段里，店主人发现自己的儿子居然也戴着一顶圆帽子，你们猜猜他会怎样对待他的儿子？

（3）读完第十六自然段，你们猜猜故事会怎么往下发展？

（4）读完第十九自然段，你猜猜故事会有怎样的结局？

5. 学生自由朗读课文。

| 设计意图 |

　　本文是略读课文，故事性强，故运用三上学习的预测策略来学习本文。在第一轮猜测后继续自由朗读，进一步熟悉故事内容，为下面的复述做好铺垫。

二、琢磨情节，练习复述

1. 同学们，在刚才的边读边猜过程中，故事中的哪个情节是你们完全没有预测到的？（指名交流。）

2. 请你把这个地方多读几遍，和自己的预测进行对比。

3. 谁能把自己感到意外的情节讲给大家听一听？

（1）学生自己练习复述。

（2）学生复述给同桌听。想一想：如果这个地方复述不清楚怎么办？

（3）代表复述，全班评议，相机指导。

4. 小结复述策略。

（1）熟读课文，厘清情节。本文情节脉络：方帽子店→出现圆帽子→自己的儿子戴圆帽子→新帽子店出现→方帽子成为古董

（2）寻找节点，把握关键。本文的节点：第一个节点是小孩子对方帽子

的质疑；第二个节点是小孩子做出圆帽子；第三个节点是方帽子店主人的儿子戴上了圆帽子；第四个节点是出现一家新帽子店。

（3）扣住细节，生动复述。本文的细节有：小孩子们质疑时的心理活动以及大人的回答；方帽子店主人和儿子的冲突；新帽子店和方帽子店的对比；人们对两家帽子店的态度。

| 设计意图 |

　　将焦点集中在情节上，用预测来筛选意想不到的情节——也就是自己没有预测到的情节。接下来全员训练，每人开口复述。在指导过程中，相机渗透复述策略。

三、探究秘妙，理解文意

1. 这是一篇很有深意的故事。也就是说，文章表面上是在讲一个看似很荒诞的故事，其实里面深藏着一些我们不易觉察的东西。下面我们就来说一说。课件出示句式：

我来说说＿＿＿＿＿，表面上是在说＿＿＿＿＿，实际上是在说＿＿＿＿＿。

2. 教师示范。我来说说"帽子"，表面上是在说头上戴的帽子，实际上是在说人们头脑里的观念、思想。

3. 学生自由思考、表达。教师相机引导。

4. 教师小结。

（1）方帽子：陈旧、陈腐的观念。

（2）小孩子：没有被同化、敢于打破思维常规的人。

（3）自己的儿子：事情内部的力量。

（4）孩子们慢慢长大：新的观念在逐渐加大影响。

（5）新帽子店：新鲜事物、观念。

（6）进了新帽子店：人们接受了新的观念和思想。

（7）成为古董：陈旧的东西被淘汰。

5. 联系生活实际，再次认识"方帽子"。比如："地球中心说""女人裹脚说""大年初一不能剃头说"等。

| 设计意图 |

通过此项说话训练引导学生真正走进文本，理解文本的深层含义。本单元的人文主题是：有趣的故事，留下的不仅是开心的笑声，还有更多的思考。怎样让孩子们由课文产生思考？不妨从"隐喻"这个角度入手引导学生真正明白作者的创作意图。

四、鼓励创新，改编故事

1. 我们都希望方帽子店早日被淘汰，但是，事情的发展总有一个过程。请你们想一想：故事能否有其他的发展情节？比如：方帽子闹出什么笑话、方帽子店与新帽子店产生竞争、方帽子店直接改造成新帽子店……
2. 请你们根据自己的想象改编一个故事片段。
3. 学生交流。

| 设计意图 |

充分相信学生的潜能，鼓励学生创造。故事的发展其实是具有无数可能性的，在故事创编中发展学生的创造性思维。

五、生字教学，巩固识字

1. 认读词语。
2. 圈画词语。
3. 认读生字。
4. 认读多音字。

| 设计意图 |

　　本课生字教学不是重点，故简略处理。

| 板书设计 |

方帽子店

方帽子店→出现圆帽子→自己儿子戴圆帽子→

新帽子店出现→方帽子成为古董

让经典老课文焕发新活力

——《冀中的地道战》教学设计

教学目标

1. 学习带着问题快速默读课文。

2. 理解课文内容，了解地道的特点，感受冀中人民的智慧。

3. 认识"侵、略、垒、丘、搁、陷、拐、岔"等8个生字，会写"侵、略、筑、堡、党、丘、妨、蔽、陷、拐"等10个生字。

教学重难点

学习带着问题快速默读课文。

教学过程

一、扫读游戏，训练速度

1. 同学们，我们继续玩扫读游戏。游戏规则和以前一样：我在屏幕上一次性出示一组词语或者一段话，看看谁能一眼看完、记住所有词语或者这段话里的内容。

2. 屏幕闪现以下词语，停留时间1~2秒，根据具体情况确定。

（1）地道　大洞　气孔　出口

（2）侵略　扫荡　修筑　搞垮　破坏

（3）十里一碉　八里一堡　不计其数　一夫当关　万夫莫开　无穷无尽

3. 屏幕闪现一段话，停留 1~3 秒，根据具体情况确定。

（1）1942~1944 那几年，日本侵略军在冀中平原上"大扫荡"，还修筑了封锁沟和封锁墙，十里一碉，八里一堡，想搞垮我们的人民武装。

（2）在广阔平原的地底下，挖了不计其数的地道，横的，竖的，直的，弯的，家家相连，村村相通。敌人来了，我们就钻到地道里去，让他们扑个空；敌人走了，我们就从地道里出来，照常种地过日子，有时候还要打击敌人。

（3）地道里每隔一段距离就有一个大洞，洞顶用木料撑住，很牢靠。大洞四壁又挖了许多小洞，有的住人，有的拴牲口，有的搁东西，有的做厕所。一个大洞容得下一百来人，最大的能容二百多人。洞里经常准备着开水、干粮、被子、灯火，在里面住上个三五天不成问题。

4. 请学生交流方法和感受，教师小结。

| 设计意图 |

　　用扫读闪现词语、句段的方式训练学生快速阅读的能力。这样的游戏形式比较受学生欢迎，还有利于集中学生注意力。

二、初读课文，交流收获

1. 回顾快速阅读方法：在前面三课的学习中，我们都用过哪些方法帮助我们提高阅读速度？

　　●集中注意力，不停顿，不回读。●连词成句地读。●借助关键词句。

2. 借助阅读提示明白新的方法：请大家读一读阅读提示，看看阅读提示又告诉我们什么？带着问题默读有助于提高阅读速度。

3. 看到课题，你们心中会产生哪些真实的问题呢？（请学生提问。）

4. 请大家带着问题快速默读课文，看看自己能否解答自己的问题。除了回答自己的问题，你们还读出了什么？

（计时开始，学生默读。）

5. 交流。

（1）读完全文，你们花了多少时间？

（2）读完课文，你们解决了自己的什么问题了吗？

（3）你们还了解了哪些内容？

| 设计意图 |

　　继续训练快速阅读，在前面三课的基础上运用新的方法：带着问题读。鼓励学生自己提问，提真实的、有一定价值的问题。同时，关注问题以外的其他收获。

三、拟小标题，概括内容

1. 课文第 3～7 自然段向我们介绍了冀中的地道，请大家给这部分课文的每个自然段拟一个小标题。

2. 学生默读课文，尝试拟小标题。

3. 小组交流。

4. 全班汇报。师生评议。

预设：

第三自然段：四通八达（特点）

第四自然段：保护自己（藏身）

第五自然段：打击敌人（歼敌）

第六自然段：防备进攻（防御）

第七自然段：传递情报（联络）

| 设计意图 |

　　拟小标题，用以训练学生的概括、提炼能力。将小标题放在一起，能清楚知道文章写了什么，文章是怎样布局谋篇的。

四、理解课文，感悟智慧

1. 课文里写道："为了打击敌人，什么办法都想出来了，人民的智慧是无穷无尽的。"下面，请大家再次默读课文，用下面的句式说话：

我从这里读出了人民的智慧：_____。

2. 学生默读课文，组织语言。

3. 全班交流。相机点评。

预设：

我从这里读出了人民的智慧：<u>在广阔平原的地底下，挖了不计其数的地道，横的，竖的，直的，弯的，家家相连，村村相通。</u>——由于地道四通八达，敌人想封锁我们，根本就不可能。

我从这里读出了人民的智慧：<u>地道里每隔一段距离就有一个大洞，洞顶用木料撑住，很牢靠。大洞四壁又挖了许多小洞，有的住人，有的拴牲口，有的搁东西，有的做厕所。</u>——大洞如此牢固，功能如此齐全，藏在里面，没有后顾之忧。

我从这里读出了人民的智慧：<u>一个大洞容得下一百来人，最大的能容二百多人。洞里经常准备着开水、干粮、被子、灯火，在里面住上个三五天不成问题。</u>——洞里如此宽敞，日常生活用品齐备，藏在里面，敌人能奈我何？

我从这里读出了人民的智慧：<u>洞里有通到地面的气孔，从气孔里还能漏下光线来。气孔的口子都开在隐蔽的地方，敌人很难发现。人藏在洞里，既不气闷，又不嫌暗。</u>——洞里既通透，又明亮，完全是一个敌人想不到的新世界。

我从这里读出了人民的智慧：<u>地道的出口也开在隐蔽的地方，外面堆满荆棘。……真是"一夫当关，万夫莫开"。</u>——敌人想进地道抓人？一定叫他有来无回！地道不仅保护了我们自己，还能轻易消灭敌人，叫敌人害怕！

我从这里读出了人民的智慧：<u>敌人尝到了地道的厉害，想方设法来破坏，什么火攻啊，水攻啊，毒气攻啊，都用遍了。大家又想出了许多妙法来防备。……大不了转移到旁的村子去。</u>——敌人的办法就算再毒辣，我们也能轻松应对，保证每一个人都毫发无损！胜利，终将属于我们！

我从这里读出了人民的智慧：地道里面可就用"有线电"了，一根铁丝牵住一个小铜铃，这儿一拉，那儿就响，拉几下表示什么意思是早就约好了的。——就算在地下，我们彼此看不见，听不到，但是，我们的信息传递丝毫不受影响！

4. 教师引读。以第四自然段为例。

师问：地道挖在哪里？

生读：村里的地道挖在街道下面，跟别村相通的地道挖在庄稼地下面。

师问：地道有多高？有多深？

生读：地道有四尺多高，个儿高的人弯着腰可以通过；地道的顶离地面三四尺，不妨碍上面种庄稼。

师问：全村人要是都进来，待在哪里？

生读：地道里每隔一段距离就有一个大洞，洞顶用木料撑住，很牢靠。大洞四壁又挖了许多小洞，有的住人，有的拴牲口，有的搁东西，有的做厕所。一个大洞容得下一百来人，最大的能容二百多人。

师问：要是被敌人围困时间很长怎么办？

生读：洞里经常准备着开水、干粮、被子、灯火，在里面住上个三五天不成问题。

师问：洞里空气不流通，不担心缺氧吗？

生读：洞里有通到地面的气孔，从气孔里还能漏下光线来。气孔的口子都开在隐蔽的地方，敌人很难发现。人藏在洞里，既不气闷，又不嫌暗。有的老太太把纺车也搬进来，还嗡嗡嗡地纺线呢。

| 设计意图 |

紧紧围绕"智慧"，引导学生走进课文，感受人民群众的智慧，赞扬人民群众的智慧。"引读法"是一种很传统的读书指导方法，用在本文教学中非常有效。

五、品味语言，积累语言

1. 作者周而复先生以他独特的视角和准确的语言向我们描绘了抗战时期冀中人民的斗争智慧。请大家再到文中去找一找、品一品，看看哪个词语、哪个句子用（写）得特别好。用这样的句式说一说：

文中"＿＿"这个词语用得特别好，好在＿＿＿＿＿＿＿＿＿＿。

文中"＿＿"这个句子写得特别好，好在＿＿＿＿＿＿＿＿＿＿。

示例：文中"粉碎"这个词语用得特别好，好在写出了冀中人民用智慧把敌人的如意算盘完全打破了，让敌人的阴谋彻底落空的局面。

2. 学生默读、勾画、批注。

3. 汇报交流。相机点评。

4. 摘抄优美句段。

｜设计意图｜

任何时候都不能放松对语言的品味、学习。引导学生在文中寻找用得特别恰当的词语、写得特别生动的句子，旨在培养学生良好的语感。摘抄优美语段有利于语言的积累。

六、生字教学，指导写字

1. 请大家观察本课生字，觉得哪几个字难写？书写时要注意什么？

2. 交流。

3. 教师小结、示范。

略：左右结构，右边是一个"各"字，注意左右穿插；蔽：上下结构，下面是一个"敝"，注意笔顺，第三笔是短竖，第五笔是长竖；陷：左右结构，注意右下角笔顺。

4. 学生书写，每字各写两遍。

|设计意图|

发挥学生主体作用，引导学生自己观察、把握书写要领。

|板书设计|

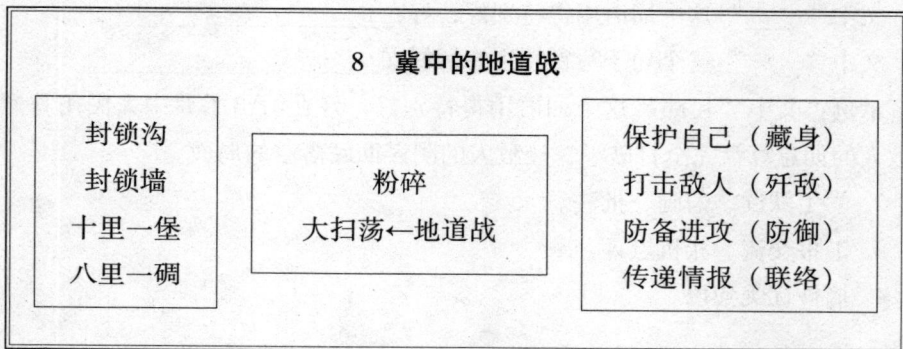

让学生的思维飞起来

——《田忌赛马》教学设计

教学目标

1. 熟读课文，认识本课"策、荐"这 2 个生字，会写"赢、拳、策、荐"这 4 个生字。掌握"胸有成竹、摩拳擦掌"等 8 个词语。

2. 理解课文，能讲述故事的主要内容。

3. 还原孙膑的思考过程，感受孙膑的过人智慧。

教学重难点

1. 理解课文，能讲述故事的主要内容。

2. 还原孙膑的思考过程，感受孙膑的过人智慧。

教学准备

制作简易课件

教学过程

一、导入新课，初读课文

1. 同学们，我国历史上曾出现过许多杰出的军事家。春秋战国时期就有两位姓孙的军事家青史留名，一位是孙武，还有一位是孙膑—孙武的后代。

我们今天要学习的课文《田忌赛马》就与孙膑有关。(板书课题：田忌赛马)

2. 我们今天的学习，将由三个趣味任务组成。要完成这三个趣味任务，必须对课文非常熟悉，对课文理解非常透彻。下面，请大家自由朗读课文，把课文读熟。

3. 学生自由朗读。

4. 检查课文初读情况：指名接力读、小组比赛读、全班齐读。

5. 检查字词掌握情况。

(课件出示词语，学生认读、齐读。)

| 设计意图 |

　　在熟读中理解故事，为完成后面的任务打下坚实的基础。

二、再读课文，现场直播

1. 出示任务：今天的第一个任务就是请你担任齐国电视台记者，对赛马的盛况进行现场直播。为了做好直播解说，你需要做好哪些准备？

2. 小组合作，讨论需要做好哪些准备工作。

3. 小组代表汇报。

预设：

(1) 要弄清楚直播哪几次，每次有几场，每次比赛结果如何。

(2) 直播比赛时，要介绍哪些观众感兴趣的内容。

(3) 为了更好地解说比赛，需要提前撰写含有哪些内容的直播解说稿，哪些内容是需要现场组织语言解说的。

4. 小组合作讨论以上问题，并初拟解说稿。

5. 对照视频，现场直播。

(播放比赛视频，学生现场解说。)

预设：

(第一次) 观众朋友们：欢迎大家收看齐国电视台体育频道。现在我们在齐国国家体育馆为大家现场直播齐威王和大将军田忌的赛马实况。大家看，偌大的体育馆内座无虚席，大家都在翘首盼望着一场精彩的对决。

比赛马上就要开始了！齐威王和田将军骑着马出现在赛道上了！现场沸腾了！

第一场……

第二场……

第三场……

……

（第二次）观众朋友们：欢迎大家收看齐国电视台体育频道。时隔一个星期，齐威王和田将军要举行第二次赛马啦！这次赛马是齐威王继续保持胜利还是田将军翻盘呢？我们拭目以待！

紧张的比赛马上开锣！我们看到齐威王面带微笑，对胜利充满信心；田将军表情严肃，但似乎并不示弱。

第一场，锣声响了。两匹马像离弦的箭冲了出去……

第二场……

第三场……

……

6. 全班互动，对记者的直播解说给予评价。

|**设计意图**|

用现场直播的形式训练学生的复述能力。直播前的准备工作就是对故事的消化过程。只有对故事烂熟于胸才能在"直播"时游刃有余。

三、三读课文，现场采访

1. 第二次比赛结果出现惊人的翻转，现场观众一定有很多话想说吧！如果你是齐国电视台记者，你会采访哪些人呢？你会问哪些问题呢？如果你是被采访的对象，你会怎样回答记者的采访呢？

2. 选好一个角色，各自准备。

3. 记者现场采访。

预设：（1）观众朋友，您看到这次比赛有何感想？

（2）观众朋友，您觉得这次比赛跟上次比赛相比，有什么不同吗？

（3）观众朋友，您觉得田忌大将军取胜有什么诀窍吗？……

4. 全班互动，对记者和受访观众的表现给予评价。

| 设计意图 |

设计一场现场采访，用极强的现场代入感引导学生发表自己的看法及感受，深刻认识这次比赛。

四、深入思考，现场提问

1. 根据组委会安排，赛后，双方运动员将和媒体见面，接受各方媒体采访。如果你是电视台或者报纸记者，你最想问哪些问题？如果你是齐威王，或者田忌，或者孙膑，你会怎样回答记者的提问？

2. 请你给自己选择一个角色，并做好相应准备。

3. 教师客串媒体见面会主持人：各位观众、各位听众，齐威王和田忌大将军的第二次比赛刚刚结束，相信大家对这场比赛结果充满了疑问，到底发生了什么呢？我们将跟随媒体记者一起去更加深入地了解这场比赛。下面，我们掌声欢迎比赛双方入场。各家媒体记者都有一次发问机会，请举手示意我。

下面，有请齐国电视台记者提问！

下面，请《齐国日报》记者提问！

下面，请齐国广播电台记者提问！

下面，请齐国门户网站"齐国新闻网"记者提问！

下面，有请《齐国体育报》记者提问！

……

4. 学生扮演记者，向"齐威王""田忌""孙膑"现场提问。

预设：

请问田忌大将军，您此次取得胜利的主要原因是什么？是谁帮您出主意了吗？

请问大王，您对此次比赛失利怎么看？

请问大王，您不觉得田将军参加比赛有违反规则的嫌疑吗？您容忍这种破坏游戏规则的行为吗？

请问大王，就算田将军调换了马的出场顺序，您觉得您仍有获胜机会吗？

请问孙先生，您怎么敢确定您调换马的出场顺序就一定能取胜呢？您不觉得是在冒险吗？

请问孙先生，假设再赛一场，您觉得您还有十足的把握取胜吗？

请问孙先生，您怎么知道田将军的上等马就一定比大王的中等马跑得快呢？

请问大王，您为什么不仅不生孙先生的气，反而还如此高兴呢？

请田将军、孙先生、大王各用一句话总结今天的这次比赛，好吗？

……

5. "主持人"小结：各位观众、各位听众，本次媒体见面会到此结束。再次谢谢大王、田将军、孙先生对大家所关心问题的耐心解答。三位不仅给我们带来一场精彩的比赛，更给我们带来一次智慧的启迪！再次谢谢三位！

6. 师生互动，对上述现场答问环节进行点评。

｜设计意图｜

这个板块是全文教学的重头戏，通过答记者问，揭开后面的谜底，感悟孙膑过人的智慧。他的智慧来源于何处？一是洞察，二是思考。

五、朗读原文，积累语言

1. 这个故事记载于《史记》，我们一起来读一读原文吧！

2. 出示原文。

> 忌数与齐诸公子驰逐重射。孙子见其马足不甚相远，马有上、中、下辈。于是孙子谓田忌曰："君弟重射，臣能令君胜。"田忌信然之，与王及诸公子逐射千金。及临质，孙子曰："今以君之下驷与彼上驷，取君上驷与彼中驷，取君中驷与彼下驷。"既驰三辈毕，而田忌一不胜而再胜，卒得王千金。于是忌进孙子于威王。威王问兵法，遂以为师。

3. 师范读、带读原文。

4. 从故事和原文中，我们可以分别感受到三位主人公怎样的品质？

预设：（1）田忌：一心为公、肝胆相照。

（2）孙膑：心思缜密、多谋善断。

（3）齐威王：求贤若渴、知人善任。

5. 孙膑用自己的智慧赢得了齐威王的重视，也为自己一雪前耻，请看《史记》原文。

> 后十三岁，魏与赵攻韩，韩告急于齐。齐使田忌将而往，直走大梁。魏将庞涓闻之，去韩而归，齐军既已过而西矣。孙子谓田忌曰："彼三晋之兵素悍勇而轻齐，齐号为怯，善战者因其势而利导之。兵法，百里而趣利者蹶上将，五十里而趣利者军半至。使齐军入魏地为十万灶，明日为五万灶，又明日为三万灶。"庞涓行三日，大喜，曰："我固知齐军怯，入吾地三日，士卒亡者过半矣。"乃弃其步军，与其轻锐倍日并行逐之。孙子度其行，暮当至马陵。马陵道陕，而旁多阻隘，可伏兵，乃斫大树白而书之曰"庞涓死于此树之下"。于是令齐军善射者万弩，夹道而伏，期曰："暮见火举而俱发"。庞涓果夜至斫木下，见白书，乃钻火烛之。读其书未毕，齐军万弩俱发，魏军大乱相失。庞涓自知智穷兵败，乃自刭，曰："遂成竖子之名！"齐因乘胜尽破其军，虏魏太子申以归。

孙膑怎样以不够强大的齐军战胜凶悍强大的魏军？

6. 你们还知道哪些用谋略取胜的故事？

7. 全班交流，相机点评。

相机推荐课外读物《上下五千年》《少年读史记》《吴姐姐讲历史故事》。

| 设计意图 |

    回到原文，感受文言魅力，领略人物风采。借用孙膑和庞涓斗法的故事进一步感受孙膑的智谋，就地取材，省时省力。适度拓展，将学生引向饶有趣味的历史故事阅读中去。

六、指导书写，布置作业

1. 认读复习本课词语。
2. 指导书写"赢"。重点分析"赢"的结构。
3. 学生书写。
4. 布置作业：收集历史上以智谋取胜的故事，开一期智慧故事会。

| 设计意图 |

    分析"赢"的结构，有助于学生记忆。作业将收集智谋故事落实情况。

| 板书设计 |

```
              16  田忌赛马
                ┌ 1. 田忌的马比对方低一等级的马快
     田忌取胜条件│
                └ 2. 田忌调换马的出场顺序但对方不换
```

名师评说

勤勉做事　妙手著文 / 余映潮

脚踏实地　仰望星空 / 杨建国

扎根沃土　奋力向上 / 夏循藻

勤勉做事　妙手著文

余映潮（全国中语会学术委员、特级教师）

　　我和德兵认识很早，他拜我为师却是我刚退休的那一年。没想到 2007 年我退休后竟然开启了一段师徒情缘。

　　这 13 年来，我见到了德兵的成长和发展。他在课堂教学中努力探索、实践"板块式"思路阅读教学，取得了不俗的成绩。

　　我在很多场合表扬过德兵，当然不是因为他读我的书、实践和推广"板块式"阅读教学思路，而是因为他的勤奋、他的努力、他的担当。

　　他爱读书，涉猎很广，对中语界的很多名师都如数家珍；他喜欢书法、吟诵，对文学、历史也很感兴趣。

　　他爱琢磨，喜欢创新。他的课堂教学脱胎于"板块式"教学思路，同时也吸收了其他很多名师教学风格的精华，逐步形成了自己的课堂教学特色，为此我感到特别欣慰。

一

　　德兵有着清醒的头脑。对于语文教育诸多方面的本质问题，不迷信权威，不盲从专家，一贯保持着自己的独立思考。在广泛阅读、深刻思考、持久实践的基础上，他在很多方面大胆地提出了自己的观点。

　　早在 2005 年，他刚迈入而立之年，就大胆提出了"语文教育要走民族化、科学化的道路"的观点。他所说的"民族化"就是从传统语文教育中汲取营养，继承和发扬传统语文教育中的成功做法；他所说的"科学化"就是用先进的脑科学、教育学、心理学来指导学生的语文学习。从这里可以看出德兵既不因循守旧，也不盲目崇外。

2018 年，他发表《语文存大道，万变不离宗》一文，颇为精练地概括语文阅读教学应该承担的四大基本任务：语料积累、语意理解、语识把握、语用实践。我以为对于"教什么"，这样的表述是很有意义的。"语料积累"，是语文学习的基本要素；"语意理解"，是理解文章内容、渗透思想教育与文学教育的训练目标；"语识把握"，是着眼于言语形式的揣摩和语文知识的习得；"语用实践"，是在实践中培养学生的语言运用能力。

德兵还力主在阅读教学中开展思维训练，我以为这一观点切中肯綮，对于改进我们的阅读教学是大有帮助的。

关于低年级阅读教学，他的"六规律"说也很有指导意义，从某种意义上说，是对当下低年级阅读教学的一种纠偏。其"语言核心律"，纠正了"识字核心律"；"语言习得律"，纠正了"语言学得律"；"听觉优先律"，纠正了"视觉优先律"；"整体输入率"，纠正了"零敲碎打律"；"语境识字律"，纠正了"孤立识字律"。德兵呼吁广大低年级语文教师"遵循规律、顺应规律"，他身上有一种推崇高效教学的使命感。低年级阅读教学若能真的按照德兵总结的"六规律"去实施，将会取得事半功倍的效果。

当下，阅读策略得到了大家充分的重视，这是好事。统编教材的"策略单元"成为了大家争相研究的热点，这更是好事。在这研究的热潮中，德兵保持了他惯有的清醒和冷静。比如对于"有目的地阅读"，他认为这其实并不是一种阅读策略，而是一种阅读状态，是各种阅读策略的综合运用；再比如针对"预测"这一策略，他明确提出，插图不应该成为预测的依据。这些观点都有一定的道理。

二

德兵有一双敏锐的眼睛。我在全国各地讲学，一再强调"教材研读能力是语文教师的第一专业能力"的观点。德兵在文本解读上面，眼光是很独到的，也是很敏锐的。比如对于《桥》这篇小小说，他解读出来的老汉形象就与众不同。他引导学生从老汉的言行神态描写中一步步读出了这样的共产党员的形象：有担当、有智慧、有魄力、有觉悟、有柔情。

危难之际，可以第一个脱身，但却留下来拯救全村村民，这不是有担当吗？面对千钧一发的情势，用短短十五个字告诉大家面临的困境、应该采取的行动和注意事项，这不是有智慧吗？面对个别党员自私自利、扰乱秩序的行为，他一句话就给予了有力回击，这不是有魄力吗？自己的党员儿子插队，毫不留情予以揪出，这不是有觉悟吗？最后把儿子推上木桥希望儿子脱险，这不是有柔情吗？这五个短语比起"沉着冷静""不徇私情"这样的概说有表现力多了。

在解读文本上，德兵亦是从来不迷信、不盲从。辛弃疾的《清平乐·村居》，该有多少教材选编过，多少名家解读过，多少名师执教过，可是德兵在《学者们的误读》一文中很鲜明地给出了自己的解读，并认为很多人误读了这首词。德兵认为，词中所写并不是一家人，而是一个完整的村落；词中的"翁媪"并不是一对夫妻，而是指代村里的老人；词中的"大儿""中儿""小儿"并不是老夫妇的三个儿子，而分别代表村中已经长大、半大和年纪尚小的儿童……这样的解析，我以为是另立一说，别具一格，创意鲜明。尤其精妙的是，德兵用一个"喜"字贯穿对全词的品读：词人一喜这里风景优美，人们居有所安；二喜这里老人悠闲自在，老有所养；三喜这里青壮年勤劳质朴，壮有所为；最喜这里儿童天真可爱，少有所乐。这样的解读给人豁然开朗的感觉。

德兵解读文本还特别细腻，不放过任何蛛丝马迹。对于文章中出现的错误，他本着"求真求实"的态度一一加以考证。《盂是什么形状的》一文引起了我的深思，是啊，盂是什么形状的？读完此文，恍然大悟：哦，原来盂是圆的！教材的注释很明显是错误的，应该纠正。

《钱鹤滩，何许人也》读来也很有意思，读完就明白了钱鹤滩本名叫钱福，是明朝人，那么教材关于清朝的标注是值得商榷的。德兵在此文中还对这首诗的来龙去脉进行了一番探究，最后得出令人信服的结论。这种文本解读的能力表面看是眼睛敏锐，其实根本上还是因为学养的厚实。

三

德兵有一张犀利的嘴巴。德兵做过三年的基层教研员。他告诉我，这三年里他听了几百节课，这些课例既有名师们的公开课，也有原生态的各种研讨课。观摩了课堂，当然要评课，而且更多的情况下是即兴评课。这对于一个教研员来说既是基本功，也是一项很大的挑战。

德兵是从课堂上走出来的教研员，他评课总能抓住课堂的本质，条分缕析，肯定优点，指出缺点，并根据缺点给出切实的改进办法。我想，这也是最近这几年很多学校邀请德兵去听课把脉、指导教学的根本原因吧。

有一次，德兵带队参加某次大型教研活动，两节研讨课后，东道主安排了互动评课。大家都知道两位评课的老师都是事先安排好了的，但是，德兵听后，在专家总结讲话前举手示意，要求即兴发言。他很委婉地提出了自己的四点看法供在场各位老师思考。事后有老师问德兵："你就不怕得罪东道主？"德兵坦然回答："我担心我们的老师误以为这样的课就是好课。东道主应该有这个雅量的。"果真，东道主会后一个劲儿地感谢德兵，并一再邀请他以后继续深入课堂，进行指导。

《低段阅读教学应避免这四种错误》是德兵的一篇即席评课稿，他毫不留情地指出了这节课的四个严重问题：脱离文本，忽视语言；孤立识字，机械识字；偏离目标，化简为繁；形式花哨，得不偿失。很多老师不解，平时温文尔雅的陈老师今天评课时怎么劈头盖脸的？后来大家才明白，对这样的课堂顽疾不下点"猛药"不行啊！对于课堂，德兵是爱之深、责之切呀！我特别能理解他当时的心情，从中也可以看出德兵一直是怀着一颗赤子之心在进行着教学研究。

四

德兵有一双勤劳的腿脚。无论是做老师还是做教研员，德兵都是勤奋的。他做教研员，经常往学校跑，往课堂里钻。老师们是既害怕他来听课，又渴望他来听课。害怕，是因为总担心有缺点被发现；渴望，是因为他的点评总能帮助自己进步。在一线当老师，他更是忙得马不停蹄。无论他走到哪里，就把班报办到哪里、把校刊办到哪里。这些工作，完全是他主动找的"苦"，但他从不觉得这是苦。

德兵还主持过一届名师工作室的工作。他和全体成员、学员一起扎扎实实开展理论学习，开展实践研究，他的工作室为全市培养了一批年轻骨干教师。他有创意地开展"双师接力教学"，一节课内两位教师接力执教，每人执教 20 分钟，每人完成一两个板块的教学。上课学员感到时间宝贵，用好了课堂上的每一分钟，教学效果出奇得好。

作为教研员，他还"自讨苦吃"，要回了命题权，每学期亲自为全镇命题，以此推动全镇的语文教学改革。他的嗅觉是灵敏的，他的做法是引领潮流的，他命的题得到了广大同行的认可，并辐射到了周边。他的"能力考查说"得到了广大一线教师的支持。专业刊物主编也对他的命题改革非常欣赏，邀请他撰写论文详细阐述。

他的命题研究十分细腻。他反对学生大量做题，他研究市面上的各种题，其实是在呼吁大家：尽量少做这样的题或者不做这样的题，把做题的时间拿来读书吧！比如，在《当天才学生来敲门》一文中，他就表明了他对参考答案和阅卷老师的质疑。学生做这样的题，被这样判分，宝贵的创造性和良好的语感都在被扼杀！在《出这样的考题是在为难学生》中，他将题目的问题一一加以剖析，让大家明白，做这样的题毫无意义，判这样的题令人崩溃。他始终坚持认为：语文是一门求异的学科，与理科截然不同。语文最后培养的应该是有思想、有个性、有创造力的人，而不是说话千人一词、作文千人一面的应声虫。

祝愿德兵在语文教学研究和实践之路上越走越稳健、越走越宽广。

脚踏实地　仰望星空

杨建国（广东省教育研究院）

2016年10月，陈德兵名师工作室举行揭牌仪式，我应邀出席并讲了几句话，我主要谈了陈德兵老师给我留下的印象，我的主要观点是陈德兵老师是一个年轻有为、爱学习、爱思考、有思想的老师，是大家学习的榜样。现在看来，这个概括是准确的。

2017年11月，人教社将统编版六上语文《教师教学用书》的编写任务交给我们广东省，且需要我们推荐一些老师供社里选拔。我们综合考虑，推荐了一些老师上去，其中就有陈德兵老师。过了不久，陈先云主任就来电说，社里同志们对陈德兵老师的各方面条件都比较满意，我觉得这是意料之中的事情。因为陈德兵老师懂教学、善教研、能写作、讲奉献，成果丰硕，而且发表文章的刊物级别都比较高。

记得那是2009年下半年，我们广东省第六届小学语文青年教师教学论坛在韶关举行，东莞派来的三位代表分别是吴桂贤、陈德兵和黄艳芬老师。吴桂贤和黄艳芬老师我很熟，只是对陈德兵老师还很陌生。没想到，一天半的活动下来，就让我牢牢记住了他！这个小伙子思维很活跃，发言很积极，观点很犀利。我在心里暗暗叫好！那一次论坛的活动效果也特别好。

两年后，我们的论坛移师清远。这一次，陈德兵老师又来了，而且是带着任务来的——上一节习作指导课和一节习作讲评课。习作教学一向是大家头疼的问题。我们这次把习作教学的重任交给了东莞，看看陈老师能否把这副担子挑起来。他执教的是《看图片编故事》。他的设计很巧妙，首先引导学生将一幅图想象扩展为几幅图，然后分别给每幅图命名，接着以动画制作公司面向全球开展文字剧本招标的形式激发学生的创作热情。20 分钟指导过后，他带学生到旁边教室写作，仅仅一节课后开始讲评。陈老师像施了魔法一般，全班学生自由组合分成若干小组，竟全部完成了创作！30 分钟的讲评时间里，四个小组分别展示了他们完整的创作成果，而且创作的视角各不一样！最妙的是，陈老师合理利用现场资源，将评价权交给了在场的专家，请各位专家为每个应征团队打分，并给出相应理由。陈老师则化身"招标"活动主持人，适时调控整个"招标"过程。课堂结束前，他作为招标方宣布招标结果，并给每个应征团队提出了中肯的修改意见。真是一节难得一见的优秀习作指导和习作讲评课，这节课在论坛上引起强烈反响，大家都在为听到这样的好课而兴奋！我也在心里为陈老师的教学创意叫好！

2012 年 2 月，我们省举办第四届小学语文教师素养展示活动，实际上也是在为全国素养大赛选拔选手。我们的比赛项目与全国比赛一样。东莞通过选拔派出的选手就是陈德兵老师。这次，陈老师更是不负众望，夺得了本次大赛的第一名。五个项目，他拿了三个第一：课堂教学、粉笔书写、现场答题。另外两项课文朗读、才艺展示得分也不低。尤其是他的课堂教学，二年级的《宿新市徐公店》上得行云流水，二年级的小朋友在他的引导下学得乐不可支，台上台下笑成一片，听课的评委和老师都被深深感染，这样的课堂完全不像在比赛。根据我们省的惯例，派出去参加全国比赛的选手从前三名中商议确定。考虑到上一届全国大赛是东莞的吴桂贤老师代表广东参加，在评委们商议时，我以为大家会选择一个非东莞籍的选手，结果没想到大家一致推选陈德兵老师，根本不用商议！

接下来的全国大赛证明了大家的选择是正确的。陈老师在严考全、黄小颂两位教研员带领的东莞团队的帮助下，拿到了我们渴望已久的特等奖，而且是河西会场的第一名。高林生老师很高兴地给我打电话，祝贺我们广东有了突破。湖北的教研员得知消息后还"责备"我们"挖"走了他们的好苗子呢。我觉得，陈老师在素养大赛上折桂是水到渠成的事情。在全国大赛前，我们到东莞松山湖实验小学指导他备赛，听市教研员严考全老师、学校冯正华校长介绍，德兵最有优势的项目是现场答题，因为他藏书丰、读书多、知识广。市里的选拔赛，40 分的笔试题他得了 37 分，遥遥领先。从那一刻起，我就对此次大赛充满了信心。后来果真如我们所料，他现场答题非常出色，跟在省赛上的表现一样棒！而他的课一如既往，沉得住、有新意、有激情，所以评委们都赞赏有加。

全国大赛后，陈老师依然谦虚好学，埋头苦读。《小学语文教学》《小学语文教师》《名师说课》等刊物上能经常见到他的课例、文章。好些地方要我推荐名师去示范教学、开设讲座，我都极力推荐陈老师。活动结束，大家反馈给我的意见一致好，都向我表示感谢。这几年省里举行的大赛，东莞的选手都取得令人瞩目的成绩，这是因为东莞小语已经凝聚成为一个非常有思想、非常有战斗力的团队。其中就有陈德兵老师。我看到不论是谁参赛，都有陈老师忙前忙后的身影。我想，作为东莞小语的一员，他是很开心的。

这几年，陈老师在专业上仍然不停向前，相继被评为市学科带头人、市名师工作室主持人。我也一直关注着他的工作室开展活动的情况。从 2016 年 3 月工作室成立，到 2017 年年底，不到两年的时间，他的工作室就开展了 21 次培训活动，而且这些活动的档次都很高，老师们受益匪浅。因为他谦虚随和、乐于奉献，所以有吸引力。陈老师还和珠三角一批有志于语文教学教研的青年教师一道举办了几次珠三角的小语教研活动，都取得了非常好的效果。就这一点而言，我在心里为他点赞。因为他成功后想到的不仅仅是他自己，而是更多的老师。从这个意义上来说，我鼎力支持他们开展这样的活动。

陈德兵老师是一个爱学习、爱思考、有干劲、有思想的好老师，也是一个脚踏实地、不图虚名、乐于奉献的行动者。我祝愿他在专业之路上发展得更好！

扎根沃土　奋力向上

夏循藻（湖北省武汉东湖新技术开发区教育局）

　　德兵是我在荆州市实验中学小学部工作时的同事。1993 年 7 月，我和学校校长、书记一起到湖北省仙桃师范学校挑选优秀毕业生。当时，他的班主任鼎力推荐，说他素质全面，功底深厚，是一个好苗子。经面试果然不错，他有思想、善谈吐、反应快，的确是一块难得的材料，当场就决定录用他！来到学校，他一直教语文，并先后担任班主任和教科室主任工作。无论是教学工作，还是管理工作，他都善于思考、非常投入、很有办法，受到领导、家长和师生的一致好评。

　　2005 年 8 月，他决定只身到深圳闯荡，我当然不舍，和他在荆州古城外环道走了好久，也谈了好久。于公，我希望他留下，因为他是一个得力的干将；于私，我支持他出去，我知道他有抱负，需要更大的舞台。我鼓励他说，好男儿志在四方，祝你成功！2006 年，他又辗转到了东莞，一路打拼，一路高歌，终于在 2008 年 9 月底稳定下来。这些，他都没有告诉我，是我后来才知道的。可以想见他该经历了多少曲折、多少坎坷。

　　在我的印象中，德兵是一个极爱学习与思考、喜欢上课与写作的人。

　　德兵酷爱阅读。坚持理论学习，夯实文化底蕴，追求专业发展，他一直行走在路上，且据我所知，双休与节假日是他学习的大好时机。1994 年 6 月，他报名参加自学考试，经过六年的"抗战"，他最终以优异的成绩获得专科和本科文凭。不管到哪里出差，他都会带回大量的图书。他的书架上摆满了各种书籍，既有教育理论著作，也有文学名著、文学理论专著，还有书法名作、国学经典等。他还订阅了大量的专业杂志，他的办公室里一个高大的报夹上总是挂满各种专业报纸。他还自费参加各种业务培训学习，利用一切机会向专家学者讨教。接触吟诵后，他非常感兴趣，中华吟诵学会的初级、中级培训他参加了好几期。当他得知周祖庠先生到深圳开班讲学时，他便坚持周末到深圳追随周老学习文字学、音韵学。

德兵善于思考。反对人云亦云，摒弃随声附和，是他一贯的风格。不管是习惯性的说法，还是常规性的做法，他都喜欢问个为什么，说个所以然。对于司空见惯的教育现象，他总能有自己独到的思考与见解；对于传统的课堂教学，他有着自己独特的理解和感悟；对于教育专家的观点，他总是认真琢磨、细心体会，有着自己独特的解读与分析。网络论坛特别红火那一阵，他也兴致颇高地参加论坛上的论辩。经过这样的"唇枪舌战"，他"认识"了一批同好网友，对教育教学的理解也更加透彻了。

德兵喜欢上课。他是扎扎实实从课堂的摸爬滚打中成长起来的，他的课也随着教龄的增长而日趋炉火纯青。1995年5月，参加荆沙市首届青年教师阅读教学大赛，他执教《月光曲》，获得二等奖。作为一个刚走上工作岗位两年的青年教师，已属不易，但是德兵却把它当作一次滑铁卢，开始了卧薪尝胆的奋斗。几年的积淀，终于迎来了一次次绚烂的绽放。2000年12月，荆州市教科院组织"创新教育"研讨会优质课竞赛，他执教《詹天佑》，一举夺冠。2001年4月，他执教《谜语天地》，又获全市活动课竞赛第一名。到南方后，他成长的脚步一直没有停止。2005年，他参加深圳市小学习作教学微型讲座比赛，获得一等奖。2010年，他参加东莞市小语青年教师阅读教学大赛，执教《桥》，获得满堂喝彩。2012年元月，他参加全市素养大赛，获得第一名。2012年2月，他参加全省素养大赛，又以绝对优势获得第一名。2012年3月，他参加全国第四届小学语文教师素养大赛，以全场最高分荣获特等奖。

德兵坚持写作。1995年12月，其论文处女作《从课后习题看"比较"在语言训练中的作用》发表在专业杂志《小学教学研究》上，此后便踏上了发表文章的快车道，每年均有教育类文章见诸报刊。2001年，其论文《词语教学例话》在《小学语文教师》上分几期连载，广受好评。教学实录《詹天佑》刊登于《小学青年教师》，教学实录《鱼游到了纸上》刊登于《湖南教育》。这两篇实录我都为他写了点评。在《詹天佑》一课的教学中，他大胆地采用变序式教学，让詹天佑的"杰出"和"爱国"在学生心中留下深刻的印象，并通过抓住重点词句进行理解阅读，训练到位，很好地帮助学生体会到了詹天佑的精神品质。这几年，我在《小学语文教学》《语文教学通讯》和《小学语文教师》等专业刊物上经常读到他的实录、论文，通过这些文字，我欣喜地看到他始终站在语文教学发展的前沿。

2017年，他与人合著统编版教材《小学语文优课设计》两册，寄我一套。这套书编写精良，实用性很强，自然受到一线教师的普遍欢迎。2017年底，他又应邀参加了统编版语文教科书配套《教师教学用书》的编写工作。从此，他的业务上了一个新的台阶。

德兵注重团队打造。他深知一花独放不是春，成立名师工作室以后，他带领成员认真阅读教育经典，分享读书收获，观摩名师课堂，聆听专家讲座，开展同课异构，探讨不同体裁课文的教学方法，使青年教师快速成长。他的名师工作室加入全国联盟后，积极参加各种活动，发挥了辐射与带动作用。作为一名基层教研员，他牢牢把握住语文教学的根本规律，创造性地开展教研活动，带动了整个镇区小学语文教师整体水平的提升。最近几年，他受邀到全国各地上课、讲学100多节（场），跟大家无私分享自己的理论思考与实践经验。我们东湖开发区几次请他来讲课、做报告，都受到老师们的热烈欢迎。

从德兵身上我们看到了勤于学习、善于思考、勇于探索、精于写作、乐于分享，这是青年教师走向成熟的有效途径，也是教师专业发展的必然选择。

成长故事

南京参赛记

在公开课中涅槃

我的2018年

南京参赛记

2012 年 3 月 25 日至 29 日，难忘。在这几天里，我深刻体味到了友情的弥足珍贵、选择的无比纠结，还平生第一次品尝到了失眠的滋味。我应该用我笨拙的笔头把它们一一记录下来。也许，对将来参赛的朋友们略有帮助。

故地重游

3 月 25 日 7 时，我和我的团队从松山湖实验小学启程，踏上了全国第四届小学语文教师素养大赛之旅。陪我出征的有市教研员严考全主任，松山湖科教局汤岳军老师，我们市小语界的精英郝洁、吴桂贤、汤俊、石哲菁，还有来自全市各校的小语同行。我知道，还有一个团队在东莞整装待命，等待着我在南京抽签的课题。市教研员黄小颂老师将组织他们在第一时间讨论、备课。

想想 2011 年的这个时候，我作为备赛团队的一员全程陪同好友吴桂贤参加了全国第三届小学语文教师素养大赛。桂贤比赛完后，几个老师开玩笑说："德兵，明年就看你的了！"我赶紧推辞："不行！不行！我还得在家里再锻炼几年！"没想到，这个玩笑居然变为现实了。2011 年我们陪着桂贤经历了比赛的每一个环节，跟他一起煎熬，和他一起紧张，仿佛就在昨天。我们一起参观南京大屠杀遇难同胞纪念馆，一起畅游秦淮河，一起漫步玄武湖，仿佛就在眼前……

故地重游，倍感亲切！

上午 11 点半到达南京机场。在机场附近简单用餐后，我们利用半天闲余时间游览了总统府和中山陵。

在总统府，我留意的是黄惇、言恭达等当代名家的楹联书法和里面的一家书店。书店里好书不少，但是不打折，纪念品也贵，故而也只是走马观花。桂贤给他女儿佳桦买了几本书作为生日礼物，好细心的父亲！在总统府转了一圈后，我们来到总统府邮局，把门票寄给了家里。我将我们家的两张门票分别寄给了溪如和佳桦。汤俊在旁看着，我们开玩笑说："你也寄给儿子吧！"汤俊腼腆地说："还小！"他儿子才几个月，在湖北老家。

对中山陵向往已久，今日方得前去拜谒。为了细心体会，我特地脱离了"组织"，一个人慢慢地攀登着那一坎坎台阶，心中默念着那个伟大的名字。看着孙中山留下的笔迹，眼里竟有些潮意。

临时"搬家"

3月25日晚，我们抵达宾馆。我作为参赛选手住在金陵之星大酒店，大部队住在旁边的人口宾馆。

真是太巧，我放下行李下楼时，在电梯里遇到了小师弟袁志博，他是湖北的参赛选手，读书时比我低三届，我毕业，他入学。虽然在学校里没有机会相识，但是在后来省里组织的活动中遇到过，听过他的发言，印象很深。他年纪轻轻就做了市小语会的秘书长，可见他的实力。因为我要与大部队会合，所以只是简单寒暄了几句，互相送上彼此的祝福："加油！"

3月26日9时选手集中，分别装才艺展示课件。组委会老师安排我到A组那个老师处装课件，我心里嘀咕：组委会不是告知我在B组吗？怎么在A组装课件呢？我问了那位老师，她回答说："分组情况还没有出来，等一会儿才能公布。"我想：莫非情况有变？且先不去想它！九点多，严主任打电话问分组情况，说便于订入场券和午餐。我只好请严主任先等等。

十点整，选手到齐，组委会沈高明老师组织我们开会。他首先对我们这些选手表达了肯定和赞扬，然后对照比赛流程逐一讲解了一些要求，最后回答了选手的提问。沈老师语言清晰，语气亲切，回答得体，给我们留下了深刻的印象。我想：难怪每届比赛都举办得如此成功，原因就在于组委会想得特别周到、工作做得特别细致。

我问了一个问题："粉笔字书写前，为什么要安排 1 号选手抽签，并让他逐一分发字条呢？不能安排一个工作人员吗？这样对 1 号选手而言，准备时间会短了很多，不太公平啊！"沈老师回答说："你怎么知道你就是 1 号呢？"我说："我不是为我自己争取什么。无论谁是 1 号，都不太公平啊！"没有得到满意的答复，但是现场比赛时，组委会还是做了一点调整：1 号选手抽签选择书写内容没有变，但是将抽签和分发字条的时间改为我们正式上场前了！也就是说，我们上场后，每个选手准备的时间是相等的。而且，在台下分发字条时间更短。看来组委会还是考虑了我的意见的。这种虚怀若谷的品质令人赞赏！

接着，宣布分组名单。我果真到了 A 会场！师弟在 B 会场，我们之间避免了"同室操戈"的尴尬。抽选序号签，我抽中了 15 号！赶紧打电话给严老师。大家都觉得这个号码不错，是"压轴戏"。我知道这是大家在鼓励我呢！

预备会议结束，我赶紧同严主任、汤老师商量：A 会场离金陵之星大酒店太远了，我想到会场附近去找个酒店住下，便于休息和备赛。两位领导当即表示支持和赞同！于是，我们午饭后立即办理了退房手续，桂贤和汤俊帮我们搬运东西，打的到了金陵中学河西分校，就在学校附近找了一家干净整洁的小宾馆住下了。现在想来，这次"搬家"是正确的，为自己赢得了更多时间！

提前"踩点"

在我心目中"踩点"一直是个贬义词，意思是小偷在下手之前预先摸准被盗对象的详细情况。可是在南方，"踩点"成了中性词，学生大型考试之前预先去熟悉考场也被称为"踩点"，就像"入伙"是个中性词一样。入乡随俗吧，明天就要比赛了，先去赛场"踩点"！感受感受气氛，熟悉熟悉环境，也许有利于正常发挥。

从宾馆出来，左转步行 100 多米就是金陵中学河西分校的正门。"金陵中学"四个金色大字一看就是赵朴初先生的手笔，诚为难得！我们亮出"参赛证"，跟保安说明情况，没想到保安一点面子也不给！无论我们怎么说好话，就是不答应，说我们会影响学校的正常教学秩序！无奈之下，我们准备打道回府。

"你们比赛的地方就在北门旁的体育馆，咦，那就是！"保安在我们离开时指点了一下。只见宽阔的操场尽头耸立着一座高大的建筑物。

桂贤提议："我们到北门去试试？"桂贤去年参赛，在审计学院会场，他说比赛前一天晚上他一个人去现场看了看，心里就很有数了。所以他坚持去现场看看。

运气真好！北门的保安态度友好多了，我们略作解释，他就让我们进去了。

会场的确很大，比赛的舞台跟去年桂贤比赛的场地差不多，底下已经摆满了椅子，我们粗略数了数，可以容纳2000多人。几个工作人员在有序调试设备。整个会场显得很静谧，巨幅的会标背景热闹而喜庆，谁能想到接下来的三天这里将演绎怎样的精彩呢！

桂贤指导我怎样稳健地走上舞台，怎样自然地跟观众交流眼神，怎样站定，怎样行礼……反复演练了几遍，直到桂贤觉得满意了为止。其实，这些都是复习，在家里准备时，桂贤已经跟我交代过了。我记得去年有一个论坛进行直播时，版主夸桂贤台风好。那位版主真有眼光！

"意外"相遇

回到宾馆，竟然一下子无所适从了，不知该干点什么。书，看不进去；电视，没什么好看的；逛街，附近也没有什么商业街，都是一片方兴未艾的样子。迷迷糊糊睡了一会儿，忽然，电话响了！

"兵哥，你们住哪里？我快到金陵中学河西分校了！"原来是"郝洁名师工作室"的学员邹悦斌！接到这个电话真是意外！

我赶紧告诉他我们的地址和来这里的线路。他说要在这边全程观摩比赛，为我加油，想在附近找个地方住下。我赶紧下楼问前台还有没有空的房间，前台说还有一个单人间，我订下后走出宾馆，在马路上张望，盼着那个熟悉的身影出现。

尽管我们在工作室活动中单独交流很少，但是，见面了还是感到无比亲热！待他安顿下来后，我们在附近找了一家徽菜馆，边吃晚饭边聊。

悦斌说，他此次是来无锡跟岗学习的，听说我要来参赛，他作为工作室的一员特别兴奋，找跟岗学校的领导帮他弄了一个听课的指标。本来无锡来的老师都住在南京林业大学附近，当他打听到我在河西会场时，便义无反顾地立即退房，赶到了这里……我听了觉得心里暖暖的！我把比赛放在了脑后，话起了家常。也许，这是最好的放松！

这"意外"的相遇给了我太大的惊喜，我仿佛又增添几许信心。

晚上，调好墨汁，试了试笔，感觉还行。为了明天早点起床，比往常睡觉提前了一个多小时。

"涉险"过关

在五项比赛中，我最弱的是课文朗读。

27 日正式比赛的第一项就是朗读！前边有选手抽签开始准备了，我只能老老实实在座位上待着，因为我是 15 号呀！

早晨，南京的气温还比较低，加上体育馆里很空旷，我又只穿了一件衬衫，一件立领西服，感觉凉飕飕的。

"15 号抽签！"

我希望幸运一点，能抽到一篇曾经练习过的文章，比如《匆匆》之类的。打开签一看，《放风筝》，虽不熟，但好像不难，心中平静了一些。因为我们抽签的时间都提前了一点，所以我的团队都还没有过来，我便一个人赶紧到赛场外练起来。读了约 3 遍，桂贤他们过来了，阿柏重点纠正了一下我的轻声，桂贤他们重点纠正了一下几个情感浓烈的地方的表达。

上场！眼前跟昨天"踩点"一样，只是座位上满了人！

我淡定地扫视全场，行礼，然后开腔。我听到了音箱里传出的自己的声音，音量合适。就这样一顺儿读了下来，没有一个错误。不过，处理失当的还是有两处：一处是写男孩的眼睛的两个句子，间隔长了一点，应该再紧凑一些。二是后半段抬头的次数偏多，没有贯彻桂贤的意见。

还好，评委很包容，给了我 14.25 分，与第一名 14.317 分相差 0.1 分不到，暂列第四名。

正常发挥

第二关，粉笔字书写展示。

这是我最自信的一环，无论是市里的初选，还是省里的比赛，我的粉笔字都是第一名。在以前镇里举行的教师粉笔字大赛上我也夺得了冠军。这主要得益于师范读书期间老师对我们的严格训练，也得益于自己坚持练习书法。更幸运的是，我的书法老师张志宏先生现在就在深圳，我仍能像在学校读书时一样经常得到他的指点。参赛前我特地去拜访张老师，张老师又教了我两个绝招。张老师更多的是鼓励我，相信我绝对能在粉笔字书写这一关上取得好成绩。

排队，领小黑板，接过 1 号选手发给我们的字条。我看了一眼，没有特别复杂的字，看来组委会还是挺为我们选手考虑的。在赛前的几次模拟演练中，桂贤给我挑的都是一些笔画多、结构难摆的字，当然，我得感谢桂贤，因为有了更高难度的"折腾"，应付起简单的问题就轻松多了。

上场。我们最后三个选手被挡在了投影屏幕后面。于是，主持人让我们把黑板搬到屏幕前，处于众目睽睽之下了。在准备阶段，我写好自己的序号，然后迅速点好六个小点。这是张老师教我的第一个绝招，这样一来，就能保证作品的整体效果。

一声哨响，书写开始。一切都在掌控之中，我不慌不忙。在家里练习时，我写完四个成语最快只需要 2 分 10 秒。目前最需要注意的是汉字的笔顺，生怕在这个地方丢分。我写"丹"字时特别注意了一下，改了平时的习惯，最后两笔先写点，再写横，毕竟这是大赛！写到第三个成语时，觉得"冷"字写得不太好，赶紧擦掉重写。因为黑板是全新的，不管我怎么擦，还是留下了一些痕迹，美中不足！到最后一个成语"浩气长存"了，刚写完"气"，一声"当"吓我一跳！难道时间到了？哦，明白过来了，这是提醒还剩最后

30 秒了。我一气呵成写完了"长存"。站起身，擦掉那六个不显眼的小点，然后转身。只见很多老师举着相机朝我这里涌过来，咔嚓咔嚓照个不停。我想，可能是我速度最快吧！

时间到！还有老师挤过来拍照，一位老师一边照还一边冲我竖起大拇指。我明白了，他在夸我呢。评委亮分，我的粉笔字书写拿到了本场最高分 14.45 分。点评时，王惠松老师特地表扬了我，心里很甜！

这一关，算是正常发挥吧！

有个感觉还要跟大家分享：练好马步很重要！在写到最后两行时，由于位置较低，人必须压低重心，这时最好就是扎马步了！马步稳当嘛！我在凤凰语文论坛上也看到了一张照片，拍下了大家写字的各种姿势，我觉得还是扎马步最好看！哈哈！

心里打鼓

接下来是才艺展示，这是全场老师最期待的一个环节。虽然分值不高，但是整个过程的确让人赏心悦目，惊叹不已。

就拿我们这个会场来说，1 号选手的独弦琴就给人耳目一新的感觉，那美妙的声音、那轻柔的动作、那婀娜的舞姿，仿佛把我们带到了美丽的壮乡；3 号选手（后来知道是新疆的郭飞老师）的水墨巨龙腾空而起，一段热烈奔放的维吾尔族舞蹈沸腾了整个会场；8 号选手（后来知道是重庆的刘晓波老师）的一首《我的中国心》，配以拍摄精美的 MTV，活脱脱一个张明敏第二；12 号选手（后来知道是江苏的胡修喜老师）的激情朗诵《最后一只藏羚羊》催人泪下……每个老师亮出的都是自己的绝活！

看着看着，我心里打起鼓来：我的那点才艺算才艺吗？吟诵，很多人没有接触过，甚至都没有听说过，要是被人当作唱歌该怎么办？书法，更是普通，会拿笔的人都会两下子，没有什么特别之处嘛！而且，现场书写时尽管有背景课件演示，但是没有比较强烈的视觉冲击，说不定会冷场的……想到这里，真的没法自信起来！后来心一横：不想那么多了，只要能让更多的人了解到吟诵我就心满意足了！所以，我必须以最好的状态展示吟诵的魅力。

上场前，调好了笔墨，备好了印章。桂贤、汤俊、老唐他们几个帮我把桌椅用品摆放到位了。

我走上场，面对评委、观众行欠身礼，然后拿起毛笔，冲道明点头示意：可以播放课件了。

熟悉的旋律响起来了，我仿佛就是陆游，来到了沈园，看到了唐婉，看到了她哀怨的眼神。我轻轻吟诵起来："红酥手，黄縢酒……"上阕吟罢，赶紧舔墨，伴着古筝用行草将上阕写了下来，演示课件也变成了吟诵的文字和图片介绍。我没有时间抬头看台下，只是一直担心的冷场的情形没有出现，我没有听到一丝嘈杂的声音。落款、钤印，两分钟，完成！我放下印章，拿起折扇，走到书案旁边，接下去吟诵下阕。同时志愿者在书案后面展示了我刚才写下的作品。

评委要亮分了，我的心跳到了嗓子眼，心里暗暗祈祷千万别跟其他选手相差太远！

"15号选手才艺表演的得分依次是：5分、5分、5分、4.9分……"天哪，我简直不敢相信自己的眼睛和耳朵！台下的老师们也发出一声声惊呼！最后，我拿到了4.95分，和3号选手并列才艺第一名。

主持人破天荒地采访了选手："请问15号选手，你是书法家协会会员吗？"

"我是市书协会员。"

"祝贺你在前面两个环节都拔得头筹！"

"谢谢评委们的抬爱！谢谢！"

走下场，我还在纳闷：我的才艺有那么优秀吗？伙伴们告诉我："你写字时摄像机一直追着你的手走，大家都没有看课件，被你的笔尖吸引住了！""别的选手只是写两三个字，你这么短的时间内写这么多字，一气呵成，可以显示出功底！"

也许伙伴们分析得对吧！那些觉得自己缺少才艺或才艺不佳的老师们，应该能从我这里得到一些启示吧？

夜晚买药

估计是上午穿得少，在体育馆里着凉了，傍晚，我觉得有点低烧。伙伴们都急了，赶紧打听附近有没有药店。

因为这边是新区，设施都不完善，在街上问了好几个人，他们都说不知道。我有点后悔没有听才华的话了。临行前才华发来短信提醒我带点常备药，我看行李太多就没有带。现在看来才华的提醒太有必要了！怪我自己没有听进去，总觉得自己身子骨硬，没问题的！吸取教训！

终于在一家小超市里打听到了，离这儿不太远的地方有一家小诊所。我们三人一边走一边聊，继续打听诊所的准确地点。

不到二十分钟，我们步行找到了那家小诊所，买了一盒双黄连口服液。

这药买得太及时了！

前所未有

前所未有的艰难！

28 日早上 7 点，我们准时起床，在附近简单吃了一点早餐就和悦斌来到了会场。

"15 号，抽签！"

箱子里只有两张字条了，会是什么课文呢？我伸手进去，摸到了第一张，就是它了！打开一看，《窃读记》！五年级上册的第一课。

说老实话，每册教材的第一课，基本没有人拿来上公开课，也少有人去研究。因为处在开学的当口，大家的心思都还在组织孩子报名入学、检查假期作业上呢！

没办法，硬着头皮上！

赶紧回宾馆，核心团队的成员们早已等候多时了！从网上下载课文及教参，分别打印出 10 份，分发下去。严主任指示："分组各自研读教材，写出教学简案！11 点准时集中！"

我呢，也赶紧上网搜索相关资料。我想要的是一两个亮点！是灵感！

搜到了王小庆老师的一篇文章——《〈窃读记〉被窃了什么》，谈文章修改问题。这篇文章我在《小学语文教师》上读过，有些印象，但不深，杂志也没有带在身边。网上下载不了，付费都不行！怎么办？我想到了金铭，赶紧在QQ上呼叫，不应。赶紧给他电话，说明情况。不巧，金铭在外，不在编辑部。我说："找文君老师可否？"

"文君老师也在外面呢！你别急，我问问王小庆。"

一会儿，电话来了，金铭已经联系了王老师，并告知了王老师的联系方式。几经周折，王老师终于找到了他的底稿，无私地传给了我。非常感谢！

我细读了王老师的文章，又从网上下载了《窃读记》原文，认真读了好几遍！当时冒出一个念头：一定要将原文部分段落引进课堂！至少要激发起学生阅读原文的兴趣！

只有30分钟！学生课前不知道上什么课文，更别谈预习了。课文初读是必需的！生字教学是必需的！整体把握是必需的！朗读指导是必需的！课文表达形式的关注是必需的！语文味是必需的！……几个必需下来，还剩几分钟可以深入一下？还剩几分钟可以用来打造"亮点"？

一头雾水！

集中时间到。三个小组分别介绍了他们的方案，严主任也拿出了一个方案，留守东莞的团队也在黄小颂老师的组织下备出了一份简案。可是，意见分歧很大。有的认为重点放在三、四自然段，有的认为重点放在五、六、七自然段，有的认为抓几个叹词可以出彩，有的认为抓几个动词更好，有的认为在"味道"上多下点功夫……我将大家的意见一一记录下来。

午饭时间到，我说："都饿了，去吃饭！中午大家都休息，我也睡一会儿，下午认真对比一下几个方案，最后拿出一个我觉得比较可行的方案供大家讨论，好吗？"大家都赞同。饭桌上，大家谈笑风生，似乎对我充满了信心。但是，我自己心里还没有一点儿底。

下午两点半起床，我把自己关在房间里"消化"大家的方案。严主任几次敲门，问我进展如何，我都说"快了"，其实，什么时候有成型的初稿出来我自己心里也没有底。我知道做事一向严谨的严主任心里一定非常焦虑，但是又不忍心打扰我，只好问问情况又走出去。

约四点钟，向爱平老师来电询问我的情况，我向他实话坦陈："苦于没有找到亮点。"向老师一语点醒了我："抓'记'！"我明白了向老师的意思，抓"记"才是教语文！抓其他东西都只是教课文！境界果真不一样！

思路一下子清晰起来：首先初读课文，然后检查字词，接着整体把握，随后抓住一点深入开掘，最后回归表达方法。剩下的就是细节上的完善了！我把核心组成员全部叫过来，详细汇报我的想法，大家一致赞成！

严主任再次分工，导入的设计、过渡的设计、朗读的设计……必须细化！我则负责拿出教学简案。

一个小时左右，我的简案出炉。大家的任务也差不多完成，一份设计雏形初现！

吃晚饭去啰！

在餐桌上，我还在细读严主任给我的朗读设计方案，一个词，抓住了我的心，那就是"知趣"。我预感到"亮点"就在"知趣"上了！严主任的方案里有这样一句话：这"知趣"的本领可不是天生就有的，是在遭遇多次尴尬与屈辱之后才练就出来的本领呀！这句话是对"知趣"最好的解读，令人心酸。我被深深打动了！

无法入眠

吃完晚饭回来，我继续修改、完善教案。教案定型后，非常轻松！对明天的课充满了信心！

接下来，做了简单的 PPT 课件。等一切收拾停当，洗完澡，已是午夜一点多了。奇怪的是，在床上怎么也睡不着！脑子里一遍又一遍地过着"电影"，想象着明天课堂上的情景。我的一个问题抛出去，学生会怎么回答？我该怎么理答？都在我脑海里一一浮现。明天跟学生见面，只有短短十分钟，我该跟他们说些什么？既要拉近和他们的距离，又不能太过轻浮。黑板上什么时候该板书？分别写在哪个位置？如果课堂进行得顺利，可以在哪儿宣布下课；如果课堂进行得不顺利，又该怎样迅速结课不至于因为拖堂而扣分……这些问题一个接一个钻进我的脑海，有时候一个未想明白，另一个又冒出来，弄得我紧张不已！我极力闭上眼睛，强迫自己不要去想这些问题，可是，它们偏偏盘旋在我的脑际，挥之不去！于是，只好在床上翻来覆去，辗转反侧，难道，这就是传说中的失眠？

我暗示自己：不就一节课吗？和市里的比赛有什么区别？和省里的比赛有什么区别？不见学生的课，也不是上过一节、两节了，还有什么可怕的呢？课堂上还有什么意外不能调控的呢？……想着想着，迷迷糊糊睡了过去了，也不知道是什么时候睡着的！

仍然不知是什么时候，居然又醒了！房间里射进一点昏黄的路灯的灯光。我将手机打开，看看时间，才凌晨四点多一点！老天，这个夜晚怎么这么漫长？

肚子也饿得咕咕叫了，房间里没有任何吃的，只好下床喝点水充饥。

再上床，怎么也睡不着了，脑子里又开始"过电影"……忽然想到课堂上不够轻松，是不是该设计一两个"包袱"呢？省教研员杨建国老师老夸我在课堂上比较有幽默感，在这节课上能有所体现吗？想想，哪里可以做做文章？有了！就在"知趣"上打主意！还真找到了一个"包袱"！赶紧翻身下床，打开电脑，修改设计和课件。

忙活了一通，看时间，才五点半。就睁眼躺着吧！六点多，天亮了，外面也有人们活动的声音了，起床！

短暂见面

29 日早上，我起床后想到的第一件事情是去装课件。组委会规定每半天装一次课件（当然也可以在课前几分钟装），为了不影响别人和自己上课，我决定还是在今天上午第一个选手上课前把课件装好。

回来吃早餐，面对可口的肉包和小米稀饭，居然没有了食欲。也许是夜里太饿了，现在饿得没有感觉了？也许心里装的全是课，没有心思想其他任何东西了？说不太清楚。忽然觉得困，回宾馆在床上又躺了约半小时。再次返回赛场时，第一位选手已经在现场答题了。

头脑里什么也不想了，静静地坐在选手区。其他选手都坐到观众区去了，我感觉孤零零的，呵呵。不知什么时候，严主任走过来，坐在我身边，我们简单地聊了一些轻松的话题。

第二位老师上课了。过了一会儿，组委会老师通知我去见学生。

根据要求，我现在只能跟孩子们一起待 10 分钟，而且谈话不能与即将进行的教学活动有任何关系，比如，不能告诉学生课题，不能做任何铺垫，不能读书给学生们听……那就跟他们玩玩吧！

我问了学生们的学校、班级、老师，又问了几个学生的姓名，他们都如实回答我了。我说："老师羡慕你们，因为你们都是名人！"学生们愕然，我接着说："有名字的人！"他们笑了！我进一步解释："因为此时此刻，我是一个没有名字的人！我不能告诉你们我的任何信息。不过，课上完了，我可以告诉你们我的名字、QQ 号。"

问到学生们最喜欢的电视节目时，他们跟我女儿一样，对《快乐大本营》喜欢得不得了。我让他们猜我最喜欢的江苏台的节目时，他们几乎异口同声地喊道："非诚勿扰！"有个学生还说："老师，你可以报名来参加《非诚勿扰》呀！"哈哈，把在场的所有老师都逗笑了。我的同事赶紧插话："那可不行，他太太就在旁边！"又是一阵爆笑……

10 分钟即将结束，我给学生们提了两点要求：一是上场拿到课文后自己马上开始默读；二是发言时一定要用话筒。

包袱未响

一声哨响，开始上课。

课进展得很顺利，南京的孩子就是不同！

我让学生们说说自己从文中品出的窃读的滋味，不到一分钟，一只只小手雨后春笋般地举起来。学生们真聪明，这么快就走到文本中去了。而且，他们的表达很完整，很有条理，很有个性！不一会儿，黑板上就写满了学生们自己的感悟……

"知趣"抓出来了！

"知趣是什么意思？你们能不能举个例子说明怎样做就是知趣？"这个让学生们为难了。

我立马给他们解围："比如，等会儿下课铃响了，我们就得——"

"知趣地下课。"学生们接得很好。

"对呀，老师已经听了两天半的课了，非常辛苦了！"

这就是我挖空心思准备的包袱！我以为，此处应该有掌声的，可是，不知道为什么底下掌声寥寥，跟我预想的效果相差太远了！

我读完从原文中截取的一个片段，几个学生简单谈了谈自己的感受。

"嘀——"一声长哨，时间到了。剩下的时间不到一分钟了，我得赶紧"刹车"！

"好在并不是每个卖书的人都像这个老板一样，有兴趣的同学，可以找出原文来读一读。同学们，我们知趣点，下课吧？"

学生们还沉浸在学习的情境中呢，没有反应。

"下课！"我大声宣布。台下掌声一片。

嗨！原来"抖包袱"也是要做铺垫的！

笑爆全场

接下来是答题。

主持人说："请15号选手选题。"

我一看，16道题已经被选了14道，只剩下2道了。谁让我是15号呢！

再细看，两道题分别是第2题和第4题。我没有多想，就故意搞笑道："那就二呗！"我特意把"二"稍稍说得重了一点、长了一点。

台下笑爆了。

也许是心态比较放松，也许是我运气不错，所有的客观题我都答对了。

第一题，问《清明上河图》描绘的是什么朝代的景象。这个简单，不用看选项。当然，为了表现得稳重点，我还是"假装"思考了片刻才回答。

第二题，从一幅书法作品中挑出一个简繁误用的字。作品写的是"千里之行始于足下"，因为长期练习书法的缘故，对汉字的简体和繁体都比较敏感，所以我一眼就看出"里"字的繁体写错了。后来，方智范教授在点评时又举了几个类似的例子，颇受教益。顺便透露一个小秘密，大家不妨订阅《咬文嚼字》这本杂志，我可是从中收获良多！

第三题，问《西游记》中唐僧的法名是什么。最让人着急的就是这题了！题目一出，台下的老师们都乐了。我从台下的笑声中听出了大家的意思：这道题实在太简单了！然而，我的脑袋却一下子短路了，到了嘴边上的答案就是说不出来，你说急人不急人？

"悟空、悟能、悟净，唐僧叫什么呢？唐僧不就叫唐僧吗？还叫什么呢？长老？不对呀！……算了算了，放弃吧！"这么一想，倒轻松了！"嘟——咔咔咔——"最后10秒倒计时开始了！就在这时，我脑中忽然灵光一闪："玄奘！"我脱口而出！台下的老师们又一次哄堂大笑！他们在为我感到庆幸呢！

第四题，几部儿童文学作品和其中的主人公连线。除了《我要做个好孩子》外，其他我都读过，分别是《时代广场的蟋蟀》《爱的教育》《青铜葵花》。先易后难，剩下的"金铃"当然是《我要做个好孩子》的主人公了！轻松过关！

第五题，提出"罢黜百家，独尊儒术"的是谁。因为前面四道题我都答对了，所以这道题由台下的老师们抢答。如果没有人举手，我倒想拿一份奖品了，哈哈！

主观题是关于培养学生"读者意识"这个话题。当时的我第一反应是一本儿童文学名著《亲爱的汉修先生》，获得过纽伯瑞儿童文学金奖。里面的鲍雷伊就是一个不会写作的孩子，但是后来在跟作家通信的过程中不知不觉学会了写作！其成功的最大原因就是鲍雷伊写作有了"读者意识"。我想从这本书谈起，那样该是多么有说服力呀！可是，我的脑子再次短路，不仅不记得书籍的名字，连主人公的名字也一下子想不起来了！关键时刻，怎能这样呢？没办法，只好按照常规思路来答题了，不过还是说出了管建刚的名字。我印象中他是第一个明确提出"读者意识"的小学语文老师。他的做法我也一直坚持着。最后，我的主观题得到了6.825分。评委们再次给了我巨大的鼓励！

拥抱团队

我的总成绩即将揭晓了。那一刻，我心里竟那么平静。我想，不出太大的意外，杨老师、严老师、黄老师对我的期望应该可以实现了，我们应该可以抱一个特等奖回去了。

我的课堂教学最后得分是 47.78 分，总分 96.255 分。台下老师的惊呼告诉我，我可能是本场最高分。

什么都听不见了！走下台，我紧紧拥抱了桂贤，拥抱了严老师，拥抱了道明……一句话也说不出来！我知道，这个成绩不应只属于我，而应该属于大家！

在第一时间，我以最简短的短信把结果告诉了我的几位恩师和最牵挂我的几位兄长、同学、亲人。

敬爱的老师，谢谢您的教诲！

亲爱的伙伴，谢谢你的帮助！

可爱的同学，谢谢你的关心！

本性难改

最后是颁奖。

为我们颁奖的是我们小语界的泰斗——敬爱的王兰老师！王老师虽然年过古稀，但是精神矍铄，穿着一身红色的长呢外套、一双红色的靴子，显得格外喜庆！

王老师同我们一一握手，向我们表示祝贺，给我们颁发了奖杯和证书，并和我们合影留念。

主持人又不让走，来了一个"突然袭击"：问我此刻想说点什么。

懵了，事先打个招呼也好呀！

没时间想了，先轻松一下吧："感谢 CCTV。"

场下笑成一片。

真的来不及组织语言，但是感受的确很多，又不知从何说起！我想，我们之所以能站在这里，首先得感谢大赛组委会，感谢凤凰母语研究所，感谢所有工作人员的辛勤劳动和默默付出。想到这里，我不假思索，脱口而出：

"首先，我们要感谢大赛组委会和凤凰母语研究所，是你们用辛勤的劳动为我们搭建了这样一个锻炼自己、展示自己的舞台！

"其次，感谢我们身后的团队。我要特别感谢省教研员杨建国老师、市教研员严考全主任、黄小颂老师对我的指导，感谢兄弟姐妹们对我的帮助！

"最好，感谢现场听课的老师们，是你们热情的掌声和巨大的支持才让我有如此表现！

"谢谢！"

向大家深深鞠躬！

一言难尽

其实，要感谢的人何止上面提到的这些呢？终于明白，在奥斯卡颁奖典礼上，为什么几乎所有的获奖演员都在众口一词地向大家表达着内心的感激！我也终于明白，这些言语不是套话，而是发自肺腑的最真实的心声！

记得去年这个时候，我向学校提出想来南京陪同桂贤参赛并观摩比赛，学校在反复考虑后答应了我的请求。如果没有曾剑辉校长的远见卓识，我能有今天的从容自信吗？

记得二月份的省赛，我抽到二年级的《宿新市徐公店》，大家为我10多年未教过低年级而产生的担忧和焦灼让我永生难忘。大家为了课堂创新讨论到深夜。小颂老师更是细致到为我推敲每一句过渡语。才华、升旭，科教局的叶妍老师一直陪我参加完省赛，却未能到南京看看总统府……

记得省赛结果出来后，其他各市的教研员语重心长地给我提建议，省教研员杨建国老师第一时间赶到我们学校，跟学校一起商量备赛事宜……

记得备赛期间，学校领导为了让我专心致志地准备比赛，特地给了我三个星期的学习假，让我得以全身心地去读书、去拜师……

记得备赛期间，市教研员严主任、黄小颂老师几次组织真刀实枪的模拟演练，核心团队的成员全程参与，他们陪我一起熬夜、一起伤神，然后全方位地提出改进意见……

记得东莞理工学院播音主持系的李缨老师，悉心指导我的普通话和朗读，教我怎样用气发声，不厌其烦地从最基础的地方教起，一次次给我示范，反复纠正我的错误，并给我极大的鼓舞。

记得我去拜访我的书法老师张志宏先生。张老师得知我去参加这个比赛，倾囊相授，让我的粉笔字和毛笔书法在短时间内又上了一个台阶；在我电话相邀后，张老师亲自从深圳驱车赶来，到我们学校手把手地对我进行指导……

记得去拜访前来东莞讲学的著名特级教师余映潮先生，在宾馆里，余老师放下手头的工作向我面授机宜。

记得校长冯正华多次找我谈心，让我放下思想包袱，轻装前进。尽管他要去美国考察，不能陪我到南京去比赛，但是他无时无刻不在关注着我的备赛、比赛。大赛前一天，他两次从美国发来短信："马到成功，旗开得胜！""大度！大气！大胆！"给我增添了无穷的力量！

知道我去参加全国比赛的人并不多，但是他们都牵挂着我，牢牢记得我"出征"的日子。那些天，师兄刘创从深圳发来短信，同学陈涛从武汉打来电话，老同事廖鉴光也为我加油鼓劲。珠海的好朋友周艺峰、深圳的好朋友雷丽君竟然在现场为我加油……

备课的那一天，我只知道黄小颂老师在家里组织了一个团队在同步备课，但是，我至今却还没有弄清楚这个团队里究竟有哪几个人。

在备赛、参赛的这段时间里，学校安排沈冰老师代我的课，孩子们、家长们也都在默默支持我……

在这里再次向大家深深鞠躬！

在公开课中涅槃

一个老师的成长，我觉得离不开公开课。参加工作 20 多年来，上过多少公开课，我自己都已经记不清了。不管是什么性质的公开课，我都不敢有丝毫懈怠。每一节公开课，不管是成功还是失败，都是一次磨练，都是一次成长。每一节公开课，或许留下懊悔的败笔，或许留下窃喜的片段，不知不觉，就在公开课中获得了成长。

刻骨铭心的失败

我于 1993 年 6 月毕业于湖北省仙桃师范学校，同年 7 月被分配至湖北省荆州师专附属中学（今湖北省荆州市实验中学）小学部任教。刚踏上工作岗位，热情高涨，一边研读名师的论文、设计、实录，一边悄悄地在自己的课堂上复制。丁有宽、万永富、周一贯、左友仁、袁容、朱作仁、李吉林、于永正、贾志敏等老前辈的著作、文章、课例百看不厌。可能我还算不笨，课堂教学居然也能偶尔得到领导和同事的称赞。

1995 年，荆州地区和沙市市合并为荆沙市，全市举办首届青年教师阅读教学大赛。我们学校规模不大，正值青黄不接的阶段，学校决定派我参加这次比赛。我接到任务，既兴奋又紧张，赶紧确定参赛篇目，又从图书馆借来一大堆参考资料。经过一番七拼八凑，弄出了一份自己觉得"像样"的设计。经过几次校内试讲，小小调整了教案的我便走上了赛场。

我执教的是《月光曲》，我的教学重点是让学生欣赏《月光曲》的优美，学习、分清现实和联想，弄清《月光曲》谱写的经过，了解贝多芬是一个怎样的人。一开课，为了让学生感受《月光曲》的美，我用录音机播放了乐曲的三个片段，请学生描述自己的感受。我再用简笔画将三个对应的画面一一展现出来……这个环节下来，我发现学生全都面无表情，我自己的情绪也一落千丈。至于后面的一问一答，对学生和我来说，都是一种痛苦的煎熬……比赛结果可想而知。

市教研员许世钧先生在最后点评时，提到了我的这节课。他说："《月光曲》的谱写，是因为穷兄妹俩美好的心灵深深打动了贝多芬。文章第二、三、四自然段写什么？就是写兄妹俩穷！住的是茅屋，点的是蜡烛，生活的唯一来源是哥哥制作皮鞋，连一张音乐会入场券都买不起……提领而顿，百毛皆顺。我们上好一篇课文，首先要认真研读教材……"许老师的话重重地敲打在我的心坎上，让我羞愧不已。为了上好这节课，我可曾老老实实研读过教材？课堂上有哪一点东西是我自己的？可曾对学生的各种有可能的反映做过充足的预判？上课之前是不是因为虚荣心太重而导致设计得过于花哨？……这次刻骨铭心的失败几乎摧毁了我的所有信心！我甚至怀疑自己是不是一块当语文老师的料！这节课至今也让我警醒！课，不能这么上！

卧薪尝胆的翻身

2000 年 12 月底，荆州市教科院举办的创新教学大赛在公安县实验小学举行。我有幸再次代表学校出征。我这次选择的参赛课文是《詹天佑》。

一篇经典老课文怎样上出新意？怎样体现"创新教育"的追求？我决心对课文进行调整，紧扣第四段的首句，将前后内容糅合在一起，让学生真真切切感受到詹天佑的爱国与杰出，感受到作者选材的精妙。

"詹天佑不怕困难，也不怕嘲笑，毅然接受了任务"，很普通的一个过渡句。我紧紧抓住它层层设问：①詹天佑接受了什么任务？请简单介绍一下这项任务。②完成这项任务，有什么困难？前后勾连，正面写的，侧面写的，看得见的，看不见的。原来，困难如此之大！如此之多！③完成这项任务，谁嘲笑我们？他们为什么要嘲笑我们？除了嘲笑，他们还干了什么？他们的目的是什么？这时候，适时补充背景资料，帝国主义卑鄙的嘴脸一览无余！

④面对如此艰巨的任务、如此巨大的压力，詹天佑为什么毅然接受了？他是怎么想的？怎么说的？怎么做的？……

这一句话，把全文带活了。在突破教学难点——设计"人"字形线路上我引导学生从生活中的楼梯、盘山公路入手，让学生感受詹天佑的过人智慧——他将盘山公路的建设经验运用到了铁路建设上来。只是火车掉头的方式与汽车不一样，因为火车很长，所以将类似盘山公路的铁路改成了"人"字形，这样便于火车掉头。

结课时，我又补充了相关资料，告诉学生：詹天佑不仅只用了四年时间就完成了六年的任务，而且还节约了几千万两白银！詹天佑用自己的行动向世界证明了：外国人能做到的，我们中国人能做到！外国人不能做到的，我们中国人也能做到！

这节课，学生上得热血沸腾，我也觉得酣畅淋漓。我真的领悟到了"提领而顿，百毛皆顺"的含义。评委们将我这节课评为了第一名。这是一堂卧薪尝胆之后的"翻身课"，让我重新找回了课堂自信。

突如其来的挑战

2012年2月19日，广东省小学语文教师素养大赛在广州市培正小学举行。此时，我已经来到东莞工作六年，有幸从全市选拔赛中冲出，代表东莞参加全省比赛。比赛有五个项目：课文朗读、粉笔书写、才艺展示、课堂教学、知识问答。我最忐忑的是上课——提前一天抽签决定上课内容，课前不能见学生，学生不预习，只有30分钟——跟全国大赛规则毫无二致。

报名时我填的是高段，结果抽到的签是二年级的《宿新市徐公店》。一时懵了，因为我有十多年没有接触过低段了！我们有选手提出疑问，省教研员杨建国老师说："一个真正优秀的语文老师，应该什么课文都能上，什么学段都能上，什么课型都能上。"好吧，赶紧备课。在市教研室教研员严考全副主任和黄小颂老师的指挥下，我们备课团队很快就理出了上课思路。没有最后敲定的是运用什么策略引导学生理解古诗意境。最常规的手段——一问一答肯定不能用，太俗了。用简笔画展现诗歌内容？李吉林老师用过，上届比赛选手执教这一课也用这一招。用情景表演、学生汇报的方式？于永正老师用过。

怎么办？智囊团成员陈升旭老师说，可否通过加一加、减一减的方式把古诗拉长、缩短？他一边说，一边比画，很兴奋的样子！升旭老师一下子勾起了我的灵感。果然，这节课因为这个环节大放异彩！我在课堂上跟学生玩起了"魔术"：一会儿将原诗改为六言诗，一会儿将原诗改为五言诗，一会儿将原诗改为八言诗。全班学生在我的"魔术"中一边读、一边乐，笑得东倒西歪，课堂气氛格外轻松热烈。在欢声笑语中，学生既理解了古诗的主要内容，又感受到了汉语的独特魅力，还培养了一定的创新能力。

这节课评委们高度认可，给了我全场最高分，把我送到了全国的赛场上。这节课也让我充满了迎接挑战的勇气！

酣畅淋漓的绽放

紧接着，3月26日，南京，全国大赛。抽签，《窃读记》！五上第一课！网上无可用资料！大家都在忙着开学呢，谁用它来上公开课呀！严考全主任组织大家研讨了一上午，形成了完全不同的两条思路；黄小颂老师在家里也组织全市小语精英经过热烈讨论，给出了一套方案。怎么选择？一个下午的思考、挣扎，没有定稿。晚餐时，严主任在餐桌上提到了"知趣"这个词，说可以在它上面做点文章：这"知趣"的本领可不是天生就有的，是在遭遇多次的尴尬与屈辱之后才练就出来的本领呀！我一下子脑洞大开，一个全新的教学方案诞生。果真是"踏破铁鞋无觅处，得来全不费功夫"！

第二天上午，我带领学生初读课文、整体感知之后，放开手脚，让学生畅谈"窃读的滋味"。不到一分钟，一只只小手雨后春笋般地举起来。孩子们真聪明，这么快就走到文本中去了。而且，他们的表达很完整，很有条理，很有个性，不一会儿，黑板上就写满了孩子们的感悟……

"知趣"抓出来了！

"知趣是什么意思？你们能不能举个例子说明怎样做就是知趣？"这个让孩子们为难了。

我立马给孩子们解围:"比如,等会儿下课铃响了,我们就得——"

"知趣地下课。"孩子们接得很好。

"对呀,老师已经听了两天半的课了,非常辛苦了!"

这是我挖空心思准备的包袱!我以为,此处应该有掌声的,可是,不知道为什么底下掌声寥寥,跟我预想的效果相差太远了!

我读完从原文中截取的一个片段,几个孩子简单谈了谈自己的感受。"嘀——"一声长哨,剩下的时间不到一分钟了,我得赶紧"刹车"。

"好在并不是每个卖书的人都像这个老板一样,有兴趣的同学,可以找出原文来读一读。同学们,我们知趣点,下课吧?"

孩子们还沉浸在学习的情境中呢!没有反应。

"下课!"我大声宣布。台下掌声一片。

这节课,从走上讲台那一刻,我似乎忘记了在比赛。我顺着学生的思路去牵引,带着学生一次次走进英子的内心,这种感觉实在是太美妙了!

这节课告诉我,每一节公开课都是呕心沥血的创造。教学有法,但是教无定法,只要功夫下得深,铁棒终能磨成针!

每一节公开课,都凝聚着许多师长、朋友的心血,我从心底里对他们充满感激。在荆州老家,有许世钧、余映潮、田雨时、夏循藻、许汝芳、向爱平、段宗平、李作芳等师长的亲切指点;在广东东莞,有杨建国、卢务全、石景章、郑明江、冯迪鸿、严考全、黄小颂、郝洁、吴桂贤、汤俊、彭才华、廖鉴光等师友的热情帮扶。我的课堂教学因为有了他们才更精彩。

还有一段特别的岁月不得不说。2007年年底,我们的曾剑辉校长从杭州西湖小学集团挂职归来,推行了"月考课"制度,即每个老师每个月都必须在科组内上一节公开课。我们几位同事仿佛暗地里较着劲,看看谁想出的点子新,看看谁的课有创意。于是,我们就这样你追我赶,把上公开课当成了一种乐趣。那几年上的公开课比以往十几年上的公开课都还多!

迎接公开课挑战,我将继续行走,并期待下一轮涅槃。

我的 2018 年

一、责任

这一年，我的身份是一名基层教研员。我所在的东莞市黄江镇一共有 5 所公办小学、7 所民办小学，我的责任是带领我们全镇小学语文教师往前冲，探索一条适合我们镇的语文教学之路，同时对全镇小学生的语文学习负责。这是一份沉甸甸的责任。

2 月 28 日，我主持召开我们镇小语教研工作会议。上午十点到十二点一刻，会议进行了两个多小时。因为这学期时间紧，活动多，任务重，所以我们只能尽早安排、尽早行动了。评价改革正式启动。我们的评价改革可能一两年内看不到显著成果，但我们坚信方向是对的！这一年，我们只问耕耘，不问收获。

3 月 13 日、14 日，黄江镇小学语文教师课堂教学竞赛分公办组、民办组分别在黄江镇中心小学、黄江康湖新乐学校举行。各学校组织骨干教师集体备课、反复打磨，课堂上充分展示了我镇小语教学改革的成绩。经过外聘评委认真评选，挑选出廖秀怡老师代表我镇参加片区优质课竞赛。比赛结束不久，我们组织全镇低段优秀教师开始了第一次集体备课。

3 月 21 日下午，廖秀怡老师第一次试教，课堂已经面貌一新，但大家仍然针对一些不足直言不讳，廖老师均能虚心接受。第二次试教，大家都特别满意，对接下来的正式比赛充满信心。

3 月 27 日下午，我组织了全镇小学语文骨干教师研修团成员选拔笔试，根据笔试成绩挑选研修团成员 20 名。

4 月 3 日，东莞市东部产业园区小学语文优质课竞赛在常平镇中心小学举行，我镇廖秀怡老师执教《我是一只小虫子》，获得第三名。尽管没有冲到市里，略感遗憾，但是廖老师的课充分展示了我镇低段阅读教学的理念、方法。把二年级的课拿到一年级来上居然也获得了极好的教学效果。评委之一、市学科带头人汤俊老师称之为"教科书级别的低段阅读教学课例"。

4 月 4 日，我第一次到新开办的华南师范大学附属东莞学校小学部听课。根据安排，听了五位青年教师的课，和个别教师作了深入交流。为了师生更好地成长这一个共同目标，坦诚交流的感觉真好。

4 月 20 日，我们举全镇各小学之力，办了一场浩大的"小桔灯杯"现场作文比赛。参加人数超过 2200 人，在我镇历史上前所未有。一共 320 人获奖，在我镇历史上也是前所未有。评委们辛勤工作了一整天，发现了一批好作文。5 月 29 日，我们为这些学生举办了隆重的颁奖仪式。教师们向我反映：很多平时作文很好的孩子名落孙山。我解释：四平八稳、缺少创新的习作很难在作文比赛中胜出。这次作文比赛对我镇广大师生在理念上带来巨大的冲击。

4 月 24 日，黄江镇小学语文骨干教师研修团第一次研修活动圆满举行。

5 月 7 日，我们举办了全镇低段教学专题研究小组第一次研讨活动，大家对绘本阅读、经典诵读畅所欲言，分享了经验、达成了共识。

6 月 5 日，室外大雨滂沱，黄江镇小学语文骨干教师研修团第二次研修活动如期举行。

6 月 14 日，全镇经典诵读比赛完美落幕！其实，只要搭建一个合适的舞台，大家总能绽放出精彩！看到学生们无比开心的笑脸，我顿时觉得所有的付出都是值得的！

6 月 28 日，期末考试。我命制的试卷第一次投入使用。五个年级，考试过程无一咨询电话。尤其开心的是，我们低年级看图写话印的是彩图，老师们反映学生非常喜欢。

9 月 21 日，我们召开黄江镇新学年小学语文教学工作会议。全镇小学语文老师参加，我主讲《以语文考试改革为抓手，推动语文教学改革向纵深发展》。我跟大家详细阐述了考试改革的必要性、紧迫性以及可行性。我结合今年高考语文题目的变化、国测的项目及形式、PIRLS 和 PISA 的实质谈到了语文教育发展的趋势，坚定了大家进一步改革语文教学的信心。

10 月 8 日，长假回来，研修团第三次培训，开始实战演练。我给大家一篇陌生的文章，大家分组讨论教学目标，接着汇报交流，一起研讨各组拟定的目标是否科学、表述是否准确，大家说这样的研修收获很大。

10 月 9 日，我们在镇中心小学开展拼音教学研讨。两位教师执教公开课，大家就汉语拼音教学各抒己见。我也谈了自己对汉语拼音的认识和理解，以及相关的教学策略和办法。大家达成共识：只有从源头发现事物的奥秘，才能真正把握事物的本质。

10 月 16 日，继续就汉语拼音教学在黄江镇实验小学开展调研。

10 月 22 日，我们举办了全镇规范汉字书写大赛。

10 月 23 日，陈琴老师莅临我镇讲学，对全镇语文教师开展经典素读培训。陈琴老师亲自示范，以《秋思》为例将吟诵的基本规则和诗词格律基础知识渗透进来，巧妙教给学生们。陈老师的讲座更是高屋建瓴，让我们领略了吟诵的魅力，对我镇全面开展经典诵读教育产生了巨大的推动作用。

11 月 5 日，东莞市第三批教学能手选拔黄江镇初选经过一段时间的精心准备，当天启动。第一轮，笔试，10 名老师顺利进入第二轮。

11 月 8 日，为了迎接市教研室对东部产业园区视导，镇中心小学安排两位教师执教汇报课。周文丽老师敢于挑战，决定上《开国大典》。我组织部分骨干教师集体备课，帮助周文丽老师。周老师不断否定自我、突破自我。

11 月 12 日，在东莞市第三批教学能手选拔黄江镇初选第一轮笔试中胜出的十位教师抽签上课。按照两轮总成绩，推选前五位教师进入市决赛。

11 月 13 日、14 日，黄江镇"金科伟业杯"全民朗读大赛决赛分四个组别进行。黄江好声音打动人心。颁奖典礼于 2019 年 1 月 17 日在金科伟业公司举行，黄江镇朗诵家协会的大咖助阵，让整个活动的品位又上了一个档次！

11 月 15 日，我到镇第二小学听课调研。两位青年教师的课很有看头。课后和大家一起研讨了特殊单元（策略单元、习作单元）教学。

11月23日，镇中心小学课题结题鉴定会议如期举行，我参加了结题鉴定。

11月30日，我们组织力量继续打磨中心小学的两节汇报课。全镇两拨人马分头行动，效果显著。还是那句老话：不经一番寒彻骨，哪得梅花扑鼻香。

12月11日，东部产业园区教学视导如期举行，两位青年教师精彩绽放！市教研室专家和兄弟镇街辅导员、同行给予高度评价。那一刻，很开心。

12月21日，黄江镇小学语文青年教师教学技能大赛拉开大幕！四项比拼、一天角逐，青年教师的表现让人惊喜连连、令人刮目相看！一批好苗子进入我们的视野！

12月24日，我在黄江镇长龙小学为大家做小学教师教育写作培训。

12月29日，为迎接市小学语文教师素养大赛，我们再次组织部分骨干教师碰头，对两位青年教师的课进行打磨。针对弱点，大家提出了很多非常有效的建议。我们对症下药、认真准备，说是厉兵秣马，一点也不为过。

1月3日，东莞市素养赛初赛举行，我镇王琴、陈丽华两位青年教师参赛。王琴老师在近50位选手中脱颖而出，以第二名的优异成绩进入决赛。

1月10日，东莞市素养赛决赛开赛，王琴老师表现出众，最后进入前三名，夺得一等奖。可喜可贺！

1月11日，期末考试。六个年级，六套试题，无一差错。考试成绩与我们预估的情况十分吻合，以前的成绩"泡沫"慢慢被挤掉，真实反映了学生们的语文能力和语文素养。尤其是低年级平均分、优秀率不再产生"神话"，家长也不会再被表象所麻醉和迷惑。

读书沙龙坚持了一年，不过后半年两个月因为家里二宝出生，我坚持得不好，要检讨。明年继续！

二、义务

东莞市陈德兵名师工作室进入第三年，各项活动要按照计划一一落实。努力帮助全体学员专业素养获得进一步提升，将培训辐射到全市，是我责无旁贷的义务。同时，我们还承担全市小学语文新教师培训任务，这也是义务。

3月9日，陈德兵工作室联合郝洁名师工作室举办第22次全员培训活动。我们邀请全国著名语文教育专家余映潮老师执教《桥》《桂林山水》，陈德兵工作室成员导师刘其平、郝洁名师工作室成员导师欧义赐与余老师同课异构《桥》。一课三上，妙！下午，余老师做《谈小学语文教师教学论文的写作》讲座。

3月28日，工作室第23次全员培训在东莞市石龙镇实验小学举行。这次活动与石龙镇邹慧芬名师工作室联合举办。上午，八位小伙伴两两同课异构，每人上20分钟短课。下午，八个小组交叉评课，成员导师聂碧宇总结点评。我做《小学语文教学设计浅谈》讲座。

4月26日，工作室第24次全员培训在东莞市凤岗镇中心小学举行。依然是八位小伙伴同课异构、八个小组交叉评课。我为大家执教《草船借箭》并做总结。

5月25日，工作室第25次全员培训，教学专题为古诗词。我们邀请了东莞市教研室严考全副主任莅临指导，彭才华、欧义赐两位名师为大家示范教学，我为大家展示了《清平乐·村居》。严主任最后做精彩点评。

9月4日-7日，我们工作室承担了全市小学语文新教师岗前专业培训任务。经与市教师进修学校领导协商，我们拟定了详细的培训计划，工作室所有成员导师分别承担一定的培训任务。这几天为第一阶段培训，我为全体学员主讲了三个讲座，分别是《课程标准解读》《小学语文部编版教材介绍》《怎样设计一份规范有效的阅读教学方案》。接着新老师分组一一说课演练，工作室成员导师进行点评、指导。

9月12日，工作室第26次全员培训在东莞市沙田镇第二小学举行。这也是我们工作室最后一次磨课，磨课内容为《这片土地是神圣的》《松鼠》《蟋蟀的住宅》《大自然的声音》。下午，我对八节课一一做了点评。

9月25日，工作室应邀到东莞市常平镇中心小学指导，我针对阅读教学设计做了一个讲座。

9月27日，工作室第27次全员培训和郝洁名师工作室联合在黄江镇实验小学举办。本次培训是习作教学专题。余映潮老师 70 岁开外了，上午听两节课，亲自上两节课，下午评两节课，做一个专题讲座。就连在饭桌上他都对我们循循善诱。我真的不忍心，可是老人家偏要坚持这样工作。

10 月 19 日，工作室第 28 次全员培训在东莞华附圆满落幕，我们有幸请到文学界大名鼎鼎的叶开老师莅临指导。叶开老师的魔法语文的确魔力巨大，600 多人的会场座无虚席。感谢尊敬的叶开老师，把自己的研究成果毫无保留地分享给我们。两节示范课，一个深度讲座，中间没有歇一口气！我以"叶开的意义"为题做简要总结。多家媒体对我们的活动给予了深度报道。

10 月 24 日，工作室非常荣幸地接受《新作文》杂志社邀请，参加全国小学作文名师工作室第二期成果展示观摩活动。工作室成员张波老师、郭武松老师分别代表工作室执教展示课《学写童话》《这份"情"》，得到全国作文教学大咖和同行们的高度评价！我做《小学习作教学的五个关键词》报告，向全国同行汇报这几年习作教学的研究心得。

11 月 7 日，根据市教师进修学校安排，我作为小语名师工作室主持人为全市民办学校骨干教师开设两个讲座：《文本解读的几条基本途径》和《怎样设计一份规范有效的阅读教学方案》。上午、下午各一场，反响特别好。

11 月 21 日上午，工作室应邀走进东莞市虎门镇东方小学。成员导师张波老师执教习作课，我执教一节阅读课《大自然的声音》。

11 月 21 日下午，工作室应邀到东莞市虎门镇沙角小学指导，我就小学语文阅读教学设计做了一个讲座。

11 月 22 日，东莞市新教师岗前培训进入第二阶段，四个专题，四节示范课，多个讲座，多次面对面答疑解惑，我们圆满完成市教师进修学校交给的任务。多方反馈，学员们的专业成长很明显，各用人学校很满意。回头看看，在不请一位专家外援的情况下，开展如此密集、如此接地气的培训，我为我们团队感到自豪！谢谢亲爱的小伙伴们！

12 月 17 日，工作室应东莞市桥头镇胡向婷名师工作室邀请参加胡向婷名师工作室优秀课例展示观摩活动。大家听了两节高质量的文言文教学，我做讲座《着眼于未来　着眼于精神——小学文言文教学杂谈》。

12 月 18 日，我们工作室应邀到广东省清远市连山县永和中心小学参加课堂教学研讨活动。活动主题为"聚焦低段统编教材，彰显语文核心素养"，本次活动由清远市赵代媛名师工作室和连山县覃壮苗名师工作室联合举办。廖秀怡老师执教示范课《敕勒歌》，我执教《青蛙写诗》，做讲座《遵循规律顺应规律》。

12 月 28 日，工作室应东莞市大岭山罗文婷名师工作室邀请参加了罗文婷名师工作室整本书阅读研讨活动。大家听了三节整本书阅读课，收获很多，我跟大家交流了自己对整本书阅读教学的一些基本认识。

1 月 15 日，工作室应东莞市石排镇宣教文体局邀请，参加石排镇教师队伍阶梯工程建设总结汇报会议。大家聆听了石排镇名优教师代表的汇报，很有启发。最后，我结合自己的成长经历，为大家做《日积月累持之以恒——小学青年教师的成才之路》讲座。

三、脚印

生命不息，学习不止。我们应该向书本学习、向专家学习、向同行学习，更应该在听课中学习，在研究中学习，在培训中学习。这一年，我对自己的学习丝毫不敢放松，抓住一切机会为自己充电。

1 月 4 日，我一大早驱车来到深圳参加"南有福田·北有海淀"全国小学语文教学研讨活动。很受触动，大有收获。福田有一大批名师，他们敢想敢做，令人钦佩。整本书阅读、群文阅读研究明显走在我们前面。但有些课因为信息技术手段的不恰当植入，与语文渐行渐远，值得警醒。

2 月 4 日，我到惠州市东江广雅学校听陈琴老师讲《易经》。学习国学，《易经》绕不开。陈老师沿用古代的教学方法，带领学员们用吟诵的方法先把六十四卦背下来，然后慢慢解释，帮助学员消化。

3 月 10 日，我应邀参加澳门中文教材编写，到深圳园岭小学李祖文工作室参加澳门中文教材编写研讨会议。

3 月 21 日，全国统编版新教材网络培训活动举行，我和教师们在镇实验小学礼堂全程参加了培训。

3月27日，我带队到东莞市东坑镇参加东莞市东部产业园区教学视导活动，听了两节展示课。互动评课环节，我针对统编教材抛出了四个问题供大家思考。教研室严考全副主任做讲座，为大家答疑解惑。

3月29日，我参加了东莞市"慧教育慧资源慧运用"研讨活动。

4月10日、11日，东莞市全市小学语文课堂教学观摩活动在南城举办，我全程参与，听课学习。我们工作室小伙伴王鹏、李庆两位老师参赛。李庆老师获得一等奖，王鹏老师获得二等奖，还有不少小伙伴获得三等奖。热烈祝贺！

5月5日，东莞市全市国家质量监测结果报告会在市教师进修学校召开。我聆听了专家报告，同时对我镇语文考试改革更有底气了。

5月12－14日，我和同事参加东莞市全市行政执法资格培训，三天时间。

6月19日，我到东莞市寮步镇香市小学参加全市小语名优教师研修团结业仪式，聆听了桑志军教授的讲座。

7月8日，我在佛山市顺德北滘聆听中国作协副主席张炜先生与中山大学谢友顺教授的讲座。

8月30日，我到东莞市教师进修学校参加全市教师培训。

9月28日至30日，全国第三届小学语文教学大赛在兰州举行，我和东莞市全市小语骨干全程观摩比赛。两天半观摩16节课例，一边聆听，一边思考，一边和同道中人研讨。行走路上，餐桌边，酒店房间里，大家聊的都是课、课、课……想想也是难得！因为所有上课教师都抽签执教统编版教材，新的课文很多，新的课型第一次出现，大家都在探索中，所以，跟往届大赛相比精彩的课例的确少了很多，但触发的思考却是一串又一串。从某种意义上说，收获更大。

10月12日，我到上海市平和国际学校参加叶开老师《写作课》新书发布会，聆听几位语文大咖的精彩演讲，茅塞顿开。

11月7日，东莞市古诗词教学研讨活动在市常平镇中心小学举行，我参加了研讨。吟诵开始进课堂啦！

11月20日，我在东莞松山湖实验小学再次观摩叶开老师的现场写作课例，感慨不已。现场发言《叶开老师的课和我们的课最大的区别在哪里》，引起大家共鸣。

11 月 26 日至 28 日，我在东莞市教师进修学校接受为期三天的督学培训。

四、课堂

我深知：教师的专业成长需要课堂，而我的根也在课堂。为了不让自己和一线"脱节"，我坚持到教室给学生们上课。用朋友们的话来说，"陈德兵的课总有一些不一样"。这"不一样"不是哗众取宠，是尽量上出自己的思考、自己的追求。

2 月 4 日，我在惠州市东江广雅学校执教《清平乐·村居》。

3 月 12 日，我在佛山市南海区丹灶联安小学和余映潮老师同台上课，得到余老师的悉心指点。

3 月 18 日，我到杭州参加"千课万人"名师工作室联盟课堂展示活动，执教《桥》。

3 月 22 日晚上，我在东莞市虎门镇嘉盛学校给学生们上《将相和》。这是一次特殊的经历。学生们是来自两个班的住宿生，由于我的问题难度很大，刚开始他们有点拘谨，后来就慢慢放开，敢于大胆尝试了，很多问题在大家的积极思考中迎刃而解。接着是讲座《扎扎实实打基础　勤勤恳恳练功夫》。三所民办学校的老师大约十点才返回，他们的学习精神让我无比敬佩。

3 月 24 日，我在革命老区山西吕梁上课、讲座。活动进行到很晚才结束，但是老师们的热情令人感动。偌大的会场被挤得水泄不通，而且无人提前退场。学生们表现很棒！

3 月 25 日，我在陕西榆林上课、讲座。

3 月 30 日，应惠州市博罗县教研室邀请，我来到博罗县观音阁镇执教一节公开课，做讲座《明确目标　深研文本　选准策略》。活动场所有限，我问学生们："全班同学都来了吗？"他们说场地有限，只来了 36 个同学，还有 20 个同学在教室里。我说等他们来了再一起上课好吗？学生们高兴地答应了。于是，我请任课老师将学生们都带过来，只要每人搬一个板凳来就可以了。

这节课我上得特别投入，学生们也学得特别投入。

4月12日，"华山论剑"在东莞市松山湖实验小学举行，广州市名校华阳小学的老师来东莞进行学术交流，两所学校各安排一位教师执教《桥》，接着我组织辩课，两校各派五位教师参与辩课，台下也可随时互动。我最后总结。这次教研对我们来讲是一次全新的体验，教师们参与度非常高。

4月13日，应岭南师范学院邀请，我第一次到岭师为骨干教师们上课、讲座。我上的是《西门豹》《清平乐·村居》，讲座题目为《用"板块式教学"解决阅读教学效率低下的问题》。岭师为我颁发客座教授证书。我遇到邱一红老师带领的湛江小语团队，一群热爱语文、钟情语文的同道中人，感觉真好！

4月15日，根据组织安排，我飞赴云南昭通彝良，完成为期一周的送教活动。16日上午，在当地教育部门陪同下我参观考察了偏远山区学校拖姑梅小学，被师生们的热情、坚强、乐观感染。下午返回彝良县示范小学，听两位骨干教师上课，评课。17日、18日为大家执教三节公开课《秦兵马俑》《动物儿歌》《清平乐·村居》，做两场讲座。我从此与彝良结缘。

4月19日，应昆明市盘龙区教科中心邀请，我在昆明市云波小学执教两节公开课，做一个讲座，云南省小学语文教研员杨翠老师亲临指导。

5月3日，我来到美丽的海滨城市——青岛。"语文盛典·拔节之旅"走进青岛市银海国际学校。和全国素养赛的几位赛友重新相聚，大家以课会友，特别开心。

5月6日，在线学习平台"东莞学堂"首期亮相，我为全市小朋友在线上了一节习作指导课《写好一个段带出一整篇》。

5月11日，我应邀到华东师范大学为全国同行执教《最后一头战象》。令人激动的是我实现了自己的一个愿望：把我心中的战象展示给沈石溪老师看。沈石溪老师就在台下坐着听我上课！沈石溪老师在讲座中讲到了战象的原型，让人感慨！

5月18日，来到泉城济南，参加"2018年度全国十大青年名师"颁奖典礼。因大家厚爱得以忝列"十大名师"，十分惶恐。向大家展示《将相和》

教学，就教于各位专家。最高兴的是遇到了全国各地许多优秀同行。

5月30日，应佛山市三水区小学语文教研员张友菊老师邀请，到三水区交流，我执教《将相和》，做《阅读教学中的思维训练与能力培养》讲座。

6月12日，应东莞市常平镇黄智根名师工作室邀请，到常平一小执教《鱼游到了纸上》，做《文本解读与教学内容选择》讲座。

6月20日，"同一堂课走进东莞"小学语文专场在莞城中心小学举行。我和汤俊作为点评嘉宾在直播间和网上诸多同行一起观课、议课，很特别的经历，有趣！

7月12日，全国"第三次小学语文教学研讨会"在贵州兴义举行。受全国小语会指派，我就统编版六上教科书策略单元《有目的地阅读》说课，得到与会代表的认可。全国小语会副理事长柯孔标先生、北京市教研员张立军先生、西南大学魏晓娜教授对我的说课进行了点评，令我受益匪浅。同时参与了小组讨论，聆听了大会交流以及小语会理事长陈先云先生的总结讲话。

8月12日，应仙桃市教科院邀请，我为仙桃市小语骨干班学员执教《"精彩极了"和"糟糕透了"》，做《谈谈板块式教学》讲座。仙桃市教科院副院长向爱平老师对我关怀备至，又一次耳提面命，给予指导。

9月13日，我应邀到云南省昆明市上课、讲座。

9月14日，我在云南省曲靖市上课、讲座。并在曲靖朋友的帮助下有幸拜访了"爨碑亭"。目睹古老的"爨宝子碑"，几乎落泪。

9月20日，应华阳小学邀请，我到广州天河区执教《唯一的听众》，做《加大思维训练力度，提升语文核心素养》讲座。

9月26日，受岭南师院热情邀请，我第二次到湛江为同行们执教《蟋蟀的住宅》《"精彩极了"和"糟糕透了"》，并做《加大思维训练力度，提升语文核心素养》讲座。

10月15日，第三次到岭南师院，为湛江乡村骨干教师执教《唯一的听众》，并做讲座《只是一直在跋涉》，向大家汇报自己的成长经历。

10月25日、26日，"语文盛典·相约明通"在云南省昆明市明通小学举行，我们几位赛友聚在一起，上课、评课、聊课，互相促进。加上《语文报》

裴海安主编的指点、引领，我们倍感幸福！

11 月 1 日，应佛山市教研室刘湘老师邀请，我为佛山市小语同行执教《总也倒不了的老屋》，做《在学习中运用　在运用中学习》讲座。小语前辈姚淑华点评了我的课例。

11 月 8 日，我到东莞市塘厦镇第二小学为大家执教《"精彩极了"和"糟糕透了"》，做《阅读教学中如何进行板块式思路设计》讲座。

12 月 3 日，我应邀到东莞市清溪镇第二小学听课、上课，并做《小学习作的五个关键词》讲座。

12 月 4 日，我应邀到河源市紫金县上义中心小学听课、上课、评课，并做讲座。半天的活动特别充实。感受到山区朋友的质朴和热情，相约下次再交流。

12 月 5 日，我到东莞市沙田镇第二小学执教习作指导课《说说我自己》，并做讲座。

五、文字

教师的专业成长离不开写作，这是我从教二十多年的切身体会。2018 年应该是我写作、发表文章的"丰收年"。说"丰收"，只是相对于以往发表的文章多一些而已。我深深地懂得，这些文字能够诞生于笔下，全因身边师友们对我的鞭策和激励；这些文字能够见诸报刊，全因编辑朋友们对我的厚爱和鼓励。

1 月，《小学语文教学》会刊"语文人生"栏目推介了我。我用《在公开课中涅槃》讲述自己的成长之路，以《语文存大道，万变不离宗》阐述自己的教学主张。

4 月，《小学语文教学》人物版推出我的个人专刊，收入各类文章 24 篇，其中论文 5 篇，实录 4 篇，设计 2 篇，文本解读 2 篇，评课稿 2 篇，其他 9 篇（含专家同行文章 3 篇）。这期专刊较为全面地反映了我这几年的教学追求。

5 月，《遵循规律勇闯新路——〈草船借箭〉教学录评》发表于《语文教学通讯》C 刊。这篇实录由武汉市小学语文教研员罗昆霞先生点评。罗主任现场听过我这节课，罗老师的课评让我遇到了知音。

8 月，《〈将相和〉教学及评析》发表于《小学语文教学》会刊，实录由安徽省特级教师李文校长点评。

9 月，我主编的《黄江教育》创刊号终于出炉了。感谢为此刊物付出辛勤劳动的所有领导、同事和朋友们！

10 月，《"转述"的基本类型及教学要领》全文转载于中国人大书报资料中心的《小学语文教与学》。

12 月，《工具共人文一色　思维与语言齐飞——〈"精彩极了"和"糟糕透了"〉教学实录及点评》发表于《语文教学通讯》C 刊，实录由东莞市学科带头人闫小红老师点评。

2018 年，我接受人教社和广东省教研院邀请，参与统编版小学语文《教师教学用书》六上策略单元编写，得到陈先云、郑宇、熊宁宁、杨建国等全国小语专家的认可。

2018 年，我和曹利娟、皮涛、汤俊等几位好友一起完成了统编教材同步配套《小学语文优课设计》一下、二下、三下的编写。每一篇设计我们都坚持用新的理念原创，希望给有需要的教师一点实际的帮助。

2018 年，努力奋进的一年，无比充实的一年。我所能做的，唯有满怀感恩，继续前行，不辜负所有师友的厚望。

后 记

　　《用思维点亮语文》终于要和大家见面了，心里有点小小的激动，但更多的是惴惴不安。这是我的第一本专著，就像渴望怀胎十月的孩子早点分娩，我渴望这个"孩子"早点"降生"，让它向关心我的师长、朋友们汇报我最近这些年的成长，所以难掩激动；同时，心里不断打鼓，就像担心自己刚诞生的孩子健不健康、好不好看一样，我不知道这本小书会不会被全国的同行们认可，书中的观点、做法会不会给大家带来误导，所以惴惴不安。

　　对于出书，我一向觉得这是一件十分神圣的事情。每当有朋友们赠送他们的专著给我时，我都带着十分虔诚的态度认真阅读。我从书中读出了他们的睿智与勤奋，读出了他们的豁达与执着。前几年，也有出版界的几位朋友劝我出书，我都婉言谢绝了，我总觉得自己的思考还不够深刻、探索还不够全面、见解还不够系统，还没有达到可以著书立说的高度。直到《小学语文教学》编辑部杨伟主编热情相邀时，我倍感荣幸，这才真正动心了。

　　而这本小书的面世，得到了太多人的关爱、指点、支持和帮助。每每回忆起撰写、出版过程中的点点滴滴，我都会被一种温暖包围、被一种感动充满、被一种甜蜜笼罩。

　　首先要感谢的，必须是《小学语文教学》编辑部的各位朋友。近年来，从参加编辑部组织的年度"全国小语十大青年名师"评选，到参加编辑部陆续推出的一系列活动，我受惠于《小学语文教学》良多。杨伟主编、郭艳红主编和编辑部各位朋友给予我无比信任，经常向我约稿，让我不敢稍有懈怠。我将最新课例、设计、论文发给编辑部，总是很快得到回复，让我更加充满动力。"全国小语十大青年名师"丛书第二辑开始组稿，杨伟主编向我邀约，面对这份厚爱，我唯一能做的就是，把书稿内容丰富一点，把文字质量提高一点，把交稿速度加快一点。

这本小书得以面世，还要感谢为我撰写评述文章、课例点评的各位专家、师长、好友。这些文章和点评给了我太多溢美之词，我知道这是大家对我的期待和鞭策。余映潮先生经常对我耳提面命，杨建国老师一直对我关爱有加，夏循藻先生是我的老领导，也是我教学生涯的引路人，一直关注着我的成长；王崧舟教授不仅为我的课例做了精心点评，还将课例推荐到杂志上发表，孙世梅老师在百忙之中为我的课例做评，对我的探索加以肯定，罗昆霞先生收到我的课例后，两天之内便写好了点评，点评文字竟然多达近5000字，读着这些饱含鼓励和关爱的文字，我几欲落泪；严考全和黄小颂两位小语专家，除了点评我的课例，给我支持之外，对我的专业成长更是尽心竭力；好友李文、曹利娟、曹爱卫、付雪莲都是小语大咖，对我的课例剖析透彻，意见中肯。这都是我专业成长之路上的良师益友。还有一些课例，也得到了诸多专家、名师的精心点评，受书稿体例限制，未能一并刊出，对大家除心存感激之外，更多了一份歉疚，希望尽快有机会能弥补上这份遗憾。从事小学语文教学和研究近30年，给予我指引、指教和指导的前辈、专家何止这些呢！许世钧先生、田雨时先生、李祖森先生、许汝芳先生、叶宇琨先生、汪玉珍先生、石景章先生、卢务全先生、郑明江先生、陈琴先生、裴海安先生、桑志军教授、向爱平先生……在我人生的不同阶段，都给予过我教诲和指点，这些都是我一辈子的财富！

最后要感谢的是我单位的领导、出版社的编辑和我的家人。王海林校长和王纯旗副校长多次过问图书进展情况，鼓励我安心撰稿；两位责编耐心细致，精益求精；家人为我几乎承担了所有家务，还帮我整理了部分课例。尽管一句感谢的话语显得有些苍白，但我还是要借此机会郑重地说一声：谢谢！

激动也好，不安也罢，丑媳妇总要见公婆的，这本小书既然摆在了您面前，就请您多多批评指正吧！我知道，这都是为我好呢！

陈德兵
2022年7月于深圳小学